L. BRUNO PUNTEL
WAHRHEITSTHEORIEN
IN DER NEUEREN PHILOSOPHIE

ERTRÄGE DER FORSCHUNG

Band 83

L. BRUNO PUNTEL

WAHRHEITSTHEORIEN IN DER NEUEREN PHILOSOPHIE

Eine kritisch-systematische Darstellung

Mit einem Vorwort
zur zweiten, unveränderten Auflage

1983

WISSENSCHAFTLICHE BUCHGESELLSCHAFT

DARMSTADT

Die 1. Auflage erschien 1978

CIP-Kurztitelaufnahme der Deutschen Bibliothek

Puntel, Lourencino Bruno:
Wahrheitstheorien in der neueren Philosophie:
e. krit.-systemat. Darst.; mit e. Vorw. zur
2., unveränd. Aufl. / L. Bruno Puntel. –
Darmstadt: Wissenschaftliche Buchgesellschaft,
1983.
    (Erträge der Forschung; Bd. 83)
    ISBN 3-534-07258-8

NE: GT

2 3 4 5

ⓦⓑ Bestellnummer 7258-8

© 1983 by Wissenschaftliche Buchgesellschaft, Darmstadt
Satz: Maschinensetzerei Janß, Pfungstadt
Druck und Einband: Wissenschaftliche Buchgesellschaft, Darmstadt
Printed in Germany
Schrift: Linotype Garamond, 9/11

ISSN 0174-0695
ISBN 3-534-07258-8

IN MATRIS MEMORIAM

INHALTSVERZEICHNIS

Vorwort zur ersten Auflage XIII
Vorwort zur zweiten Auflage XIII

0.   *Einleitung*   1
0.1.   Zur Bedeutung des Ausdrucks „Theorie der Wahrheit"   1
0.1.1. Was heißt „Theorie"?   2
0.1.2. Das Explikandum der Theorie der Wahrheit . . .   3
0.2.   Unterscheidung, Bezeichnung und Gliederung der
        Theorien der Wahrheit in der neueren Philosophie   5
0.2.1. Zum Ausdruck „Theorien der Wahrheit in der
        neueren Philosophie"   5
0.2.2. Schwierigkeiten   6
0.2.3. Kriterien für die Unterscheidung und Bezeichnung
        der Theorien der Wahrheit   8
0.2.3.1. Die methodische Vorzugsstellung der Korrespon-
        denztheorie und der Tarskischen semantischen
        Theorie   8
0.2.3.2. Die Komplexität der sprachanalytischen Theorie(n)
        der Wahrheit   10
0.2.3.3. Die systematische Unterbestimmtheit der Intersub-
        jektivitätstheorie(n) der Wahrheit   10
0.2.3.4. Der scheinbar unproblematische Status der Ko-
        härenztheorie der Wahrheit   12
0.2.4. Kriterien der Gliederung   12
0.3.   Zur vorliegenden Darstellung   14
0.3.1. Die Nichtbehandlung anderer Wahrheitsauffas-
        sungen   15
0.3.2. Zur Darstellungsweise   22

1.   *Korrespondenztheorie der Wahrheit*   26
1.1.   Problematik der Identifizierbarkeit   26

1.2.	Zur „normalen" Auffassung und Stellung der Korrespondenztheorie	28
1.3.	Einige philosophische Ausdeutungen	29
1.3.1.	Ontologisch-metaphysische Korrespondenztheorie	29
1.3.2.	Korrespondenztheorie als (materialistische) Widerspiegelungstheorie	31
1.3.3.	Korrespondenztheorie als logisch-empiristische Bildtheorie (Russell, Wittgenstein)	36
2.	*Tarskis semantische Theorie der Wahrheit*	41
2.1.	Darstellung und Interpretation	41
2.1.1.	Allgemeine Aufgabe und Grundannahmen von Tarskis „wissenschaftlicher Semantik"	42
2.1.2.	Der Grundansatz: Wahrheitskonvention und Wahrheitsdefinition	45
2.1.2.1.	Zur allgemeinen Intention Tarskis bezüglich der Wahrheitsproblematik	46
2.1.2.2.	Die Wahrheitskonvention	48
2.1.2.3.	Interpretationsprobleme der Wahrheitskonvention	51
2.1.2.3.1.	Anführungsnamen	51
2.1.2.3.2.	Strukturell-deskriptive Namen	55
2.1.2.3.3.	Das Problem der Antinomien	56
2.1.2.3.4.	Scheitern einer Definition der wahren Aussage durch Verallgemeinerung	57
2.1.3.	Der Wahrheitsbegriff, die natürliche Sprache und die formalisierten Sprachen	59
2.2.	Wirkungsgeschichte und kritische Erörterung	62
2.2.1.	Hinweise auf die Rezeptions- und Kritikgeschichte	62
2.2.2.	Kritische Schlußbemerkungen	66
3.	*Sprachanalytische Theorie(n) der Wahrheit*	70
3.1.	Redundanztheorie der Wahrheit (Ramsey, Ayer)	70
3.2.	Performative Theorie der Wahrheit (Strawson)	73
3.2.1.	Die zentrale These der performativen Theorie	73
3.2.2.	Zur Kritik an der performativen Theorie	75
3.3.	„Einfache" (normalsprachliche) Theorie der Wahrheit	76

3.3.1.	J. L. Mackie	77
3.3.2.	C. J. F. Williams	81
3.3.3.	Zur theoretischen Reichweite der „einfachen" Theorie der Wahrheit	87
3.4.	Formalsemantische Theorie(n) der Wahrheit	91
3.4.1.	Formalsemantisch-konditionale Theorie der Wahrheit (D. Davidson)	92
3.4.1.1.	Ansatz: Theorie der Bedeutung und Theorie der Wahrheit	92
3.4.1.2.	Davidson und Tarski	93
3.4.1.3.	Die neue (modifizierte) Wahrheitsformel	94
3.4.1.4.	Davidson und die Korrespondenztheorie	95
3.4.1.5.	Kritische Anmerkung	96
3.4.2.	Formalsemantisch-verifikationistische Theorie der Wahrheit (E. Tugendhat)	97
3.4.2.1.	Einleitende Bemerkungen	97
3.4.2.2.	Ansatz	99
3.4.2.2.1.	Wahrheitsbedingung(en), Verwendung, Verifikation	99
3.4.2.2.2.	Die „gegenständliche Komponente"	107
	Exkurs: Zur Undurchsichtigkeit von Tugendhats Fragestellung, Terminologie und Gedankenführung	111
3.4.2.3.	Erklärung der Verifikationsregel	112
3.4.2.3.1.	Erklärung der Verifikationsregel der wahrheitsfunktionalen Sätze	112
3.4.2.3.2.	Erklärung der Verifikationsregel der elementaren prädikativen Sätze	114
3.4.2.4.	Systematische Situierung der Wahrheit	118
3.4.2.5.	Kritische Überlegungen	121
3.4.2.5.1.	Definitionale oder kriteriologische Theorie der Wahrheit?	121
3.4.2.5.2.	Das Scheitern von Tugendhats „Erklärung" der Verifikationsregel	122
3.4.2.5.3.	Die formalsemantisch-verifikationistische Theorie der Wahrheit und der Gedanke der Kohärenz	127
3.5.	Fundamentalsemantische Theorie der Wahrheit (P. Hinst)	129
3.5.1.	Skizzierung der Grundzüge	130

3.5.1.1.   Ansatz: „objektsprachlicher" und „metasprachlicher"
           Prädikator „ist wahr"   130
3.5.1.2.   Definition des metasprachlichen Prädikators „ist
           wahr" am Beispiel einer fundamentalsemantisch
           aufgebauten Sprache   133
3.5.2.   Einige kritische Hinweise   135

4.   *Intersubjektivitätstheorie(n) der Wahrheit*   . . .   142
4.1.   Zum historischen Hintergrund der Intersubjektivi-
           tätstheorie(n) der Wahrheit (Ch. S. Peirce) . . .   142
4.2.   Konsensus- bzw. Diskurstheorie der Wahrheit (J.
           Habermas)   144
4.2.1.   Habermas' Gedankenführung   145
4.2.1.1.   Ansatz   145
4.2.1.2.   Negative Bestimmung der Wahrheit als Geltungs-
           anspruch   150
4.2.1.3.   Formale Eigenschaften und Bedingungen des be-
           gründeten Konsenses (Logik des Diskurses und
           ideale Sprechsituation)   152
4.2.2.   Theoriestatus und systematische Deutung der Kon-
           sensus- bzw. Diskurstheorie der Wahrheit   157
4.2.2.1.   Ungeklärtheit des metatheoretischen Begriffsappa-
           rats (Sinn, Kriterium, Bedingung)   158
4.2.2.2.   Definition des Geltungsanspruches bzw. der
           Wahrheit und „gegenständliche Komponente" . .   159
4.2.2.3.   Die Konsensus- bzw. Diskurstheorie als sprach-
           pragmatisch-intersubjektive Form der Kohärenz-
           theorie der Wahrheit   161
4.3.   Dialogische (konstruktivistische) Theorie der Wahr-
           heit   164
4.3.1.   Zur Theorie der Wahrheit der sog. Erlanger Schule   164
4.3.2.   Hauptgedanken der „dialogischen" Theorie der
           Wahrheit von K. Lorenz   165
4.3.3.   Was erklärt die dialogische Theorie der Wahrheit?   169

5.   *Kohärenztheorie der Wahrheit*   172
5.1.   Einleitung   172
5.2.   Die idealistische Tradition der Kohärenztheorie
           (Bradley, Blanshard)   173

X

5.3.	Die logisch-empiristische Variante der Kohärenz-theorie (Neurath, Hempel)	176
5.4.	N. Reschers „kriteriologische" Kohärenztheorie der Wahrheit	182
5.4.1.	Reschers Programm	182
5.4.2.	Kriterium bei Rescher	184
5.4.2.1.	Zwei Arten von Kriterien	184
5.4.2.2.	Die Reichweite des Kriteriums	186
5.4.3.	Begriff und methodischer Stellenwert der Data	187
5.4.4.	Begriff und systematischer Stellenwert der Kohärenz (Kohärenz als Instrumentarium)	191
5.4.4.1.	Begriff der Kohärenz	191
5.4.4.1.1.	Zum Begriff der Kohärenz im allgemeinen	191
5.4.4.1.2.	Drei Aspekte der Kohärenz	192
5.4.4.1.2.1.	Umfassendheit ("comprehensiveness")	192
5.4.4.1.2.2.	Konsistenz	193
5.4.4.1.2.3.	Zusammengefügtheit oder Zusammenhängendheit ("cohesiveness", "unity")	193
5.4.4.1.3.	Kohärenz und klassische bzw. nicht-klassische logische Gesetze	196
5.4.4.2.	Das Kriterium für die „alethische" (wahrheiterzeugende) Präferenz (das $\mathfrak{P}$-Kriterium)	197
5.4.5.	Die pragmatische Rechtfertigung des Kohärenzkriteriums (Primat der praktischen Vernunft)	198
5.4.6.	Kritische Bemerkungen	200
5.4.6.1.	Rescher und die traditionelle Kohärenztheorie	200
5.4.6.2.	Reschers Inkonsequenz: Kohärenz als Kriterium und als Wesen der Wahrheit	200
5.4.6.3.	Die Tragweite der Konzeption Reschers	204
6.	*Zusammenfassung in systematischer Absicht und Andeutung einer kohärenzial-systematischen Theorie der Wahrheit*	205
6.1.	Zusammenfassung in systematischer Absicht	205
6.2.	Andeutungen einer kohärenzial-systematischen Theorie der Wahrheit	211
6.2.1.	Methodische und sachlich-inhaltliche Voraussetzungen	212

6.2.2.   Entwurf einer kohärenzial-systematischen Defini-
           tion der Wahrheit   215

Zur Gliederungstechnik und Zitationsweise   217

Literaturverzeichnis   219

Verzeichnis der Symbole und Abkürzungen   231

Personenregister   235

Sachregister   238

VORWORT ZUR ERSTEN AUFLAGE

Die vorliegende kritisch-systematische Darstellung der Wahrheitstheorien in der neueren Philosophie ist aus mehreren Vorlesungen entstanden, die ich in den letzten Jahren an der Universität München gehalten habe. Dieser Umstand erklärt zum Teil den fast lehrbuchhaften Charakter der Darstellungsweise. Die damit gewährleistete Strenge der Gedankenführung dürfte indes der Klärung der behandelten Thematik nur dienlich sein. Im übrigen bin ich der Überzeugung, daß die Philosophie heute nur dann eine Aufgabe, eine Chance und eine Legitimation hat, wenn sie ihr eigenes Vorgehen *strengen* Maßstäben unterzieht.

Alle zur Lektüre erforderlichen Angaben bezüglich Zitationsweise, Erklärung von Symbolen, Abkürzungen u. dgl. finden sich am Ende des Werkes.

Für intensive und anregende Mitarbeit habe ich Herrn Geo Siegwart, M. A., zu danken.

München, im März 1977   *L. B. P.*

VORWORT ZUR ZWEITEN AUFLAGE

Nicht ohne Bedenken bin ich dem Wunsch der Wissenschaftlichen Buchgesellschaft nach einer unveränderten 2. Auflage des vorliegenden Werkes nachgekommen. Dies ist darin begründet, daß seit dem Erscheinen der 1. Auflage im Jahre 1978 die Diskussionen über die Wahrheitstheorien beträchtlich zugenommen haben. Eine auch nur einigermaßen vollständige Berücksichtigung der gegenwärtigen wahrheitstheoretischen Problemstellungen und Richtungen würde ein vollkommen neues Buch erfordern. Andererseits dürfte die kritisch-systematische Darstellung der bis 1978 bestehenden Positionen ihren Wert beibehalten, zumal das vorliegende Buch wichtige historische Entwicklungen nachzeichnet. Im übrigen war der hier unternommene Versuch an der Intensivierung der wahrheitstheoretischen Diskussion nicht unbeteiligt, wie u. a. folgende Werke zeigen: *H.-D. Heckmann*, Was ist Wahrheit? Eine systematisch-kritische Untersuchung philosophischer Wahrheitsmodelle (Heidelberg 1981), und: *W. Franzen,* Die Bedeutung von 'wahr' und 'Wahrheit'. Analysen zum Wahrheitsbegriff und zu einigen neueren Wahrheitstheorien (Freiburg/München 1982).

München, im November 1982   *L. B. P.*

0. EINLEITUNG

Ohne die Klärung einiger Vorfragen sind Zielsetzung und Gestalt der vorliegenden Darstellung der Theorien der Wahrheit (= TW) in der neueren Philosophie nicht verständlich. Drei Problemkomplexe sind zu erörtern: die Bedeutung des Ausdrucks „Theorie der Wahrheit" (0.1.), die Problematik der Unterscheidung, Bezeichnung und Gliederung der TW in der neueren Philosophie (0.2.) und schließlich einige Charakteristika der vorliegenden Darstellung (0.3.).

0.1. Zur Bedeutung des Ausdrucks „Theorie der Wahrheit"

Der Ausdruck „Theorie der Wahrheit" wird in der Gegenwart von der überwiegenden Mehrheit der Philosophen, Wissenschaftstheoretiker und Logiker meistens problemlos verwendet. Es ist davon auszugehen, daß es eine Reihe von Auffassungen über Wahrheit gibt, die von ihren Verfechtern und Kritikern mit der Bezeichnung „Theorie(n) der Wahrheit" belegt werden. Diese Wortkombination — in dem hier interessierenden Sinn — ist neueren Ursprungs und alles andere als selbstverständlich [1]. Es dürfte nicht leicht sein festzustellen, wann dieser Aus-

---

[1] Der Ausdruck „Theorie der Wahrheit" kommt schon bei Aristoteles vor (ἡ περὶ τῆς ἀληθείας θεωρία), und zwar als Charakterisierung der Philosophie im allgemeinen (Aristoteles [1] 993 a 30). Dabei ist aber unter „Wahrheit" nicht der Begriff, das Kriterium, die Bedingung(en) oder die Relevanz, sondern "the truth in general, the ultimate nature of things" (Ross [1/1] S. 128), zu verstehen. Vgl. auch Aristoteles [1] 988 a 20, 993 b 17, 20. — Auf den problematischen Charakter der Wortkombination „Theorie der Wahrheit" machte u. a. M. Schlick aufmerksam, indem er bemerkte, „daß der

1

druck zum erstenmal gebraucht wurde. Um vollständige Klarheit darüber zu schaffen, müßte die ganze Geschichte des Bedeutungswandels und des Stellenwertes des Ausdrucks „Theorie" untersucht werden — eine Aufgabe, die noch niemand in Angriff genommen hat. In diesem Abschnitt wird einiges zur Problematik des Ausdrucks „Theorie der Wahrheit" angemerkt.

0.1.1. Was heißt „Theorie"?

Mit dem heutigen Gebrauch des Ausdrucks „Theorie" hat es seine besondere Bewandtnis. Sieht man von wenigen Präzisierungsversuchen ab, so dürfte folgende Feststellung nicht übertrieben sein: je öfter dieser Ausdruck verwendet wird, desto unklarer und verschwommener wird er. Die Diskussionen der letzten Jahre zeigen, daß die Versuche einer Bestimmung bzw. Präzisierung des Theoriebegriffs (der „Theoretizität") sehr stark divergieren. Was besagt der Term „Theorie" im Ausdruck „Theorie der Wahrheit"?

[1] Zunächst ist die Feststellung zu treffen, daß in den meisten Fällen, in denen der Ausdruck „Theorie der Wahrheit" verwendet wird, der Terminus „Theorie" keine spezifische Bedeutung hat, sondern als bedeutungsgleich mit Termini wie „Auffassung", „Konzeption", „Sicht", „Verständnis" u. ä. gebraucht wird.

[2] In der Verwendung des Ausdrucks „Theorie der Wahrheit" liegt eine mehr oder weniger feststellbare Tendenz, strenges und methodisches Vorgehen, kurz: Wissenschaftlichkeit, zum Zuge kommen zu lassen. Dies gilt vor allem für die etwa in den

Ausdruck ‚Theorie' hier [d. h. im Ausdruck „Theorie der Wahrheit"] recht unangebracht ist, da Bemerkungen über die Natur der Wahrheit einen ganz anderen Charakter haben als wissenschaftliche Theorien, die immer aus einem System von Hypothesen bestehen" (Schlick [1] S. 84).

letzten dreißig Jahren entwickelten TW. Daß der Ausdruck „Theorie" gerade heute sehr oft herangezogen wird, spricht nicht dagegen, da in dieser häufigen Verwendung der — allerdings meist uneingelöst bleibende — Anspruch auf Wissenschaftlichkeit deutlich hervortritt. Als Indiz dafür kann man den Umstand betrachten, daß jene philosophischen Richtungen, die sich vom „wissenschaftlichen" Charakter des Wissens entfernt haben oder entfernen wollen, den Ausdruck „Theorie" tunlichst vermeiden. Es mutete z. B. völlig befremdlich an, wollte man etwa von einer Wahrheits*theorie* bei M. Heidegger sprechen.

[3] Wieweit eine bestimmte TW den Ausdruck „Theorie" klärt bzw. als geklärt voraussetzt, muß von Fall zu Fall untersucht werden. Diese Feststellung leitet zur nächsten Frage über: Worin ist das Explikandum der TW zu sehen?

0.1.2. Das Explikandum der Theorie der Wahrheit

Eine Theorie ist ohne ein Explikandum nicht denkbar. In einer anderen Terminologie wäre etwa zu fragen: Was ist genau das Zu-Begreifende, Zu-Denkende, Zu-Deutende im Falle der Wahrheit? Um die TW richtig einzuordnen, müssen zunächst einige Vorüberlegungen zu diesem Punkt angestellt werden.

Es ist festzustellen, daß für die darzulegenden TW *vier* „Themen" bzw. „Kandidaten" in Betracht kommen: der Begriff (der Sinn, die Bedeutung, das Wesen usw.) der Wahrheit, das Kriterium der Wahrheit, die Bedingungen (Voraussetzungen usw.) der Wahrheit und die Relevanz der Wahrheit.

[1] Wird der *Begriff* der Wahrheit als das Explikandum einer TW angesetzt, so lassen sich hauptsächlich vier Frageweisen unterscheiden [2]:

[2] Vgl. dazu bes. Weingartner [1] und [3].

(1—1) Was ist Wahrheit?
(1—2) Was versteht man unter „Wahrheit" („wahr")?
(1—3) Welches ist der Sinn (bzw. die Bedeutung) von „wahres Urteil", „wahrer Satz", „wahre Aussage", „wahre Behauptung" u. ä.?
(1—4) Welches ist der Sinn (bzw. die Bedeutung) von „y ist wahr"?
Diese Fragen meinen nicht dasselbe oder, wenn sie dasselbe meinen, so meinen sie es nicht in derselben Weise.

[2] Bildet das *Kriterium* der Wahrheit das Explikandum einer TW, so lassen sich hauptsächlich drei Frageweisen unterscheiden (bzw. feststellen):
(2—1) Aufgrund welchen Verfahrens läßt sich entscheiden, ob Wahrheit vorliegt (Kriterium als Entscheidungsinstanz)?
(2—2) Aufgrund welchen Verfahrens wird (kann) Wahrheit entdeckt, erschlossen (werden) (Kriterium als *via inveniendi*)?
Auf eine dieser Frageweisen kann man eine Reihe von anderen Formulierungen zurückführen, die sehr oft verwendet werden, wie z. B. „Wie ist festzustellen, daß x wahr ist?", „Wie wird ‚wahr' verwendet?".
Eine dritte — uneigentliche — Frageweise hat die Form:
(2—3) Welches ist das Maß (der Maßstab) für Wahrheit? Wird das Maß als die Sache selbst angesetzt, so heißt Konformität zum Kriterium „Sachgemäßheit".

[3] Nicht so leicht faßbar sind jene Versuche, die die *Bedingungen* (bzw. Voraussetzungen) von Wahrheit als das Explikandum der TW ansetzen. Bedingungen von Wahrheit findet man in allen Bereichen. Es gibt nämlich biologische, soziale, politische, historische, sprachliche, religiöse usw. Bedingungen von Wahrheit. Jene Theorien, die ihr Explikandum ausschließlich in einem dieser Bereiche ansiedeln, haben in der Regel einen unbestimmten bzw. schwer bestimmbaren Theoriestatus.

[4] Als Explikandum einer TW wird bisweilen auch die *Rele-*

4

vanz von Wahrheit angesehen. Allerdings kann man hier nur in einem sehr vagen Sinne von „Theorie" der Wahrheit sprechen. Zu dieser Gruppe sind zu rechnen besonders pragmatisch, existenziell, personalistisch, ethisch, politisch, religiös u. ä. orientierte „Auffassungen" der Wahrheit.

Je nachdem, welcher der vier Fragenkomplexe als Explikandum betrachtet wird, ergeben sich jeweils andere TW. Etliche TW haben als Explikandum nur den Fragenkomplex [1]: sie sind daher „definitionale" oder „definitionstheoretische" TW. Andere TW berücksichtigen als Explikandum nur den Fragenkomplex [2]: sie sind rein „kriteriologische" oder „kriterientheoretische" TW. Für TW, die ausschließlich die Fragenkomplexe [3] und [4] als Explikandum haben, wären entsprechende Bezeichnungen einzuführen (z. B. „konditionale" bzw. „funktionale", „existenzielle" TW usw.). Die meisten TW betrachten als ihr Explikandum die Fragenkomplexe [1] und [2]: sie sind definitional-kriteriologische TW.

0.2.   Unterscheidung, Bezeichnung und Gliederung der Theorien der Wahrheit in der neueren Philosophie

0.2.1. Zum Ausdruck „Theorien der Wahrheit in der neueren Philosophie"

Bekanntlich werden dem Ausdruck „neuere Philosophie" verschiedene Zeitabschnitte zugeordnet. So ist es nicht unüblich, die Philosophie seit Kant mit diesem Ausdruck zu bezeichnen. Ein anderer Gebrauch zieht es vor, die Philosophiegeschichte seit dem 19. Jahrhundert mit dieser Wendung abzudecken. Ohne diesen Verwendungsweisen ihre Berechtigung abzusprechen, wird der Ausdruck „neuere Philosophie" im vorliegenden Werk in einem engeren, spezielleren Sinne verstanden: Er soll die gegenwärtige philosophische Situation mitsamt ihrem *unmittelbaren* historischen Hintergrund bezeichnen. „Unmittelbarer historischer Hintergrund" schließt im Falle der Problematik der

TW Entwicklungslinien ein, die bis ins 19. Jahrhundert zurückreichen können. Dieser Fall liegt vor — um ein charakteristisches Beispiel zu nennen — bei der in Kapitel 5. darzustellenden Kohärenztheorie der Wahrheit.

0.2.2. Schwierigkeiten

Aus der Tatsache des Vorliegens einer Reihe von TW müßte man die anscheinend selbstverständliche Konsequenz ziehen, daß diese Theorien sich klar voneinander unterscheiden lassen; zudem könnte angesichts dieser Tatsache die Forderung erhoben werden, daß die TW systematisch aufgegliedert werden. Doch weder die Unterscheidbarkeit (Identifizierbarkeit) im einzelnen ist eine feststehende Tatsache, noch die systematische Gliederbarkeit eine problemlos realisierbare Möglichkeit; vielmehr begegnen hier zahlreiche Schwierigkeiten, die zunächst zu erörtern sind.

[1] Nicht immer ist es leicht möglich, eine TW als solche genau zu identifizieren. Dies stellt eine prinzipielle Schwierigkeit dar. „Wahrheit" ist nämlich kein isoliertes „Datum" bzw. „Explikandum", sondern — auf welche Weise auch immer — ein Teil, ein Aspekt oder eine Dimension eines größeren Ganzen, etwa der Erkenntnis, der Sprache, des Seins usw. Im Rahmen der Bemühungen um eine Klärung von „Wahrheit" wurden daher mit Recht Feststellungen wie die folgende getroffen: „Vielleicht wäre es besser, die Wahrheitstheorie ... als Teil irgendeiner anderen Theorie aufzufassen: etwa der Theorie der Erkenntnis, des Geistes, der Bedeutung." [3] Dieser „partielle" Aspekt erweist sich im Grunde als Anzeige des *systematischen* Charakters der TW: jede TW ist — explizit oder implizit — „Teil" eines größeren Ganzen, kurz: eines Systems (im weitesten Sinne).
Die Schwierigkeit, eine TW genau als solche zu identifizieren,

---

[3] Strawson [3] S. 84.

erwächst aus zwei entgegengesetzten und sich ausschließenden Gesichtspunkten: zum einen aus der Maximalisierung, zum anderen aus der Minimalisierung ihres systematischen Charakters. Wird die Systematizität ausdrücklich herausgearbeitet und voll zur Geltung gebracht, so erweist sich die TW als ein „Teil"-Aspekt einer umfassenderen Theorie (eines Systems). Wird hingegen die Systematizität überhaupt nicht beachtet und expliziert, so bleibt der *Theorie*charakter der TW vollends unbestimmt in dem Sinne, daß die Explikationsmittel (die Theoriekomponenten, die erläuternden Begriffe usw.) beliebig und willkürlich sind. In dieser Perspektive muß paradoxerweise gesagt werden, daß jene TW am leichtesten als solche identifizierbar sind, die irgendwie in der Mitte zwischen explizierter und ignorierter Systematizität angesiedelt sind. Man kann geradezu sagen, daß „Wahrheitstheorie" Indiz und Ausdruck einer nur impliziten Systematizität ist.

[2] Eine weitere Schwierigkeit für die Unterscheidung und Gliederung der TW entsteht aus der Entwicklung der Diskussion über das Wahrheitsproblem. Diese Entwicklung ist äußerst komplex und streckenweise kontingent; vor allem ist sie immer noch im Fluß. Es ist in den meisten Fällen kaum möglich und der Sache angemessen, einen bestimmten Punkt in dieser Entwicklung festzuhalten und daraus eine irgendwie identifizierbare TW herauszukristallisieren. Dies gilt besonders für die sprachanalytischen und die Intersubjektivitätstheorien der Wahrheit. Es tritt sogar der Fall ein, daß ein und derselbe Autor mehrere Phasen durchläuft, wobei einer dieser Phasen eine bestimmte TW zugeordnet wird. Musterbeispiel dafür ist *Strawson*. Seine erste Arbeit über Wahrheit legte eine genaue Formulierung der sog. „performativen Wahrheitstheorie" vor; später korrigierte er seine erste Auffassung bzw. gab sie auf. Sogar im Rahmen ein und desselben Werkes vertritt ein Autor mehrere Positionen. Charakteristisches Beispiel dafür ist die vielleicht jüngste Arbeit über Wahrheit, nämlich das Buch von *C. J. F. Williams*. Im Vorwort nennt Williams sein Werk ein

„Hegelsches Werk", und zwar wegen seines „dialektischen Charakters": „Es wurde verfaßt in der Weise, daß eine Reihe von Positionen vorgelegt werden, so daß jede weitere Position — bis zu einem gewissen Grad — die Preisgabe der vorhergehenden Position involviert. Die letzten Positionen aber bauen auf den früheren auf; sie sind nicht ohne weiteres jenen Lesern verständlich, die sich nicht zuvor mit den früheren Positionen befaßt haben . . ." [4]

[3] Der Versuch einer Unterscheidung und Gliederung der TW begegnet noch einer dritten — in einer grundsätzlichen Hinsicht der größten — Schwierigkeit. Mehrere TW verstehen sich als weitergehende Explikationen, Korrekturen, Reformulierungen jeweils einer anderen oder mehrerer anderer TW. Dies gilt in besonderer Weise für die Korrespondenztheorie und die semantische Theorie. Sind nun diese „weiteren" TW als selbständige Theorien oder nur als Modifikationen, Präzisierungen usw. der „ursprünglichen" TW zu nehmen? Eine Klärung kann nur von Fall zu Fall erzielt werden. Dies soll im folgenden Abschnitt in Angriff genommen werden.

0.2.3.   Kriterien für die Unterscheidung und Bezeichnung der Theorien der Wahrheit

0.2.3.1. Die methodische Vorzugsstellung der Korrespondenztheorie und der Tarskischen semantischen Theorie

Die vorliegende Darstellung der TW geht von der Einsicht aus, daß der traditionellen Korrespondenztheorie und der Tarskischen semantischen Theorie eine methodische Vorzugsstellung zuzuweisen ist. Diese Einsicht stützt sich auf die Feststellung,

---

[4] Williams [1] S. xi. Es gehört eine gute Portion Unkenntnis und Oberflächlichkeit dazu, eine solche Charakterisierung eines Werkes mit dem Namen Hegels in Verbindung zu bringen. Im übrigen spricht

daß so gut wie alle anderen TW auf die eine oder andere Weise in der Korrespondenztheorie und die meisten in der semantischen Theorie ihren primären Bezugspunkt haben. Die Eigenschaft, primärer Bezugspunkt zu sein, äußert sich auf vielfache Weise, wie z. B. dadurch, daß die anderen Theorien sich als Explikation, Reformulierung, Korrektur, Kritik usw. der beiden genannten Theorien verstehen. Diese beiden Theorien müssen daher am Anfang der Darstellung stehen.

Hier drängt sich die Frage auf, wie sich die beiden genannten Theorien selbst zueinander verhalten. Eine der wichtigsten Interpretationen von Tarskis semantischer Theorie behauptet, diese Theorie sei nichts anderes als die genau präzisierte Korrespondenztheorie (z. B. Popper, Weingartner, Martin u. a.). Was immer hier „Präzisierung" heißen mag, auf jeden Fall ist diese Interpretation der semantischen bzw. der Korrespondenztheorie nicht die einzige. Es gibt nämlich Versuche, die Korrespondenztheorie zu explizieren und zu präzisieren auf nichtsemantischem Wege (z. B. die „einfache" Wahrheitstheorie). Für eine Darstellung der TW ergibt sich daraus die Konsequenz, daß die Korrespondenztheorie und die semantische Theorie getrennt zu behandeln sind. Hinsichtlich der semantischen Theorie ist außerdem festzuhalten, daß mehrere Interpretationen, Explikationen, Umformulierungen, Erweiterungen usw. vorgelegt wurden. Um diesem ganzen Spektrum der Meinungen Rechnung zu tragen, erweist es sich als unumgänglich, zuerst Tarskis semantische Theorie *für sich* darzustellen. In dem entsprechenden Kapitel werden einige der wichtigsten Stellungnahmen zur semantischen Theorie vorgetragen.

dieses Vorgehen für (d. h. gegen) sich selbst. Williams' Buch beginnt nämlich mit der Bemerkung: "Despite a perfect ignorance of the works of Hegel ..." (S. xi).

0.2.3.2. Die Komplexität der sprachanalytischen Theorie(n) der Wahrheit

Unter der Bezeichnung „sprachanalytische Theorien der Wahrheit" sollen jene Theorien dargelegt werden, für die die Sprachanalyse — auf die eine oder andere Weise — den Ansatz und das Medium bildet. Das von den sprachanalytischen TW gebotene Gesamtbild ist außerordentlich komplex. Als Gliederungskriterium könnte man die Herkunft und die Entwicklung dieser Theorien heranziehen. Als Ausgangspunkt kann man dann jene kurzen Bemerkungen des jungen *Ramsey* zur Wahrheitsproblematik aus dem Jahre 1927 ansehen, die eine Redundanztheorie der Wahrheit signalisierten. In Auseinandersetzung mit dieser Theorie und mit der semantischen Theorie hat dann *Strawson* versucht, eine performative Theorie der Wahrheit zu entfalten. Dabei wurde er besonders von *Austin* kritisiert. Daraus entwickelte sich der heutige Diskussionsstand der sprachanalytischen TW. Es lassen sich folgende Tendenzen unterscheiden: [1] eine Richtung versucht, die Wahrheit auf „einfache" Weise zu erläutern bzw. zu erklären ("simple theory of truth": J. L. Mackie, C. J. F. Williams). [2] Eine andere Richtung ist bemüht, Tarskis semantische Theorie — teilweise in Anknüpfung an den späten Wittgenstein — auf die natürliche Sprache auszudehnen und eine „formale Semantik" zu entwickkeln (D. Davidson, E. Tugendhat). [3] Schließlich ist noch eine Tendenz zu nennen, die in Tarskis Interpretationssemantik nur eine sekundäre, der „Fundamentalsemantik" nachgeordnete Semantik erblickt (P. Hinst).

0.2.3.3. Die systematische Unterbestimmtheit der Intersubjektivitätstheorie(n) der Wahrheit

Als weitere wichtige Gruppe von TW werden die Intersubjektivitätstheorien dargelegt. Unter dieser Sammelbezeichnung werden jene Theorien erfaßt, für die das primäre Element die

Intersubjektivität ist, und zwar in der Form des Dialogs („dialogische Theorie der Wahrheit") und in der Form der Sprechsituation bzw. der Kommunikationsgemeinschaft („Konsensustheorie"). Für diese Richtung(en) spielt die Sprache zwar eine wesentliche Rolle, aber so, daß sie in die Pragmatik (in der Form der Intersubjektivität) als umfassendere Perspektive einbezogen wird. Strenggenommen müßte man daher sagen, daß diese Theorien sprachpragmatische Theorien sind. Schon aus diesem Grund können sie nicht zu den sprachanalytischen TW gerechnet werden.

Die erklärte Absicht der Intersubjektivitätstheorien der Wahrheit ist es, die dritte Komponente der klassischen Semiotik, nämlich die Pragmatik, aus einem rein „psychologischen" Status bzw. Verständnis zu befreien und zur fundamentalen Komponente der Sprache zu erheben. Dabei drängt sich die Frage auf, ob dann die Dimension „Sprache" nicht überdehnt wird. Es ist kein Zufall, daß besonders *J. Habermas* und *K.-O. Apel* von „Transzendentalpragmatik" und „Sprachpragmatik" undifferenziert sprechen. Die bei diesen Theorien dominierende Dimension ist jedenfalls die Dimension der sprachlichen *Intersubjektivität*. Man kann nun diese Dimension so auffassen, daß man sagt, es handele sich um Intersubjektivität und diese sei immer schon sprachlich artikuliert; Sprache wäre dann die „Intrastruktur" der Intersubjektivität in dem Sinne, daß Intersubjektivität nur begriffen werden kann, wenn sie als sprachvermittelt aufgefaßt wird. Eine andere Interpretation dieser Dimension liegt dann vor, wenn man der Sprache die Priorität zuschreibt, indem man zeigt, daß Sprache sich nur dann adäquat erfassen läßt, wenn sie als intersubjektiver Kommunikationsvorgang begriffen wird; hier wäre die Intersubjektivität die „Intrastruktur" der Sprache. Bei *Habermas* und *Apel* scheint eher die erste Perspektive vorzuherrschen. Wegen dieses eine letzte Klärung heischenden Verhältnisses von Intersubjektivität und Sprache erscheint es ratsam, die hier in Frage kommenden TW in einem eigenen Kapitel darzustellen. — Schließlich könnten diese Theorien auch unter der allgemeinen Bezeichnung

„pragmatische Wahrheitstheorien" dargelegt werden — und so wurden sie in der Tat manchmal eingeordnet. Wie fragwürdig allerdings dieses Vorgehen ist, ist daran zu ersehen, daß *Ch. S. Peirce* für seine Richtung den Ausdruck „Pragmatizismus" einführte, gerade um sie vom (üblichen) Pragmatismus abzuheben [5].

0.2.3.4. Der scheinbar unproblematische Status der Kohärenztheorie der Wahrheit

In so gut wie der ganzen Literatur über die Wahrheitsproblematik nimmt die Kohärenztheorie der Wahrheit eine deutliche Sonderstellung ein. In fast allen Werken wird eine — meist sehr einseitige, ja inkorrekte — Standardcharakterisierung geboten. Dabei wird kaum darauf geachtet, daß diese Theorie zwei Varianten aufweist, nämlich die idealistische und die logisch-empiristische, deren Gemeinsamkeit eines der großen Rätsel der neueren Philosophie ist. Im übrigen hat die Kohärenztheorie der Wahrheit in den letzten Jahren eine erstaunliche Reaktualisierung erfahren (durch *N. Rescher*).

0.2.4. Kriterien der Gliederung

Aus der Klärung der Frage, inwieweit und auf welche Weise die TW unterschieden werden und welche Bezeichnungen sie erhalten können bzw. sollen, kann noch keine vollständige Antwort auf die Frage gewonnen werden, ob und wie sie systematisch zu gliedern sind. Wohl aber läßt sich aus den Überlegungen des vorhergehenden Abschnitts einiges für die Beantwortung der jetzt anstehenden Frage entnehmen.

So dürfte leicht einsehbar sein, daß die Korrespondenztheorie an den Anfang der ganzen Darstellung zu setzen ist.

---

[5] Vgl. dazu Apel [4] II. Teil und Peirce [2/II].

Da Tarskis semantische Theorie — nach einer der wichtigsten, sich auf Tarski selbst mit Recht berufenden Interpretationen — eine Präzisierung der Korrespondenztheorie sein will, soll sie der Korrespondenztheorie in der Darstellung unmittelbar folgen. Was die drei weiteren großen TW anbelangt, so könnte man — besonders wenn man an die Tradition denkt bzw. anknüpft — sofort die Kohärenztheorie zur Darstellung bringen. Doch soll im vorliegenden Werk nach der Reihenfolge: sprachanalytische Theorien — Intersubjektivitätstheorien — Kohärenztheorie vorgegangen werden. Diese Reihung stützt sich auf folgende Überlegung: Die sprachanalytischen TW knüpfen unmittelbar entweder an die semantische Theorie und/oder an die Korrespondenztheorie an, während die Intersubjektivitätstheorien vorwiegend in Auseinandersetzung mit der Korrespondenztheorie, mit der semantischen Theorie und besonders mit den sprachanalytischen TW selbst eine neue bzw. weitere Wahrheitsauffassung entwickeln. Man könnte sagen: die Intersubjektivitätstheorien berücksichtigen *mehr* „Elemente" als die sprachanalytischen TW. Insofern wäre die Reihenfolge: sprachanalytische Theorien — Intersubjektivitätstheorien gerechtfertigt.

Freilich ist gleich hinzuzufügen, daß die Intersubjektivitätstheorien (und auch die sprachanalytischen Theorien) sich ebenfalls von der Kohärenztheorie der Wahrheit abheben. Dazu ist aber zu bemerken, daß die Kohärenztheorie weder für die sprachanalytischen Theorien noch für die Intersubjektivitätstheorien den primären Bezugspunkt bildet; außerdem eignet der Kohärenztheorie eine besondere Stellung, die es ratsam erscheinen läßt, sie als letzte TW zu behandeln. Wie sich nämlich herausstellen wird, dürfte die Kohärenztheorie der Wahrheit ihrer Grundidee nach diejenige Theorie sein, die als einzige in der Lage ist, alle bei der Bestimmung der Wahrheit in Frage kommenden und von den anderen TW fragmentarisch thematisierten Gesichtspunkte auf den (d. h. auf *einen*) Begriff zu bringen. Besonders auf diese — noch einzulösende — Behauptung stützt sich die Entscheidung, die Kohärenztheorie der

Wahrheit als die letzte der großen TW zur Darstellung zu bringen.

Es muß betont werden, daß man auch andere Gesichtspunkte geltend machen könnte, die eine andere Gliederung nahelegen würden. Wer beispielsweise die Auffassung vertritt, daß alle nicht-semantischen Gesichtspunkte, Gegebenheiten usw. im Hinblick auf den Wahrheitsbegriff „unzulässige Surrogate" ("illicit surrogates")[6] darstellen, müßte konsequenterweise eine andere systematische Gliederung einführen, nämlich eine reduktive: diejenigen TW müßten dann zuerst (bzw. zuletzt) dargelegt werden, die die meisten „unzulässigen Surrogate" enthalten, dann diejenigen, die weniger „unzulässige Surrogate" aufweisen, zuletzt (zuerst) jene Theorie, die sozusagen als „reine" — d. h. als von jedem unzulässigen Surrogat freie — TW erscheint. Insofern liegt der tatsächlich vorgeschlagenen und durchgeführten Gliederung eine systematische Konzeption zugrunde, die der soeben erwähnten Ansicht über die „unzulässigen Surrogate" diametral entgegengesetzt ist. Die implizit wirkende systematische Konzeption besagt, daß erst im Rahmen einer angemessen entwickelten — und hinsichtlich der bisherigen Formen gründlich korrigierten — Kohärenztheorie der Wahrheit alle Aspekte der TW Berücksichtigung finden, die, wenn sie isoliert genommen werden, *einseitige* TW erzeugen. Die hier angedeutete systematische Konzeption soll am Ende der Gesamtdarstellung in ihren Grundzügen skizziert werden.

0.3. Zur vorliegenden Darstellung

Es sind noch einige abschließende Bemerkungen zur vorliegenden Darstellung anzufügen. Zwei Punkte sind kurz zu erörtern: Zum einen ist der Frage nachzugehen, wie die Nichtbehandlung anderer Wahrheitsauffassungen zu erklären bzw. zu rechtfertigen ist (0.3.1.); zum anderen sollen einige Charak-

---

[6] Vgl. dazu Martin [2].

teristika der vorliegenden Darstellungsweise erläutert und gerechtfertigt werden (0.3.2.).

0.3.1. Die Nichtbehandlung anderer Wahrheitsauffassungen

[1] Mit den oben erwähnten und in diesem Buch darzustellenden TW wird nicht das ganze Gebiet der philosophischen Auffassungen über Wahrheit in der neueren Philosophie erfaßt. Damit ist nicht eigentlich die Tatsache gemeint, daß so gut wie in jeder Philosophie auf die eine oder andere Weise bestimmte Aussagen über Wahrheit vorkommen bzw. aufgestellt werden; in den meisten Fällen handelt es sich ohnehin nicht um eine voll entwickelte TW. Vielmehr besagt die obige Feststellung, daß es explizite und teilweise sogar voll ausgeführte Auffassungen über Wahrheit gibt, die in diesem Buch keine Berücksichtigung finden. Wie ist diese Entscheidung zu rechtfertigen?

Zu den wichtigsten in Frage kommenden Wahrheitskonzeptionen dürften die von folgenden Autoren vertretenen und entwickelten Auffassungen zu rechnen sein: *W. James, J. Dewey, K. Jaspers, E. Husserl, M. Heidegger, H.-G. Gadamer, O. F. Bollnow, N. Luhmann.* Man kann die von diesen Autoren vertretenen Wahrheitskonzeptionen in vier Gruppen gliedern: die klassisch-pragmatische (James, Dewey), die existenzielle (bzw. ethische) (Jaspers, Bollnow), die phänomenologisch-hermeneutische (Husserl, Heidegger, Gadamer), die systemtheoretische (Luhmann). Es soll im folgenden versucht werden, die Nichtberücksichtigung dieser Wahrheitsauffassungen zu begründen. Es lassen sich ein allgemeiner Grund für alle genannten Konzeptionen und dann spezielle Gründe für jede einzelne Auffassung anführen.

[2] *Generell* ist die Nichtbehandlung der genannten Auffassungen dadurch gerechtfertigt, daß der für die intendierte Darstellung zur Verfügung stehende Raum sehr beschränkt ist. Der Verfasser war der Ansicht, es sei sinnvoller, nur die wichtigsten

Auffassungen — „*Theorien* der Wahrheit" in einem engeren Sinn — eingehender zu erörtern, als alle Wahrheitsauffassungen kurz zu streifen und nur global darzulegen. Freilich ist damit die Entscheidung noch nicht gerechtfertigt, daß gerade die genannten Auffassungen unberücksichtigt bleiben sollen.

[3] Die *speziellen* Gründe, auf die sich diese spezifische Entscheidung stützt, sollen im folgenden kurz angeführt werden. [i] Die *klassisch-pragmatische* TW, als deren bekannteste Vertreter James und Dewey [7] gelten, hat sicher eine beachtenswerte Geschichte gehabt und wurde oft dargestellt und intensiv diskutiert. „Pragmatische" Gesichtspunkte sind in viele Theorien der Gegenwart eingegangen. Es dürfte aber schwer sein, eine „rein" pragmatische TW in der Gegenwart ausfindig zu machen. Vor allem aber könnte eine solche TW — angesichts der beachtlichen Fortschritte im Bereich der Logik, Semantik und Sprachphilosophie — kaum noch mit den anderen TW konkurrieren.
[ii] *Jaspers* hat ein nicht weniger als 1103 Seiten umfassendes Werk mit dem Titel ›Von der Wahrheit‹ [8] geschrieben (1947). Man könnte seine „Wahrheitstheorie" eine existenzielle Theorie nennen. Doch sagt dieses Wort wenig. Es dürfte kaum möglich sein, Jaspers' Auffassung einigermaßen verständlich und genau zu skizzieren. Im Grunde wird „Wahrheit" von Jaspers so weit gefaßt, daß dieser Titel so gut wie sämtliche Themen der Philosophie deckt. Damit verliert dieser Begriff jeden genauen und spezifischen Gehalt; von einer „Wahrheitstheorie" kann dann nicht die Rede sein.
Kürzlich hat *Bollnow* ein Werk mit dem ungewöhnlichen Titel ›Das Doppelgesicht der Wahrheit‹ [9] veröffentlicht (1975). Darin stellt er die These auf, daß der an Erkenntnis orientierte griechische und der die Verläßlichkeit eines Dinges oder eines Menschen und besonders Gottes bekundende hebräische Wahr-

---

[7] Vgl. James [1]—[2] und Dewey [1]—[2].
[8] Vgl. Jaspers [1].
[9] Vgl. Bollnow [1].

heitsbegriff nicht miteinander zur Deckung zu bringen sind; andererseits sind sie untrennbar miteinander verbunden und bedingen sich wechselseitig. Es geht Bollnow „im Kern um ein ethisches Problem" [10], um „die sittlichen Voraussetzungen der Wahrheit" (Überschrift von Kap. III). Seine Ausführungen haben eine allgemeine philosophisch-anthropologische Ausrichtung. Soweit man hier von einer „Wahrheitstheorie" sprechen kann, wäre sie als eine existenzielle und konditionale TW zu bezeichnen.

[iii] Eine der bedeutendsten Wahrheitsauffassungen des 20. Jahrhunderts wird von der phänomenologisch-hermeneutischen Philosophie vertreten, als deren wichtigste Repräsentanten Husserl, Heidegger und Gadamer zu nennen sind.

[iii—i] *Husserls* Wahrheitsauffassung wird gewöhnlich als Evidenztheorie der Wahrheit bezeichnet. Unter den in diesem Buch nicht dargestellten Auffassungen hätte diese Theorie es am ehesten verdient, dargelegt zu werden. Freilich erweist sich eine genaue Erfassung und Darstellung der Husserlschen TW als eine außerordentlich schwierige Aufgabe, deren Bewältigung einer vollständigen Interpretation seiner Gesamtphilosophie gleichkommt. Hingewiesen sei etwa auf die zwei gegensätzlichen Deutungen bzw. kritischen Einschätzungen von *E. Tugendhat* und *G. Brand* [11].

[iii—ii] *Heideggers* Wahrheitsauffassung stellt in vielerlei Hinsicht einen Sonderfall dar. Kaum ein anderer Philosoph — oder nach Heidegger: „Denker" — dürfte im 20. Jahrhundert einen so radikalen Anspruch auf Interpretation, Kritik und Überwindung der philosophischen (nach Heidegger = metaphysischen) Wahrheitskonzeptionen erhoben haben wie Heidegger. Doch zu welchem Ergebnis gelangte er? Man kann kaum von einem Ergebnis im Sinne einer auch nur einigermaßen identifizierbaren Auffassung sprechen; was aus seinen „Erörterungen" geblieben ist, sind Fragmente, die, wenn man sie irgendwie aufeinander

[10] Ebd. S. 10.
[11] Vgl. Tugendhat [2] und Brand [1]. Vgl. auch Patzig [2].

bezieht, ein unstimmiges Gesamtmosaik ergeben. Hier einige Hinweise bzw. Belege.

In ›Sein und Zeit‹ hatte Heidegger „das ursprüngliche Phänomen der Wahrheit und die Abkünftigkeit des traditionellen Wahrheitsbegriffes" [12] aufzuweisen versucht. Die Abkünftigkeit des traditionellen Wahrheitsbegriffs ist nach Heidegger durch zweierlei charakterisiert: zum einen ist der Ort der Wahrheit die Aussage (das Urteil), zum anderen liegt das Wesen der Wahrheit in der Übereinstimmung (adaequatio) des Urteils mit seinem Gegenstand. Jahrzehntelang behauptete Heidegger die Abkünftigkeit des traditionellen Wahrheitsbegriffs und glaubte, das „ursprüngliche Phänomen der Wahrheit" in der ἀλήθεια gefunden zu haben, die er mit „Unverborgenheit" wiedergab und auch so interpretierte. In seinem im Jahre 1969 erschienenen Buch ›Zur Sache des Denkens‹ findet sich demgegenüber das — im übrigen gar nicht erstaunliche, sondern für jeden, der historische Entwicklungen und Sachfragen auch nur einigermaßen zu erfassen vermag, selbstverständliche — Eingeständnis: „In jedem Fall wird das eine klar: Die Frage nach der ἀλήθεια, nach der Unverborgenheit als solcher, ist nicht die Frage nach der Wahrheit. Darum war es nicht sachgemäß und demzufolge irreführend, die ἀλήθεια im Sinne der Lichtung Wahrheit zu nennen." [13] Wenn dem so ist, so dürfte ohne weiteres einleuchten, daß Heideggers unzählige „Erörterungen" über die „Abkünftigkeit" des traditionellen Wahrheitsbegriffs nur noch genetisch-biographischen Wert haben [14]. — Wenn der späte Heidegger schreibt:

[12] Heidegger [1] S. 219 (bzw. [4/2] S. 290). Vgl. dazu jetzt Heidegger [4/21].
[13] Heidegger [3] S. 77.
[14] In einer Anmerkung in Heidegger [3] S. 77 bestätigt Heidegger selbst diese Behauptung. Er verweist auf eine Stelle in Heidegger [1] S. 219 (bzw. [4/2] S. 290), aus der hervorgehen soll, daß er schon damals (1927) die ἀλήθεια als Unverborgenheit begriffen habe, und bemerkt dazu, daß „der Versuch, eine Sache zu denken, zeitweise wegirren kann von dem, was ein entscheidender Einblick schon gezeigt hat ..." — Das mag zutreffen; nimmt man aber Heidegger

„Der natürliche Begriff von Wahrheit meint nicht Unverborgenheit, auch nicht in der Philosophie der Griechen" [15], so heißt dies im Klartext, daß Heidegger sich mit Wahrheit — gleich, ob man hier von einem „natürlichen" oder andersgearteten Begriff spricht — gar nicht befaßt (hat). Im übrigen ist es charakteristisch für die Einseitigkeit von Heideggers „Erörterungen" über Wahrheit, daß er den traditionellen bzw. natürlichen Begriff der Wahrheit (nur) als „adaequatio und certitudo" bestimmt [16]. Daß die auf der Basis einer solchen Verkennung der alten und neuen TW entwickelten „ursprünglichen" Erörterungen über Wahrheit nicht gerade sachgemäß sein können, liegt auf der Hand.

[iii—iii] Eine dritte Form einer phänomenologisch-hermeneutischen Wahrheitskonzeption findet man bei *H.-G. Gadamer.* Untersucht man sein voluminöses Werk ›Wahrheit und Methode‹ auf die in ihm vorgeblich vertretene Wahrheitsauffassung hin, so muß man am Ende doch feststellen, daß diese Wahrheitsauffassung kaum zur Darstellung gebracht werden kann. Dies mutet um so merkwürdiger an, als in den wenigen Sätzen, in denen auf eine einigermaßen verständliche Weise vom Wahrheitsbegriff die Rede ist, die Gleichungsreihe: Sein = Sprache = Sichdarstellen behauptet wird:

> „Gehen wir von der ontologischen Grundverfassung aus, wonach Sein *Sprache,* d. h. *Sichdarstellen* ist, die uns die hermeneutische Seinserfahrung aufgeschlossen hat, dann folgt daraus aber nicht nur der Ereignischarakter des Schönen und die Geschehensstruktur alles Verstehens. Wie sich die Seinsweise des Schönen als Vorzeichnung einer allgemeinen Seinsverfassung erwies, so wird sich ein Gleiches von dem zugehörigen *Wahrheitsbegriff* zeigen." [17]

beim Wort, so heißt das, daß von einer Wahrheitsauffassung bei ihm nicht die Rede sein kann (und noch weniger von einer „Theorie" der Wahrheit).

[15] Heidegger [3] S. 77.
[16] Ebd. Tugendhat hat zwingend nachgewiesen, daß Heidegger die Wahrheitsfrage ausgeschaltet hat (vgl. Tugendhat [2]).
[17] Gadamer [1] S. 461.

Wie der Wahrheitsbegriff „verstanden" wird, zeigen die folgenden Sätze:

> „Was dabei Wahrheit heißt, läßt sich auch hier wieder am besten vom Begriff des *Spieles* her bestimmen: Wie sich das Gewicht der Dinge, die uns im Verstehen begegnen, gleichsam ausspielt, das ist selber ein sprachlicher Vorgang, sozusagen ein Spiel mit Worten, die das Gemeinte umspielen. *Sprachliche Spiele* sind es auch, in denen wir uns als Lernende ... zum Verständnis der Welt erheben ... Entsprechend ist auch hier nicht von einem Spielen mit der Sprache oder mit den uns ansprechenden Inhalten der Welterfahrung oder Überlieferung die Rede, sondern von dem Spiel der Sprache selbst, die uns anspricht, vorschlägt und zurückzieht, fragt und in der Antwort sich selbst erfüllt." [18]

Als „Standortbestimmung" der Gadamerschen Wahrheitsauffassung kann man den Satz ansehen: „Wir sind als Verstehende in ein Wahrheitsgeschehen einbezogen und kommen gleichsam zu spät, wenn wir wissen wollen, was wir glauben sollen." [19] Diese großen Intuitionen mögen ihr gutes, ja notwendiges Recht haben; sie können aber in philosophischer Hinsicht nur dann ernst genommen werden, wenn sie „zur *Darstellung*" gebracht, d. h. u. a.: wenn sie *präzisiert* werden.

[iv] Eine ganz andere Wahrheitsauffassung ist in der Systemtheorie impliziert. *N. Luhmann* hat einige Andeutungen in dieser Richtung gemacht. Wahrheit wird im Kontext einer allgemeinen Theorie der Kommunikationsmedien *funktional* definiert. Dabei wird Wahrheit (Wissenschaft) als ein „Subsystem" der Gesellschaft bestimmt, und zwar neben Liebe (Familie), Geld (Wirtschaft) und Macht (Politik). Die Funktion von Wahrheit ist die Übertragbarkeit von erlebnismäßig reduziertem Sinn: „Wahrheit liegt dann vor, wenn jedermann dasselbe erleben würde, falls er sein Bewußtseinsfeld auf denselben Gegenstand richten würde." [20] Luhmann hat eine solche funktionale TW nur angedeutet. Es dürfte daher verfrüht sein, sie im ein-

[18] Ebd. S. 464.
[19] Ebd. S. 465.
[20] Luhmann [1] S. 348.

zelnen darstellen zu wollen; dies wäre u. a. erst dann möglich, wenn man sie auf ihre Implikationen hin befragen würde. Doch würde dies den Rahmen der vorliegenden Arbeit sprengen.

[v] Man könnte vermuten, daß wichtige, wenn auch noch nicht (voll) entwickelte TW sich auch in einigen anderen philosophischen Strömungen der Gegenwart finden. Welche Vermutungen auch immer man in dieser Richtung anstellen mag, als entscheidend dürfte sich dabei die Klärung der Frage erweisen, ob der Versuch, viele in der heutigen philosophischen Literatur verstreute Äußerungen und die ihnen zugrundeliegenden Intuitionen „auf den Begriff" zu bringen, zu einer wirklich neuen und originellen TW führt. Daß hier ein nicht geringes Maß an Skepsis angebracht ist, sei anhand folgenden Beispiels illustriert.

Nach einer allgemein verbreiteten Ansicht hat der (französische) Strukturalismus eine Revolutionierung des Wissens (und damit des Begriffs bzw. des Stellenwertes von Wahrheit) eingeleitet. Bei einem der („philosophischen") Hauptvertreter dieser Richtung, nämlich bei *M. Foucault,* findet sich folgende programmatische Aussage: „Wir haben es nicht mehr mit der Wahrheit zu tun, sondern mit der Kohärenz der Diskurse . . ." [21] Nimmt man die im Kap. 5. dieser Arbeit dargestellte(n) Kohärenztheorie(n) der Wahrheit zur Kenntnis, so wird deutlich, daß Foucaults Äußerung nichts anderes darstellt als das Zeugnis einer krassen Ignoranz bezüglich philosophiegeschichtlicher Entwicklungen und eines bezeichnenden Unvermögens, fundamentale Sachzusammenhänge (hier: zwischen Wahrheit und Kohärenz) zu erfassen.

Schließlich ist noch der Vollständigkeit halber ein ganz bestimmter Typ von Arbeiten zum Wahrheitsproblem zu erwähnen. Gemeint sind jene Arbeiten, die unter Heranziehung strenger Formalisierungs- und Axiomatisierungsmethoden und/oder im Hinblick auf gewisse Aspekte einer wissenschaftstheoretischen Konzeption sich mit „Wahrheit" befassen. Dabei wird in der Regel eine bestimmte „inhaltliche" Konzeption von

[21] Foucault [1] S. 171.

Wahrheit vorausgesetzt und nicht als solche thematisiert. Bezüglich solcher Arbeiten wird man kaum von „Theorie der Wahrheit" sprechen können im hier in Betracht kommenden Sinn — auch dann nicht, wenn im Titel solcher Arbeiten der Ausdruck „Theorie der Wahrheit" erscheint [22]. Damit soll keineswegs in Abrede gestellt werden, daß in diesen Arbeiten möglicherweise Ansätze zu bedeutsamen TW zu finden sind.

0.3.2. Zur Darstellungsweise

Die darzustellenden TW bewegen sich bezüglich ihres Theoriestatus und ihres Anspruches auf sehr unterschiedlichen Ebenen. Für den Versuch einer Darstellung dieser TW ergeben sich daraus spezifische Probleme. Im Prinzip gibt es drei Möglichkeiten, das Verhältnis zwischen einer philosophischen Theorie und der sie wiedergebenden Darstellung zu bestimmen: (1) die Darstellung bleibt hinter dem Niveau der Theorie zurück; (2) sie steht auf gleicher Stufe; (3) sie überschreitet das Niveau der Theorie.

Im Hinblick auf die vorliegende Darstellung sei darauf hingewiesen, daß das Niveau der darzulegenden Theorien in keinem Fall unterschritten, sondern im Gegenteil in der Regel überboten wird. Das besagt, daß der Theoriestatus (d. h. u. a.: die Explikationsmittel, die systematischen Zusammenhänge, die Implikationen usw.) der hier untersuchten TW genau analysiert wird: hat eine TW ihren Theoriestatus schon expliziert, so wird ausdrücklich darauf eingegangen; bei der Darstellung jener TW, die ihren Theoriestatus (noch) nicht herausgearbeitet haben, wird dieser — im Rahmen des Möglichen — aufgewiesen.

Es wird im vorliegenden Werk versucht, in der Regel eine *strenge* Darstellungsweise durchzuhalten. Dies impliziert *erstens* eine *systematische* Perspektive: die — oft sehr heterogenen —

---

[22] Als Beispiele solcher Arbeiten seien hier genannt: Christian [1], H. P. Lorenzen [1], Parsons [1], Kripke [1], McCall [1], Cummins [1] u. a.

„Elemente" der TW werden gesichtet und zusammengeordnet im Hinblick auf die ihnen zugrundeliegende und/oder sich aus ihnen ergebende Gesamtkohärenz. In konkreter Hinsicht hat dies oft zur Folge, daß manche von den Vertretern der jeweiligen TW herausgestellte Gesichtspunkte kaum Berücksichtigung finden (können), während andere von denselben Vertretern kaum oder überhaupt nicht beachtete Aspekte u. U. ausdrücklich herausgearbeitet und erörtert werden. Für die hier zum Tragen kommende Darstellungsweise ist *zweitens* die Anwendung von geeigneten Darstellungsmitteln geboten. Wenn eine TW streng formale Hilfsmittel anwendet — und dies ist bei vielen heutigen TW der Fall —, so wird die Darstellung der entsprechenden TW ebenfalls solche Mittel verwenden. In mehr technischer Hinsicht ist dazu noch anzumerken, daß es heute eine Reihe von sehr disparaten Notationssystemen (d. h. Formalisierungs-, Symbolisierungs-, kurz: Zeichensystemen) gibt. Einige der darzustellenden TW verwenden verschiedene Notationen. Diese werden bei der Darstellung beibehalten, allerdings so, daß in den Anmerkungen eine einheitliche und allgemeinverständliche Erklärung angefügt wird. Am Ende des Werkes findet sich eine vollständige Liste aller verwendeten Symbole, Abkürzungen und sonstigen Hilfsmittel.

Nachtrag

[1] Während der Drucklegung des vorliegenden Werkes erschien der von *Gunnar Skirbekk* herausgegebene und eingeleitete Band ›Wahrheitstheorien. Eine Auswahl aus den Diskussionen über Wahrheit im 20. Jahrhundert‹ (Frankfurt a. M. 1977, suhrkamp taschenbuch wissenschaft 210). Er enthält Texte von englisch- und deutschsprachigen Philosophen, die „den Hintergrund der heutigen Debatte" (S. 8) um die Wahrheitsthematik beleuchten sollen. Es handelt sich um Texte von W. James, B. Russell, R. Carnap, C. G. Hempel, K. R. Popper, A. Tarski, E. Tugendhat, F. P. Ramsey, J. L. Austin, P. F. Strawson, A. J. Ayer,

W. Sellars, N. Rescher, A. Naess, E. Husserl, M. Heidegger, G. Skirbekk, W. Kamlah — P. Lorenzen. Einige dieser Texte, die auch in der vorliegenden Arbeit Berücksichtigung finden, erscheinen in diesem Band zum ersten Mal in einer deutschen Übersetzung (hingewiesen sei besonders auf die Texte von Hempel, Rescher und Sellars).

In einer ausführlichen Einleitung begründet Skirbekk die Auswahl und die Anordnung der Texte. Er will keine Rekonstruktion bzw. Wiedergabe der historischen Entwicklung bieten; vielmehr geht er von der Einsicht aus, daß der eigentliche Ort von Philosophie der Diskurs ist, und leitet daraus Möglichkeit und Berechtigung einer systematischen Rekonstruktion der Wahrheitstheorien in der Form von Diskussionszusammenhängen ab. Er unterscheidet „vier mehr oder weniger klar abgrenzbare Diskussionszusammenhänge" (S. 8): (i) Diskussionen über die Korrespondenztheorie (James, Russell); (ii) Diskussionen über die Verifizierbarkeit deskriptiver Sätze (Carnap, Popper, Ayer, Hempel); (iii) Diskussionen im Rahmen der analytischen Philosophie, insbesondere zu Tarski (Tugendhat, Ramsey, Austin, Strawson, Ayer, Sellars, Rescher, Naess); (iv) Diskussionen über die phänomenologisch orientierte Wahrheitskonzeption (Husserl, Heidegger, Tugendhat, Skirbekk). In einer Art Exkurs wird ein kleiner Abschnitt aus der ›Logisch-methodologischen Propädeutik‹ von Kamlah-Lorenzen abgedruckt.

[2] Daß Skirbekk eine Auswahl von Texten in systematischer Anordnung und Absicht vorlegt, verdient große Beachtung. Dadurch werden in ausgezeichneter Weise Legitimität und Aktualität des in der vorliegenden Arbeit unternommenen Versuchs einer kritisch-systematisch orientierten Durchdringung und Darstellung der Wahrheitstheorien bestätigt. Skirbekks einleitende Bemerkungen machen besonders deutlich, daß es für die Wahrheitsthematik unerläßlich ist, die in der gesamten Wahrheitsdiskussion verwendeten Begriffe und verfolgten Intentionen aufzuklären (vgl. bes. S. 10 ff.).

Selbstverständlich kann von einer kurzen Einleitung zu einer Textsammlung weder erwartet noch verlangt werden, daß eine

24

umfassende Aufklärung sämtlicher Problemaspekte geleistet wird. Gleichwohl darf die Feststellung nicht unterbleiben, daß Skirbekks Bemerkungen der Problemfülle und Komplexität der in Diskussion stehenden Wahrheitstheorien nicht gerecht werden. Dies dürfte sich aus dem Gesamtaufbau und den Einzeldarstellungen der vorliegenden Arbeit deutlich ergeben. — Skirbekk steuert, wie es scheint, eine transzendental gewendete Konsenstheorie der Wahrheit an, aus der er seine systematische Perspektive gewinnt. Darauf kann an dieser Stelle nicht eingegangen werden. Es sei lediglich vermerkt, daß die Kohärenztheorie der Wahrheit, die für Konzeption, Aufbau und Durchführung des vorliegenden Werkes den systematischen Leitfaden abgibt, in Skirbekks Buch nicht nur unzureichend berücksichtigt, sondern zudem mißverstanden wird. Skirbekk verwechselt nämlich, wie so oft in der Wiedergabe und Kritik der Kohärenztheorie, „Kohärenz" mit „Konsistenz" (vgl. S. 15). Dieser verhängnisvolle Interpretationsfehler ist um so unverständlicher, als Skirbekk selbst Texte aus einem Buch über die Kohärenztheorie vorlegt, in dem gerade der Begriff der Kohärenz in Abhebung vom Begriff der Konsistenz in aller Schärfe herausgearbeitet wird (es handelt sich um das Buch von N. Rescher; vgl. dazu unten 5.4.4.1.).

Hinsichtlich der Textauswahl mutet es befremdlich an, daß der Leser ausschließlich aus einer unscheinbaren Anmerkung der Redaktion auf S. 28 entnehmen kann, ein „zweiter Band" werde demnächst die Diskussion über die intersubjektiven Wahrheitstheorien „dokumentieren". Jedenfalls dürfte das geplante Erscheinen eines zweiten Bandes, zumindest zum Teil, den Umstand erklären, daß im „ersten" Band wichtige Arbeiten zur Wahrheitstheorie nicht zu finden sind (z. B. Arbeiten von J. Habermas). Andererseits wird gerade dadurch nicht verständlich, warum ein Text von Kamlah-Lorenzen schon in diesem „ersten" Band abgedruckt erscheint. Ansonsten ist es zu bemängeln, daß fundamentale Texte aus der wahrheitstheoretischen Literatur dieses Jahrhunderts fehlen, wie z. B. die zentralen Texte von B. Blanshard, O. Neurath, D. Davidson u. a.

1. KORRESPONDENZTHEORIE DER WAHRHEIT (KR-TW)

1.1. Problematik der Identifizierbarkeit

Die KR-TW ist nicht nur die älteste und bekannteste, sondern auch die sowohl in der Vergangenheit als auch in der Gegenwart verbreitetste TW [1]. Doch ihr Bekanntheitsgrad verhält sich umgekehrt proportional zu ihrer genauen Identifizierbarkeit. Nicht nur die alltags- und bildungssprachliche Verständnisstufe von Wahrheit ist vom Korrespondenzgedanken durch und durch bestimmt, sondern auch fast alle anderen TW implizieren — wie aus der weiteren Darstellung hervorgehen wird — auf die eine oder andere Weise die Korrespondenzrelation oder zumin-

---

[1] Die Korrespondenztheorie hat sich im Rahmen der aristotelisch-scholastischen Denktradition herausgebildet. Man pflegt in diesem Zusammenhang auf folgende Erklärung des Aristoteles hinzuweisen: „Denn zu sagen, daß, was der Fall ist, nicht der Fall ist, oder daß, was nicht der Fall ist, der Fall ist, ist falsch; daß aber das, was der Fall ist, der Fall ist und das, was nicht der Fall, nicht der Fall ist, wahr" (Aristoteles [1] 1011 b 26 f.; Übersetzung von E. Tugendhat [vgl. Tugendhat [3] S. 249]). Diese Formulierung enthält (noch) nicht den Gedanken einer Korrespondenz zwischen Aussage und Wirklichkeit; gleichwohl scheint Aristoteles seine Wahrheitsbestimmung im Sinne einer Entsprechung zu verstehen (vgl. z. B. Aristoteles [1] 1051 b 1—5). Zum Verhältnis zwischen klassisch-griechischer Philosophie und der *adaequatio*-Formel der Wahrheit vgl. Luther [1]. Die klassische Formel „veritas est adaequatio rei et intellectus" wird von Thomas v. Aquin Isaac Israeli zugeschrieben (vgl. Thomas v. A. [3] q. 1. a. 1.; vgl. auch Thomas v. A. [1] q. 16. a. 2. ad 2 u. ö.). — Für eine Interpretation der Texte des Thomas v. A. über Wahrheit im Rahmen seiner philosophisch-theologischen Gesamtkonzeption vgl. Puntel [1] Kap. 7, bes. S. 252 ff.

dest bestimmte Aspekte dieser Relation. Sogar Autoren, die die Übereinstimmungstheorie der Wahrheit in Bausch und Bogen verwerfen, definieren Wahrheit nicht nur in einer Weise, die als Explikation des Korrespondenzgedankens angesehen werden kann; sie führen sogar wieder explizit den Begriff der Übereinstimmung ein, der dann die Funktion eines übergeordneten, Wahrheit als Spezialfall definierenden Dachbegriffs einnimmt. So verfährt z. B. Tugendhat [2].

Angesichts dieser Situation stellt sich die Frage, ob die sogenannte KR-TW überhaupt einen positiv und klar von anderen TW abgrenzbaren Theoriegehalt besitzt oder ob sie nicht eine reine Intuitionsanzeige ist, die, sobald man sie zu präzisieren versucht, sich unmittelbar auflöst. Diese Frage ist kaum entscheidbar. Wohl aber läßt sich feststellen, daß es eine „normale" Sprechweise gibt, die den Korrespondenzgedanken als Definiens der Wahrheit problemlos verwendet und die manche Autoren lediglich dadurch präzisieren, daß sie die Korrespondenzrelation formalisieren. Darüber hinaus lassen sich einige philosophische Auffassungen ausmachen, die Wahrheit als Korrespondenzrelation ebenfalls — grundsätzlich gesehen — annehmen und in der Weise zu „deuten" versuchen, daß diese Relation in einen weiteren (semantischen, erkenntnistheoretischen, ontologischen, metaphysischen usw.) Zusammenhang eingebettet wird. Freilich ist auch dieses Kriterium der Abgrenzung relativ unscharf. Man kann nur hinzufügen, daß die in diesem Kapitel darzustellenden „Formen" der KR-TW sich auf alle Fälle so weitgehend von allen anderen TW unterscheiden, daß es berechtigt erscheint, sie unter der allgemeinen Bezeichnung „KR-TW" darzulegen. Im übrigen bestimmt und erklärt dieser Umstand den vagen, allgemeinen und eher andeutenden als genau ausführenden Charakter der Darstellung.

---

[2] Vgl. unten 3.4.2.4.

1.2. Zur „normalen" Auffassung und Stellung der KR-TW

In der von der Alltagssprache und der wissenschaftlichen und philosophischen Bildungssprache vorausgesetzten KR-TW wird eine Reihe von Ausdrücken verwendet, um die Korrespondenzrelation und ihre Relata zu kennzeichnen. Für die Relation werden häufig folgende Bezeichnungen gebraucht: Übereinstimmung, Entsprechung, Angleichung, Adäquation, Konformität, Übereinkunft u. ä. Die Relata werden auf die verschiedenste Weise und auf den verschiedensten Stufen bestimmt: anima — ens, Denken — Sein, Subjekt — Objekt, Bewußtsein — Welt, Erkenntnis — Wirklichkeit, Sprache — Welt, Urteil — Sein (Wirklichkeit, Dinge), Überzeugung (Annahme, Meinung) — Tatsache, Gedanke — Tatsache, Aussage — Wirklichkeit (Sache), Aussage — bestehender Sachverhalt (= Tatsache) usw. Diese Relata stellen verschiedene „Stufen" der Korrespondenzrelation in dem Sinne dar, daß das Gefüge Relata—Relation Zug um Zug von seiner abstraktesten zu seiner konkretesten (= explizitesten) Gestalt gelangt.

Die so als Übereinstimmungsrelation verstandene Wahrheit wird oft in dem Sinne präzisiert, daß deren genau formalisierter Ausdruck angegeben wird. So findet sich z. B. bei *A. Menne* folgende Definition und Formalisierung von Wahrheit: „‚Wahr' heißt eine Aussage genau dann, wenn sie mit dem intendierten Sachverhalt übereinstimmt:

$$\{wahr\}\ p = {}_{df} \text{Üb}\ (p, SV_p).\text{"}\ [3]$$

Diese Formel ist so zu lesen: Der sprachliche Ausdruck „p" stimmt überein mit dem Sachverhalt, auf den sich „p" bezieht. Was die Relation „stimmt überein" angeht, so verweist Menne auf Wittgensteins Bildtheorie des Satzes [4].

Anzumerken ist noch, daß manche Autoren die Korrespon-

---

[3] Menne [1] S. 64.
[4] Vgl. unten 1.3.3.

denzrelation als Definiens von Wahrheit zu präzisieren versuchen durch genaue Herausarbeitung der Unterschiede zwischen verschiedenen Formen oder Stufen des „subjektiven" bzw. „sprachlichen" Relationsgliedes. Besonders zu nennen sind hier: Definitionen, Urteile, Aussagen (Propositionen), Sätze, Gesetze, Regeln, Theorien, Systeme, Modelle u. ä.[5]

1.3. Einige philosophische Ausdeutungen

Im folgenden sollen einige Beispiele von solchen philosophischen Ausdeutungen der KR-TW erwähnt werden, die einerseits auf die eine oder andere Weise in der Gegenwart entweder ausdrücklich vertreten werden oder irgendeine Rolle spielen und die andererseits unter keine der in den anderen Kapiteln dieser Arbeit dargestellten TW subsumierbar sind. Gewählt werden Ausdeutungen der KR-TW aus folgenden drei Richtungen: aus einer gegenwärtigen Gestalt der klassisch-ontologischen Metaphysik (Seinsphilosophie) (1.3.1.), aus der orthodoxen materialistischen Dialektik („Widerspiegelungstheorie") (1.3.2.) und aus der logisch-empiristischen Tradition (Bildtheorie) (1.3.3.).

1.3.1. Ontologisch-metaphysische Korrespondenztheorie

Als Beispiel für eine in der Gegenwart vertretene ontologisch-metaphysische Ausdeutung der Wahrheit als Korrespondenzrelation sei hier auf E. Coreths[6] Auffassung des „Seins als Wahrheit" kurz eingegangen. Dieser seinsphilosophischen Konzeption gemäß werden die Relata, deren Übereinstimmung als Wahrheit verstanden wird, als zwei ontologisch-metaphysische

---

[5] Vgl. dazu bes. die Arbeiten von Weingartner [2] und [4] und von Menne [1].
[6] Vgl. Coreth [1]. Ähnliche Auffassungen werden vertreten von K. Rahner [1] und [2], J. B. Lotz [1] u. a.

Größen betrachtet. Zunächst definiert Coreth Wahrheit, wie er meint, im Sinne der Tradition „als Übereinstimmung zwischen dem Wissen und dem Seienden"[7]. Im Anschluß an Thomas v. Aquin unterscheidet er zwei Richtungen der Übereinstimmung: Angleichung des Wissens an das vorgegebene Sein („logische Wahrheit des Wissens") und Angleichung des Seienden an das Wissen („ontische Wahrheit des Seienden"). Diese beiden Richtungen sind zwei Aspekte der Übereinstimmungsrelation, die dann von Coreth so begriffen wird: „Das Seiende ist ... hingeordnet auf den Geist, der Geist hingeordnet auf das Seiende. Es besteht ein wechselseitiger Bezug, der beiden wesentlich ist."[8]

Es ist nun charakteristisch für die ontologisch-metaphysische KR-TW, daß sie hier nicht eigentlich fragt, wie die Korrespondenzrelation bestimmt zu verstehen ist, sondern nur worin der genannte Wechselbezug *gründet*. Diese Frage wird in der Weise beantwortet, daß die Forderung aufgestellt wird, die „ontische und die logische Wahrheit auf die ontologische Wahrheit hin [zu] übersteigen: die Wahrheit des Seins."[9] Unter *ontologischer Wahrheit* wird die „Identität von Sein und Wissen" verstanden; diese wiederum wird so beschrieben: „Sein ist ursprünglich und eigentlich Sich-Wissen, wissendes Bei-sich-Sein im geistigen Vollzug. Das Wissen ist Seinsvollzug, Seinsvollkommenheit, durch das Sein selbst im Sein gesetzt. Das Sein ist also die Offenbarkeit, die Gelichtetheit in sich selbst und für sich selbst."[10] Aber auch die ontologische Wahrheit muß nach Coreth noch einmal auf die *unendliche Wahrheit* hin überstiegen werden. Sofern nämlich die Identität von Sein und Wissen nur im Vollzug des endlichen Geistes gegeben ist, ist sie nach Coreth relative Einheit und damit relative ontologische Wahrheit. Der wechselseitige Bezug zwischen endlichem Geist und endlichem Seienden setzt eine absolute Einheit von Sein und Wissen voraus

[7] Coreth [1] S. 350.
[8] Ebd. S. 353.
[9] Ebd.
[10] Ebd. S. 354.

30

und diese bezeichnet Coreth als unendliche Wahrheit oder „Urwahrheit". Diese ist der „unendliche Vollzug ontologischer Wahrheit" [11].

Dieser Ausdeutung gemäß wird die Korrespondenzrelation in eine metaphysische Gesamtkonstellation einbezogen. Die innere Ausgestaltung dieser Gesamtkonstellation wird als *Analogieverhältnis* aufgefaßt: „Daraus ergibt sich eine Fortbestimmung der Wahrheit des Seins von endlichen und darum unvollkommenen Formen der Wahrheit, die das Wesen der Wahrheit noch nicht voll erreichen, bis hinauf zur ursprünglich reinen und vollkommenen Gestalt der Wahrheit im Wissensvollzug des Absoluten selbst." [12]

Hier soll nicht der Frage nachgegangen werden, was diese „Rede vom Sein" eigentlich meint bzw. meinen kann. Es ist nur festzustellen, daß Wahrheit als nicht näher bestimmte Korrespondenzrelation aufgefaßt und in eine gesamtmetaphysische Seinskonstellation eingeordnet wird.

1.3.2. Korrespondenztheorie als (materialistische) Widerspiegelungstheorie

[1] Eine der in der Gegenwart am meisten verbreiteten Formen der KR-TW ist die dialektisch-materialistische Widerspiegelungstheorie der Wahrheit. Vergleicht man diese Konzeption — zunächst rein äußerlich — mit den meisten anderen TW, so ist sie gekennzeichnet durch wenige Explikationsmittel, die „Begriffe" nur in einem sehr weiten Sinne genannt werden können; vielmehr handelt es sich um — meistens massive — Vorstellungen über „Wissen" und „Wirklichkeit". Die gegenwärtige Diskussion über die Wahrheitsfrage im orthodox-marxistischen Lager zeigt, wie schon der minimalste Präzisierungsansatz die fest geschlossene Vorstellungsgesamtkonstellation an jedem ihrer

[11] Ebd. S. 361.
[12] Ebd. S. 362.

Teile zu zerbrechen droht. Diese auffallende Eigentümlichkeit der marxistisch-leninistischen TW dürfte auf die spezifisch marxistisch-leninistische Stellung der Praxis — was immer das sein mag — zurückzuführen sein. Wahrheit wird von vornherein aus „der" Praxis verstanden und in den Dienst „der" Praxis gestellt. Es ist sehr bezeichnend, daß „nach dem praktischen Zweck der Begriffsbildung ‚Wahrheit'" [13] gefragt wird. Wahrheit hat ausschließlich einen praktischen Zweck und findet auch in der Praxis ihr ausschließliches Kriterium. Mit Recht weisen daher die marxistisch-leninistischen Autoren darauf hin, daß der Schlüssel für das Verständnis der „neuen Qualität" [14] dieser TW in Marxens zweiter These über Feuerbach zu finden ist: „Die Frage, ob dem menschlichen Denken gegenständliche Wahrheit zukomme — ist keine Frage der Theorie, sondern eine *praktische* Frage. In der Praxis muß der Mensch die Wahrheit, i. e. Wirklichkeit und Macht, Diesseitigkeit seines Denkens beweisen. Der Streit über die Wirklichkeit oder Nichtwirklichkeit des Denkens — das von der Praxis isoliert ist — ist eine rein *scholastische* Frage." [15]

Die marxistisch-leninistische TW wird als ein zentraler Bestandteil, ja sogar als Kern des Problems der Erkennbarkeit der Welt betrachtet. Daraus werden die drei folgenden Konsequenzen gezogen: [i] die TW trägt eindeutig philosophisch-weltanschaulichen Charakter; [ii] die Theorie kann nicht auf die exakte Bestimmung des Wahrheitsbegriffs reduziert werden; [iii] die Theorie besitzt einen komplexen Charakter: neben der Kernfrage — welches Verhältnis besteht zwischen gedanklichem Abbild und Erkenntnisgegenstand? — klärt sie eine Reihe anderer weltanschaulich bedeutsamer Fragen, wie z. B.: Fragen nach Voraussetzungen, Bedingungen, Kriterien, Zugänglichkeit, Relevanz im praktischen und geistigen Lebensprozeß usw.

---

[13] Wagner/Terton/Schwabe [1] S. 35.
[14] Ebd.
[15] Marx/Engels [1/3] S. 5.

[2] Die bekannte Frage nach dem Wahrheitsträger wird im Marxismus-Leninismus folgendermaßen formuliert: „Welchen Gebilden, welchen Produkten der Erkenntnistätigkeit kann das Merkmal der Wahrheit (oder Falschheit) zugesprochen werden?" [16] In der marxistisch-leninistischen TW wird ganz allgemein von Bewußtsein, Denken, Gedanke u. ä. Gebilden gesprochen. In ihrer entwickelten Gestalt allerdings wird Wahrheit den Aussagen zugeschrieben. So wird z. B. Wahrheit in einer der neuesten Publikationen folgendermaßen definiert:

> „Eine Aussage ist wahr genau dann, wenn sie mit dem von ihr abgebildeten Sachverhalt übereinstimmt in dem Sinne, daß der in ihr behauptete (oder bestrittene) Sachverhalt auf der unabhängig von ihr existierenden Objektebene wirklich besteht (oder nicht besteht)." [17]

Die in dieser Definition vorkommenden Termini (Sachverhalt, Aussage, Übereinstimmung, Bestehen, Objekt) werden irgendwie paraphrasiert, aber nicht genau bestimmt. Der Definition liegt der entscheidende Begriff einer materialistischen Widerspiegelung zugrunde. Dabei wird der Sachverhalt als etwas betrachtet, das unabhängig von der gedanklichen Widerspiegelung in der Aussage existiert. Die Aussage wird als Abbild eines Sachverhalts bestimmt. Was aber heißt „Abbild" bzw. „Widerspiegelung"?

Den vielleicht beachtlichsten Versuch einer Präzisierung hat G. *Klaus* unternommen [18]. Klaus geht von einer allgemeinen Sprachuntersuchung im Sinne der Semiotik aus und gelangt dann zu folgenden vier nach ihm zu berücksichtigenden Faktoren: (1) den Objekten der gedanklichen Widerspiegelung (O), (2) den sprachlichen Zeichen (Z), (3) den gedanklichen Abbildern (A), (4) den *M*enschen (M), die die Zeichen hervorbringen, benutzen und verstehen. Zwischen diesen vier Faktoren beste-

---

[16] Wagner/Terton/Schwabe [1] S. 37.
[17] Ebd. S. 37/38.
[18] Vgl. Klaus [2] S. 16 ff.

hen rein kombinatorisch zehn zweistellige Relationen und deren Konversen. Nach Klaus hat es die materialistische Widerspiegelungstheorie mit den Relationen R_1 (Z, A), R_2 (Z, O) und R_5 (A, O) zu tun. Die wichtigste dieser Relationen ist die Relation R_5. Klaus ist bemüht zu zeigen, daß der Diamat nicht im Sinne einer mechanisch-materialistischen Abbildtheorie verstanden werden kann. Da der Bereich (A) revolutionierend auf den Bereich (O) einwirken kann und sich unter dem Einfluß von (O) ständig verändert, erweitert und vertieft, kann der Bereich (A) nicht nur den Charakter einer Repräsentation von bzw. einer Entsprechung zu (O) haben. Abbilder können verschiedener Art sein: semantisch oder ikonisch, logisch oder emotional usw. Aus der Menge der gedanklichen Abbilder wird nur Aussagen und Theorien Wahrheit zugeschrieben. Sobald versucht wird, die Widerspiegelungsrelation als die die vier Faktoren verbindende Relation näher herauszuarbeiten, erweist sich — wie aus dem folgenden hervorgeht — die gesamte Konzeption als außerordentlich brüchig.

[3] L. *Kreiser* hat im Anschluß an G. *Klaus* versucht, „eine Präzisierung der marxistisch-leninistischen Wahrheitskonzeption" [19] vorzunehmen. Kreiser beansprucht zu zeigen,

> „daß eine präzisere Fassung der in der marxistischen erkenntnistheoretischen Literatur allgemein verbreiteten Wahrheitskonzeption die Berücksichtigung der semantischen Wahrheitskonvention verlangt, daß ferner die präzisierte erkenntnistheoretische Wahrheitskonzeption der semantischen Wahrheitskonvention entspricht und diese sich im Sinne der ersteren philosophisch deuten läßt" [20].

Einen Schritt über Klaus hinaus vollzieht Kreiser dadurch, daß er Wahrheit ausschließlich Aussagen, nicht aber Theorien zuschreibt; ferner vertritt er die Auffassung — und darin geht er mit Klaus einig —, daß es nicht statthaft ist, von Empfindungen,

[19] Vgl. Kreiser [1].
[20] Ebd. S. 180.

Wahrnehmungen, Vorstellungen, Begriffen, Kunstwerken, ethischen Normen u. ä. zu sagen, sie seien wahr oder falsch.

Kreiser hat versucht, die logischen, semantischen und „konstruktivistischen" Komponenten der Wahrheitsproblematik im Anschluß an Frege, Tarski, Carnap und P. Lorenzen herauszuarbeiten, und ist dabei auf den hartnäckigen Widerstand der orthodoxen Vertreter der marxistisch-leninistischen Wahrheitskonzeption gestoßen. Am besten hat vielleicht *H.-J. Sandkühler* die orthodoxe Kritik an Klaus und Kreiser formuliert. Zwar behauptet Sandkühler, daß seine Einwände sich nicht gegen die auch nach ihm notwendigen erkenntnistheoretischen und logischen Differenzierungen und Konkretisierungen des marxistisch-leninistischen Wahrheitsbegriffs richten; aber diese Behauptung bleibt im Grunde eine reine Floskel. Sandkühler wirft nämlich Klaus und Kreiser vor, daß deren Programm eine solche Verselbständigung des logischen Wahrheitsbegriffs impliziert, die „zu einer Flucht der Erkenntnistheorie aus der historischen dialektischen Logik und aus dem System der materialistischen Dialektik führen muß[te]" [21]. Besonders stößt sich Sandkühler daran, daß Klaus die Praxis selbst aus der Wahrheitsdefinition ausschließt; mit dieser Eliminierung der Praxisdimension aus der TW wird, so Sandkühler, dem subjektivistischen Konsensualismus und der Praxis-Neutralität der Erkenntnis und ihrer Wahrheit das Wort geredet [22]. — Angesichts dieser Diskussion muß die Feststellung getroffen werden, daß der im Marxismus-Leninismus unternommene Präzisierungsversuch der Begriffe „Übereinstimmung" und „Widerspiegelung" in logischer, semantischer und allgemein sprachphilosophischer Hinsicht zu keinem positiven Ergebnis geführt hat.

[4] Am Schluß sei noch kurz erwähnt, daß die marxistisch-leninistische TW in eine umfassende dialektisch-materialistische Metaphysik eingebettet ist. Der die Wahrheit definierende Be-

---

[21] Sandkühler [1] S. 270.
[22] Ebd.

griff der Widerspiegelung hat in diesem Sinne einen allgemein-metaphysischen Stellenwert. Dieser Gesichtspunkt kommt in der dialektisch-materialistischen Literatur immer dann zur Sprache, wenn die „letzten Grundlagen" der marxistisch-leninistischen TW genannt werden. Hier einige Stichproben aus dem volumi-nösen Werk von *T. Pawlow*: ›Die Widerspiegelungstheorie‹. Dieser Autor nennt zwei „Momente oder Elemente" einer „wissenschaftlich-philosophischen Definition der Wahrheit": ein erkenntnistheoretisches Moment und ein anderes Moment, das er nicht näher bezeichnet und das „metaphysisches Moment" genannt werden kann. Dieses beschreibt er als den

> „Charakter jeder Wahrheit (oder was dasselbe ist, jedes richtigen und wahren Denkens) als besonderer *Form*, und zwar als *mensch-lich bewußter* subjektiver Form der Widerspiegelung im allgemei-nen, die ihrerseits als eine der Grundformen (oder Erscheinungs-weisen) der Bewegung der Materie im allgemeinen aufgefaßt wird. Natürlich darf diese Form nicht als äußerliche, zeitweilige, zufällige, sondern muß als *grundlegende* Form aufgefaßt werden, die das Wesen des erkennenden Denkens selbst ausdrückt, d. h. als seine *wesentliche* Form." [23]

1.3.3. Korrespondenztheorie als logisch-empiristische Bildtheorie

[1] Auch im Rahmen des Logischen Empirismus findet man eine Form der KR-TW, die die Korrespondenzrelation als Bild deutet. Der klassische Vertreter dieser Bildtheorie der Wahrheit ist der frühe *Wittgenstein*. Aber schon *B. Russell* — nachdem er dem Monismus der britischen Hegelianer den Rücken gekehrt hatte — definierte die Wahrheit stets „als eine bestimmte Art von Beziehung zu Tatsachen" [24]. Sein erstes Verständnis der Wahrheit als Relation war wesentlich von der Auffassung

[23] Pawlow [1] S. 406/407. Für eine umfassende Darstellung aller Aspekte der dialektisch-materialistischen Widerspiegelungstheorie der Wahrheit in der neuesten Literatur vgl. Schwarz [1].
[24] Russell [1] S. 179.

abhängig, „daß es sich beim Haben von Sinneseindrücken um einen Vorgang handelt, bei dem die Beziehung auf ein Objekt die entscheidende Rolle spielt" [25]. Diese TW kann anhand des Satzes „Sokrates liebt Platon" erläutert werden. Russell meinte damals (1910), daß das Verständnis dieses Satzes das gesonderte Verständnis der drei in ihm enthaltenen Ausdrücke impliziert. Da andererseits der Satz „Sokrates liebt Platon" von einem Subjekt (etwa von mir) für wahr gehalten wird, postulierte Russell eine vierstellige Beziehung (zwischen dem Subjekt, Sokrates, dem Lieben und Platon). In diesem Gesamtkomplex unterschied er einen Unterkomplex — bestehend aus Platon, Sokrates und der Relation „Lieben" — und einen Hauptkomplex, der durch die Beziehung „Fürwahrhalten" gestiftet wird. Russell meinte nun, daß die Existenz dieses Unterkomplexes den Hauptkomplex faktisch wahr macht [26].

Später gab Russell diese Theorie auf und entwickelte dann in seinem 1940 erschienenen Buch ›Inquiry into Meaning and Truth‹ eine andere Theorie, die die Wahrheit als Beziehung zu Tatsachen im Sinne der Bildrelation begreift. Er definierte Wahrheit nun folgendermaßen:

„Jede Meinung bzw. Überzeugung, die sich nicht einfach in einem Impuls zum Handeln erschöpft, hat den Charakter eines *Bildes,* das mit dem Bejahungs- bzw. Verneinungsgefühl kombiniert ist. Wenn es mit einem Bejahungsgefühl kombiniert ist, ist es ,wahr', wenn es eine Tatsache gibt, die zu dem Bild in der Art von Ähnlichkeitsbeziehung steht, die wir von der Ähnlichkeit zwischen einem Abbild und dem auf ihm Dargestellten kennen. Wenn das Bild mit einem Verneinungsgefühl kombiniert ist, ist es ,wahr', wenn es eine derartige Tatsache nicht gibt. Und eine Meinung bzw. Überzeugung, die nicht wahr ist, nennen wir ,falsch'." [27]

Diese TW ist nach Russell „im Prinzip eine Korrespondenztheorie" [28]. Der Einfluß von Wittgensteins *Tractatus* auf die

[25] Ebd. S. 186.
[26] Vgl. ebd. S. 186/187.
[27] Ebd. S. 194/195.
[28] Ebd. S. 195.

Entwicklung dieser TW ist unverkennbar. Russell selbst bemerkt, daß das Fundament der im *Tractatus* entwickelten Philosophie die These ist, „daß es sich bei Aussagen bzw. Sätzen um Abbilder der mit ihrer Hilfe behaupteten Tatsachen handelt" [29].

[2] Im folgenden soll *Wittgensteins* Bildtheorie skizziert werden, wobei vollständig darauf verzichtet wird, die verwendeten Ausdrücke näher zu erläutern. Die seit langem intensiv geführten Diskussionen über Wittgensteins Bildtheorie haben immer noch nicht zu einem allgemeinen Konsens geführt. Im vorliegenden Abschnitt hat der kurze Hinweis auf diese Theorie nur den Sinn, eine logisch-empiristische Deutung der KR-TW vorzuführen. Daß Wittgenstein im *Tractatus* eine Übereinstimmungstheorie vertritt, kann nicht in Zweifel gezogen werden, wie aus dem Satz hervorgeht: „2.21 Das Bild stimmt mit der Wirklichkeit überein oder nicht; es ist richtig oder unrichtig, wahr oder falsch."

Wittgensteins Bildtheorie versucht, die beiden äußersten Pole „Sprache" und „Welt" in Beziehung zu setzen. Grob formuliert, wird die Sprache als ein Spiegelbild der Welt aufgefaßt [30]. Wittgenstein selbst artikuliert den Zusammenhang zwischen den zwei Polen so:

> „4.014 Die Grammophonplatte, der musikalische Gedanke, die Notenschrift, die Schallwellen, stehen alle in jener abbildenden internen Beziehung zu einander, die zwischen Sprache und Welt besteht."

Der äußerste *objektive* Pol, nämlich die Welt, „ist die Gesamtheit der Tatsachen, nicht der Dinge" (Satz 1.1). Die Tatsachen ihrerseits bilden eine Teilklasse der Sachverhalte, nämlich solcher Sachverhalte, die bestehen (Satz 2.). Der Sachverhalt seinerseits wird von Wittgenstein als eine Verbindung von

---

[29] Ebd. S. 115.
[30] Vgl. Fann [1] S. 29.

Gegenständen (Sachen, Dingen) aufgefaßt (Satz 2.01). Diese Gegenstände bilden die Substanz der Welt (Satz 2.021). Diese Verbindung wird weiter bestimmt als eine Konfiguration von Gegenständen, durch welche der Sachverhalt gebildet wird (Satz 2.0272). Den Zusammenhang der Gegenstände im Sachverhalt nennt Wittgenstein die Struktur des Sachverhalts; die Strukturen der Sachverhalte bilden ihrerseits die Struktur der Tatsache (Satz 2.034).

Der hier interessierende Teil der *Sprache* setzt sich zusammen aus der Gesamtheit der Sätze. Die Sätze ihrerseits zerfallen in wahrheitsfunktionale Sätze und Elementarsätze. Die Elementarsätze sind Verkettungen von Namen (Satz 4.22). *R. A. Dietrich* bestimmt die einzelnen Aspekte des Verhältnisses von Sprache und Welt folgendermaßen:

> „Die Analyse der Sprache gibt Sätze, Elementarsätze, Namen. Den Bedeutungen der Namen entsprechen Punkte unseres Wahrnehmungsfeldes, die Gegenstände. Parallel zur Sprachanalyse ordnet Wittgenstein die Gegenstände in Sachverhalte, diese in Sachlagen. Insgesamt erhält er die Wirklichkeit. Jeder Stufe der Sprachanalyse (Satz-Elementarsatz-Name) entspricht eine Stufe der Wirklichkeit (Sachlage-Sachverhalt-Gegenstand), d. h. der Satz ist ein Bild der Sachlage, der Elementarsatz bildet einen Sachverhalt ab, der Name bildet nicht ab, er bedeutet den Gegenstand." [31]

Die Übereinstimmung zwischen Bild und Wirklichkeit erweist sich als möglich, nur wenn beide Pole etwas „gemein" haben, nämlich die Form der Abbildung. Diese Gemeinsamkeit bzw. Identität ist die „logische Form", die Wittgenstein als „die Form der Wirklichkeit" (Satz 2.18) bestimmt. Die Abbildungsbeziehung — als logische Form bzw. als Form der Wirklichkeit — wird oft als Isomorphierelation gedeutet [32]. Unbestreitbar ist, daß eine Entsprechung zwischen dem Zusammenhang der Elemente des Bildes und dem Zusammenhang der Gegenstände im

[31] Dietrich [1] S. 102.
[32] So bes. Stenius [1], S. 121 ff. und Stegmüller [2/1] S. 539 ff. und [3]; kritisch dazu äußert sich Dietrich [1] S. 47 ff.

Sachverhalt besteht (Satz 2.032). Zusammenfassend läßt sich sagen, daß die Abbildung dadurch möglich und wirklich ist, daß die logische Form als die Konfiguration der Namen im Elementarsatz mit der logischen Form als der Konfiguration der Gegenstände im Sachverhalt *übereinstimmt* [33].

Wie dieses ganze Gefüge von „Elementen" und Beziehungen näher zu bestimmen ist, stellt ein außerordentlich kontroverses Problem dar. Der entscheidende Punkt dürfte in Wittgensteins These zu sehen sein, daß das Verhältnis von Satz und Tatsache „als das Verhältnis zweier Tatsachen, die zueinander im Verhältnis der Strukturidentität stehen" [34], aufzufassen ist (auch Sätze sind nach Wittgenstein Tatsachen [35]). Wie unterschiedlich, ja widersprüchlich die Interpretation und die Einschätzung dieser These ist, mag ein abschließender Hinweis auf G. *Patzig* und W. *Sellars* belegen. Patzig ist der Auffassung, daß Wittgensteins Lösungsweg — ungeachtet der Faszination, die er lange ausgeübt hat bzw. immer noch ausübt — nicht legitim ist, da „das Darstellungsprinzip der Sprache nicht die Abbildung im Sinne Wittgensteins ist" [36]. Zur Begründung verweist er darauf, daß bei sehr einfachen Sätzen mit zweistelligen Relationen (z. B. „Karl liebt Maria") das abbildende Moment noch relativ bedeutsam ist, daß aber bei Sätzen mit einstelligen Prädikaten (wie „Karl ist blond") kaum noch von einer Strukturidentität gesprochen werden kann. Sätze hingegen, in denen „weil", „wenn — so", „alle" usf. vorkommen, sind mit Hilfe der Strukturidentität überhaupt nicht erklärbar. — Ganz anders als Patzig versucht W. *Sellars* im Anschluß an Wittgensteins Bildtheorie die Beziehung zwischen Satz und Tatsache noch zu radikalisieren, indem er eine „Ähnlichkeit oder Korrespondenz oder Isomorphie zwischen zwei Systemen von Objekten, die beide zur natürlichen Ordnung gehören" [37], herauszuarbeiten versucht.

---

[33] Vgl. dazu Dietrich [1] S. 102.
[34] Patzig [1] S. 49.
[35] Vgl. Tractatus 2. 141, 3. 14 usw.
[36] Patzig [1] S. 51.
[37] Sellars [1] S. 219.

2. TARSKIS SEMANTISCHE THEORIE DER WAHRHEIT (SM-TW)

Kaum eine TW in der neueren Philosophie hat eine solche Verbreitung und Wirkung gehabt wie Tarskis sogenannte semantische Konzeption (Theorie) der Wahrheit. Beinahe problemlos und wie von selbst fand sie Eingang in Philosophie, Logik, Wissenschaftstheorie, Metamathematik und besonders in die Sprachphilosophie und Sprachwissenschaft, speziell in die Semiotik. Was die Diskussionen über die TW anbelangt, so findet man heute kaum eine Arbeit über dieses Thema, in der Tarskis Theorie nicht erwähnt und erörtert wird.

Indes hat diese Breitenwirkung bzw. dieser Bekanntheitsgrad auch zur Folge gehabt, daß Tarskis SM-TW meistens nur in einer „scholastischen" (standardisierten) Form vorgelegt und weitertradiert wurde und wird. Dabei werden bedeutende Eigentümlichkeiten dieser Theorie nur selten gesehen und erörtert. Aus diesem Grunde soll im vorliegenden Kapitel eine möglichst genaue Darstellung und Interpretation der Tarskischen Theorie versucht werden (2.1.); im Anschluß daran werden ausgewählte Interpretationen, Rezeptionen und Stellungnahmen erwähnt und einige kritische Überlegungen angestellt (2.2.).

2.1. Darstellung und Interpretation

Darstellung und Interpretation der Theorie Tarskis erfolgen in drei Schritten: zunächst werden Zielsetzung und „Ort" der SM-TW charakterisiert und einige grundlegende semantische Annahmen und Begriffe kurz erläutert (2.1.1.); erst im Anschluß daran wird der fundamentale zweite Schritt vollzogen: die genaue Darstellung der W-Konvention (= Wahrheitskonvention) bzw. der Wahrheitsdefinition (2.1.2.); schließlich werden die Hauptergebnisse, besonders im Hinblick auf die formalisierten Sprachen, kurz dargelegt (2.1.3.).

2.1.1. Allgemeine Aufgabe und Grundannahmen von Tarskis „wissenschaftlicher Semantik"

[1] Tarskis Arbeiten kreisen um das Programm der Begründung und Entfaltung einer „wissenschaftlichen Semantik"[1]. Sein wichtigstes Werk über den Wahrheitsbegriff (›Der Wahrheitsbegriff in den formalisierten Sprachen‹) stellt eine ursprünglich in polnischer Sprache im Jahre 1933 verfaßte Dissertation dar, die erst 1935/36 in einer deutschen Übersetzung in Lemberg erschien[2]. Eine allgemeinverständliche Kurzdarstellung seiner Wahrheitskonzeption legte Tarski unter dem Titel "The Semantic Conception of Truth and the Foundations of Semantics" im Jahre 1944 vor[3]. Außerdem veröffentlichte er eine Reihe kleinerer Arbeiten über den Wahrheitsbegriff[4].

[2] Die allgemeine Aufgabe, eine „wissenschaftliche Semantik" zu begründen, bestimmt Tarski als die Aufgabe, „die semantischen Begriffe präzis zu charakterisieren und eine logisch einwandfreie und sachlich zutreffende Verwendungsweise dieser Begriffe aufzustellen"[5]. Als Beispiele für semantische Begriffe führt er die Begriffe der *Erfüllung,* der *Bezeichnung,* der *Definition,* der *Wahrheit* usw. an. Für ihn sind die semantischen Begriffe, wie sie in der Umgangssprache vorkommen, nicht nur unklar, sondern führen sogar oft zu Paradoxien und Antinomien.

---

[1] Vgl. Tarski [3].
[2] Vgl. Tarski [1].
[3] Vgl. Tarski [2].
[4] Vgl. besonders Tarski [4].
[5] Tarski [3] S. 351.

42

[3] Tarskis Grundannahme — sein Lösungsschlüssel für die Überwindung aller semantischen Schwierigkeiten — ist die Einsicht in den *relativen* Charakter der semantischen Begriffe; daraus leitet er die Forderung ab, daß sämtliche verwendeten Begriffe immer nur auf eine bestimmte Sprache bezogen werden sollten. Diese Grundeinsicht konkretisiert sich als die zentrale These von der Notwendigkeit der strengen, ausnahmslos durchzuhaltenden Unterscheidung von *Objektsprache* und *Metasprache:* die Sprache, über die man spricht, ist zu unterscheiden von der Sprache, *in der* man über die erste spricht. Tarski bemerkt dazu kritisch: „Man hat die Semantik einer Sprache in der Sprache selbst betrieben und im allgemeinen hat man sich so benommen, als ob in der Welt nur eine einzige Sprache existierte."[6]

[4] Für die Lösung der gestellten Aufgabe — d. h. der „Festlegung einer sachlich richtigen Verwendungsweise der semantischen Begriffe auf dem Boden der Metasprache"[7] — kommen nach Tarski *zwei* Verfahrensweisen in Betracht. Die *erste* ist die axiomatische Methode: die semantischen Begriffe werden als neue Grundbegriffe in die Metasprache aufgenommen und ihre Eigenschaften auf axiomatischem Wege festgelegt. Diese zu einer Semantik als selbständiger deduktiver Theorie führende Methode weist nach Tarski mehrere große Nachteile auf, besonders weil die Wahl der Axiome einen zufälligen Charakter hat. Bei der von ihm selbst bevorzugten und praktizierten Methode „werden die semantischen Begriffe mit Hilfe der üblichen Begriffe der Metasprache definiert und dadurch auf die rein logischen Begriffe, auf die Begriffe der untersuchten Sprache selbst und auf die spezifischen Begriffe der Morphologie der Sprache zurückgeführt; so wird die Semantik zu einem Teile der — genügend weit aufgefaßten — Morphologie der Sprache"[8].

[6] Ebd.
[7] Ebd. S. 353.
[8] Ebd. S. 354.

[5] Bei der Anwendung der *zweiten* Methode unterscheidet Tarski mehrere Schritte. *Der Anfang* wird mit der Beschreibung der Sprache gemacht, deren Semantik aufgezeigt werden soll. Dabei sind die Grundzeichen der Sprache anzuführen und die Definitionsregeln anzugeben, mit deren Hilfe neue — von den Grundzeichen verschiedene — Zeichen in die Sprache eingeführt werden können; ferner müssen Aussagen, Axiome und schließlich Schlußregeln angegeben werden. In diesem Zusammenhang macht Tarski eine Bemerkung, die für alles weitere von entscheidender Bedeutung ist. Er hebt nämlich hervor, daß eine Sprache nur dann genau und klar beschrieben werden kann, „wenn sie rein strukturellen Charakter trägt, d. h. wenn in ihr nur solche Begriffe verwendet werden, die sich auf die Gestalt und die Anordnung von Zeichen und anderen Ausdrücken der Sprache beziehen" [9]. Tarski vermerkt schon hier, daß nur formalisierte Sprachen auf diese Weise beschrieben werden können, so daß nur sie den geforderten Exaktheitsgrad aufweisen. — *Der zweite* Schritt besteht in der Konstruktion der Metasprache (d. h. der Sprache, auf deren Boden die Semantik der gegebenen Sprache entwickelt werden soll). Dabei kommt es vor allem darauf an, die Metasprache mit genügend reichem Wortschatz auszustatten. Die Metasprache muß zwei Arten von Ausdrücken enthalten: die Ausdrücke der ursprünglichen Sprache und die Ausdrücke aus der Morphologie [= der Syntax] der Sprache; außerdem sind in der Metasprache die rein logischen Ausdrücke enthalten. — Der *dritte* Schritt schließlich besteht darin, „die Bedingungen zu präzisieren, unter denen wir geneigt wären, eine Verwendungsweise der semantischen Begriffe als sachlich zutreffend und mit dem üblichen Sprachgebrauch übereinstimmend [zu] betrachten" [10].

[6] Damit sind die Grundlagen genannt, von denen ausgehend Tarski den Begriff der *semantischen Konvention* einführt, mit

[9] Ebd. S. 352.
[10] Ebd. S. 352/353.

dessen Hilfe er die sachlich richtige Verwendungsweise aller semantischen Begriffe festlegt. Die semantische Konvention wird in einer *Meta-Metasprache* getroffen, da sie allererst das Verhältnis von Metasprache und Objektsprache bestimmt. Tarski beschreibt die semantische Konvention folgendermaßen:

> „... für jeden solchen [= semantischen] Begriff können wir ein System von Sätzen angeben, die die Form einer Äquivalenz haben, den Charakter von Teildefinitionen tragen und — inhaltlich genommen — den Sinn des betrachteten Begriffs in bezug auf alle konkreten, strukturell beschriebenen Ausdrücke der untersuchten Sprache bestimmen." [11]

Aufgrund derselben Konvention wird vereinbart, daß eine in der Metasprache festgelegte Verwendungsweise eines semantischen Begriffs dann als sachlich zutreffend zu betrachten ist, wenn es möglich ist, alle Teildefinitionen aufgrund der Metasprache zu beweisen. Als Beispiel für eine Teildefinition des semantischen Begriffs des *Erfüllens* wird von Tarski der Satz angeführt: „Johann und Peter erfüllen die Aussagefunktion ‚X und Y sind Brüder‘ dann und nur dann, wenn Johann und Peter Brüder sind." Dieser Satz ist eine Teildefinition in dem Sinne, daß er abgeleitet werden kann aus jener Äquivalenz, durch die der Begriff des Erfüllens metasprachlich festgelegt wird.

Tarskis Erklärung (bzw. Definition) des Begriffs der Wahrheit wird in derselben Weise durchgeführt, wobei der semantische Begriff des Erfüllens vorausgesetzt wird. Dieser Begriff wird an die Spitze aller semantischen Begriffe gestellt [12].

2.1.2. Der Grundansatz: Wahrheitskonvention (= W-Konvention) und Wahrheitsdefinition

Tarskis Grundansatz soll in drei Schritten skizziert werden, wobei größter Wert auf eine genaue Wiedergabe seiner Gedan-

[11] Ebd. S. 353.
[12] Vgl. ebd. S. 355.

kenführung gelegt wird. Zunächst wird Tarskis allgemeine Intention bezüglich der Wahrheitsproblematik analysiert (2.1.2.1.). In einem zweiten Schritt soll das Grundverfahren und der Grundgedanke Tarskis umrissen werden, nämlich die Einführung der W-Konvention (des Wahrheitsschemas) (2.1.2.2.). Den sehr komplexen Interpretationsproblemen der W-Konvention wird in einem dritten Schritt nachgegangen (2.1.2.3.).

2.1.2.1. Zur allgemeinen Intention Tarskis bezüglich der Wahrheitsproblematik

Tarskis Intention ist eindeutig: es geht ihm um „eine *befriedigende Definition* dieses Begriffs [= Wahrheit], d. h.: [um] eine Definition, die *sachlich angemessen* und *formal richtig* ist" [13]. Diese zwei Gesichtspunkte erklären die streckenweise zweigleisigen Äußerungen Tarskis über seine Intention bezüglich des Wahrheitsproblems. Wird der erste Gesichtspunkt betont bzw. in den Vordergrund gestellt, so erscheint Tarskis TW als der Versuch einer präzisen Erklärung jenes Wahrheitsbegriffs, den er in der Tradition der Philosophie vorfindet (für Tarski ist dieser Begriff der aristotelische Wahrheitsbegriff). Wird der zweite Gesichtspunkt — formale Korrektheit oder Richtigkeit — zur bestimmenden Perspektive erhoben, so erweist sich Tarskis TW als eine „Konstruktion" [14] eines solchen Wahrheitsbegriffs, in bezug auf welchen sich der in der Tradition der Philosophie und im gewöhnlichen Sprachgebrauch vorfindbare Wahrheitsbegriff als ungenau, vage und sogar widersprüchlich ausnimmt.

Dementsprechend gibt es bei Tarski zwei nicht ganz stimmige Aussagereihen, in denen er seine Intention kundtut. Zur *ersten* gehören jene Äußerungen, die darauf hinweisen, „daß es sich in der ganzen Arbeit *ausschließlich* darum handelt, die Intentionen

---

[13] Tarski [2] S. 55; vgl. auch Tarski [1] S. 264 (450).
[14] Tarski [1] S. 265 (450) u. ö.

zu erfassen, welche in der sog. ‚klassischen‘ Auffassung der Wahrheit enthalten sind (‚wahr — mit der Wirklichkeit übereinstimmend‘) im Gegensatz z. B. zu der ‚utilitaristischen‘ Auffassung (‚wahr — in gewisser Hinsicht nützlich‘)" [15]. Tarski ist fest davon überzeugt, daß seine semantische Konzeption der Wahrheit „dem intuitiven Gehalt der Formulierung des Aristoteles" und „dem umgangssprachlichen Gebrauch entspricht" [16]. — Aus der *zweiten* Aussagereihe geht hervor, daß Tarski nicht den Anspruch erhebt, „die semantische Konzeption der Wahrheit [als] die ‚richtige‘ oder gar [als] die ‚einzig mögliche‘" [17] zu betrachten. Er versichert, nicht zu verstehen, was in philosophischen Disputen über die richtige Konzeption der Wahrheit auf dem Spiele steht. Dabei geht er so weit zu behaupten, es gäbe nicht so etwas wie „das philosophische Problem der Wahrheit" [18]. Er fügt hinzu, daß die semantische Konzeption hinsichtlich erkenntnistheoretischer und metaphysischer Probleme „völlig neutral" [19] ist. — Es fällt in den Arbeiten Tarskis sehr auf, daß er von „Wahrheitskonzeption" [20], „Theorie der Wahrheit" [21], „Definition der Wahrheit" [22], zugleich aber auch von der Unmöglichkeit der Definition der Wahrheit [23], ziemlich undifferenziert spricht. Es wird eine der Aufgaben der nachfolgenden Darstellung sein, Klarheit über diesen Punkt zu schaffen.

---

[15] Tarski [1] S. 265 (450) (Hervorh. des Verf.); vgl. auch Tarski [2] S. 57; Tarski [3] S. 353; Tarski [4] S. 357.
[16] Tarski [2] S. 84/85.
[17] Ebd. S. 77.
[18] Ebd. S. 86.
[19] Ebd. S. 87.
[20] Passim.
[21] Tarski [1] S. 266 (451); Tarski [3] S. 355 u. ö.
[22] Passim.
[23] Z. B. Tarski [1] S. 265 (451); Tarski [2] passim.

2.1.2.2. Die W-Konvention

[1] Zum allgemeinen Ausgangspunkt seiner Erörterungen wählt Tarski eindeutig den ersten der oben genannten Aspekte, nämlich die sachliche Angemessenheit einer Definition der Wahrheit. Er geht von einer Betrachtung des umgangssprachlichen Wahrheitsbegriffs aus und erblickt im Versuch der semantischen Definition der Wahrheit den „natürlichsten" Versuch der Konstruktion einer korrekten Definition der Wahrheit für die Aussagen der Umgangssprache. Aus dieser Perspektive legt er folgende Definition vor:

> „(1) eine wahre Aussage ist eine Aussage, welche besagt, dass die Sachen sich so und so verhalten, und die Sachen verhalten sich eben so und so." [24]

An dieser Formulierung bemängelt er, daß sie hinsichtlich formaler Korrektheit, Klarheit und Eindeutigkeit ihrer Ausdrücke „offenbar viel zu wünschen übrig" läßt. Aber Tarski entdeckt in dieser Definition einen so wichtigen positiven Aspekt, daß er sie zum Ausgangspunkt seines Programms erhebt: er meint nämlich, daß „der anschauliche Sinn und die allgemeine Intention dieser Formulierung recht klar und verständlich" [25] zu sein scheinen. Daraus leitet er folgende Aufgabe ab: eine semantische Definition der Wahrheit muß diese Intention präzisieren und ihr eine korrekte Form geben. Bei allen weiteren Ausführungen darf — soll Tarskis Programm angemessen begriffen werden — dieser Ansatz beim Versuch einer Formulierung des umgangssprachlichen (bzw. des „traditionellen") Wahrheitsbegriffs nie aus dem Blick verloren werden.

[2] Drei „Elemente" bilden den bestimmteren Ausgangspunkt der Tarskischen Wahrheitsauffassung: „konkrete Redewendungen" vom Typ „x ist eine wahre Aussage", Sätze spezielleren Charakters („Teildefinitionen" bzw. „Erklärungen" der ge-

---

[24] Tarski [1] S. 268 (452).
[25] Ebd.

48

nannten Redewendungen), das „allgemeine Schema" solcher Sätze. Teildefinitionen bzw. Erklärungen sind z. B. Aussagen wie: „Die Aussage ‚Im Jahre 1980 wird der Weltkrieg beginnen' ist wahr dann und nur dann, wenn im Jahre 1980 der Weltkrieg beginnen wird." [26] Eine solche Aussage ist — in Tarskis Terminologie — eine „Teildefinition" bzw. „Erklärung" der allgemeinen Aussage „x ist eine wahre Aussage". Als allgemeines *Schema* dieser Art von Aussagen führt Tarski folgende Formel ein:

„(2) x ist eine wahre Aussage dann und nur dann, wenn p." [27]

Dieses Schema wird dadurch gewonnen, daß der beliebige Einzelname einer Aussage mit „x" und die entsprechende Aussage selbst mit Hilfe des Symbols „p" angegeben wird. Geht man vom Schema aus, so kann man „konkrete Erklärungen" dadurch gewinnen, daß man für „p" irgendeine Aussage und für „x" einen beliebigen Einzelnamen dieser Aussage einsetzt. Die Formel (2) stellt Tarskis berühmte W-Konvention dar [28]. Mit anderen Worten: Von diesem Schema her legt Tarski die Angemessenheit sowohl des Gebrauchs als auch der Definition des Terms „wahr" fest. Der Term „wahr" wird dann angemessen *gebraucht*, wenn alle *Äquivalenzen* der Form (2) behauptet werden können. Eine *Definition* der Wahrheit nennt Tarski dann angemessen, wenn alle diese Äquivalenzen aus ihr folgen.

An dieser Stelle wird deutlich, wie Tarskis zunächst unstimmig scheinende Äußerungen über Definierbarkeit und Nichtdefinierbarkeit der Wahrheit zu verstehen sind. Das Schema (2)

[26] Vgl. Tarski [3] S. 353.
[27] Tarski [1] S. 268 (453).
[28] In einigen Übersetzungen von Schriften und in vielen Darstellungen der Position Tarskis ist von der „T-Konvention" die Rede. „T" steht dabei für „Truth". Diese Notation erklärt sich daraus, daß das in der englischsprachigen Literatur über Tarski verwendete Symbol „T" — unsinnigerweise — auch in vielen deutschsprachigen Darstellungen beibehalten wird (so z. B. in Tarski [2]). In Tarski [1] heißt es: „Konvention 𝔚" (S. 306 (481)).

ist keine Definition der Wahrheit. Tarskis Begründung dieser Behauptung ist der Hinweis darauf, daß (2) keine Aussage, sondern das Schema einer Aussage (= Aussageform) ist. Diese Begründung impliziert natürlich die These, daß Aussageschemata (oder -formen) keine Definitionen sein können. Ferner kann nach Tarski auch nicht irgendein besonderer Fall, d. h. irgendeine Einsetzung („Erklärung"), als Definition *der* Wahrheit angesehen werden. Solche Einsetzungen sind nur Teildefinitionen der Wahrheit: sie erklären nur, „worin die Wahrheit dieser einen individuellen Aussage besteht"[29]. Eine *allgemeine* Definition müßte „in einem gewissen Sinne" als die logische Konjunktion aller Teildefinitionen begriffen werden. Wie sich später noch zeigen wird, ist Tarski der Meinung, daß eine korrekte Definition der Wahrheit nur für bestimmte Sprachen durchgeführt werden kann, nämlich für formalisierte Sprachen endlicher Ordnung.

Wie ist dieser Gesamtkomplex zu verstehen? Anders formuliert: in welchem Verhältnis stehen allgemeine Definition, Teildefinition(en) und W-Konvention (= Schema der Wahrheit) zueinander? Dieser in der Literatur über Tarski nie genau durchgeklärte Zusammenhang dürfte folgendermaßen zu deuten sein: Tarski geht offenbar davon aus, daß eine semantische Wahrheitsdefinition im Sinne einer *rekursiven Definition* konstruiert werden müßte. Angenommen nun, eine allgemeine Definition — d. h. eine Definition für alle Sprachen — ließe sich widerspruchsfrei konstruieren, dann wäre die Formel, die Tarski „W-Konvention" bzw. „W-Schema" nennt, die rekursive Definition der Wahrheit, aus welcher sich dann — aufgrund des rekursiven Verfahrens — die *allgemeine* Definition der Wahrheit — d. h. die logische Konjunktion aller Teildefinitionen — ergeben würde.

Daß Tarski die Formel (2) nicht eine rekursive Wahrheitsdefinition nennt bzw. sie nicht als solche betrachtet, dürfte daraus zu erklären sein, daß diese Formel sich nicht als rekur-

[29] Tarski [2] S. 60.

sive Definition im Bereich der Umgangssprache und jener formalisierten Sprachen, in denen die Ordnung der Metasprache nicht höher als die Ordnung der Objektsprache ist, durchführen läßt. Daher bezeichnet und betrachtet Tarski die Formel (2) „nur" als „Konvention" oder „Schema" der Wahrheit. Damit soll dem Umstand Rechnung getragen werden, daß diese Formel nur unter Einschränkung auf bestimmte Sprachen als (rekursive) Wahrheitsdefinition angesehen und durchgeführt werden kann. Es ist noch einmal hervorzuheben, daß die Klärung dieses Zusammenhangs einen großen Teil der Diskussionen, Probleme, Einwände usw. im Hinblick auf Tarskis Wahrheitsdefinition gegenstandslos macht. Dieser Erklärungsversuch des Zusammenhangs zwischen Schema der Wahrheit, Teildefinitionen und allgemeiner Wahrheitsdefinition stellt jenen „metatheoretischen" Rahmen bereit, der sowohl als Voraussetzung wie auch als Ergebnis der von Tarski ausführlich erörterten und im folgenden darzustellenden Interpretationsprobleme der W-Konvention zu betrachten ist.

2.1.2.3.   Interpretationsprobleme der W-Konvention

Die W-Konvention wird von Tarski in der Weise erläutert und problematisiert, daß er zunächst zwei „Kategorien" für die Interpretation der Einzelnamen erörtert, dann die mit dem Wahrheitsschema — in bestimmten Situationen — gegebene Antinomie herausarbeitet und schließlich das Scheitern der Konstruktion einer allgemeinen Definition der wahren Aussage aufzeigt.

2.1.2.3.1.   Anführungsnamen

[1] Die *Anführungsnamen* sind nach Tarski „die wichtigste und die häufigste Kategorie von Namen" [30], die für „x" in der For-

---

[30] Tarski [1] S. 268 (453).

mel (2) eingesetzt werden (können). Mit diesem Terminus bezeichnet er „jeden Namen einer Aussage (oder eines beliebigen anderen, sogar sinnlosen Ausdrucks), welcher aus Anführungszeichen (dem links- und rechtsseitigen) und dem Ausdruck besteht, der zwischen den Anführungszeichen steht und der eben das durch den betrachteten Namen Bezeichnete ist" [31]. Tarskis berühmt gewordenes Beispiel ist die Formel:

(3) „es schneit" ist eine wahre Aussage dann und nur dann, wenn es schneit.

[2] Es ist heute üblich, in diesem Zusammenhang von der Unterscheidung zwischen „Erwähnung" ("mention") und „Verwendung" bzw. „Gebrauch" ("use") zu sprechen. Wie immer es um das heutige Verständnis dieser Unterscheidung bestellt sein mag, Tarskis Bestimmung der Anführungsnamen wirft einige Probleme auf, die sich — näher betrachtet — als Prüfstein für die Haltbarkeit und als Anzeige für die erbrachte bzw. nicht erbrachte Leistung der Formel erweisen. Tarskis Aufgabenstellung ist die Formulierung einer Definition von „wahr". Zu diesem Zweck wird — im oben erläuterten Sinn — eine W-Konvention eingeführt. Die Konkretisierung dieser W-Konvention erfolgt aufgrund folgenden Verfahrens: Ausgangspunkt ist eine beliebige Aussage (man kann sie „performativsprachliche" [= PS-]Aussage nennen). Eine metametasprachliche (MMS-) Ebene wird eingeführt, die folgende „Elemente" enthält:
[i] Das wichtigste Element ist das Prädikat „ist wahr".
[ii] Zwei Vorkommnisformen der „performativsprachlichen" (PS-)Aussage auf der MMS-Ebene bilden das zweite Element; dies ist so zu verstehen, daß die PS-Aussage zweimal in die MMS-Ebene erhoben wird:
[ii—i] Zum ersten wird die PS-Aussage in die MMS-Form des Anführungsnamens „eingebracht" und erhält damit den Status einer objektsprachlichen (= OS-)Aussage, d. h. einer Aussage, die „betrachtet" („bestimmt", „erklärt") wird: auf der MMS-Ebene

[31] Ebd.

52

kommt der PS-Aussage *als* OS-Aussage der Status eines Explika-
tionskandidaten-(= Explikandums)-bezüglich-„wahr" zu.
[ii—ii] Zum zweiten wird die PS-Aussage in die MMS-Ebene
erhoben, nicht aber als OS-Aussage, sondern als MS-Aussage,
d. h. als Aussage mit dem Status eines Explikans-bezüglich-der-
als-„wahr"-qualifizierten-OS-Aussage.
[iii] Zwischen den beiden MMS-Vorkommnisformen der PS-
Aussage (nämlich als OS-Aussage und als MS-Aussage) wird
eine Äquivalenz behauptet. Es besteht also eine Äquivalenz
zwischen der Aussage mit dem OS-Status eines Explikandums-
bezüglich-„wahr" und derselben Aussage mit dem MS-Status
eines Explikans-bezüglich-„wahr". Die auf der rechten Seite der
Äquivalenzformel stehende Aussage ist die Erfüllung der auf
der linken Seite stehenden Aussage(funktion): sie gibt die Wahrheitsbedingungen dieser letzteren an.

[3] Hat man die Formel (3) zunächst hinsichtlich ihrer Elemente
aufgeschlüsselt, dann stellt sich die Frage nach ihrem genauen
Verständnis und damit auch nach ihrer Erklärungsleistung.
[i] Zunächst ist Tarskis — zu unzähligen Mißverständnissen
Anlaß gebender, aber auch eine hintergründige und damit um so
gewichtigere Problematik verschleiernder — laxer Umgang mit
zeichen- bzw. ausdruckstechnischen Darstellungsmitteln zu bean-
standen. Mit dem simplen Instrumentarium der Unterscheidung
zwischen „Erwähnung" und „Gebrauch" wird man dem komplexen Verhältnis zwischen der objektsprachlichen und der
metasprachlichen Ebene im Falle der Tarskischen W-Konvention keineswegs gerecht.
  Gehen wir von der Aussage *es schneit* aus. Diese Schreib-
weise soll hier besagen, daß diese Aussage gemäß einem *wahrheitstheoretischen Status* — d. h. als Aussage, die in einem Buch
über Wahrheitstheorien vorkommt, — zu verstehen ist. Von
dieser wahrheitstheoretischen Gestalt sind zumindest *drei* andere
Gestalten der(selben) Aussage zu unterscheiden: [i—i] Die
genannte Aussage tritt in einer performativsprachlichen (PS-)
Gestalt auf, wenn sie einfach aufgestellt oder angeschrieben

wird, ohne daß sie in irgendeinen Zusammenhang — etwa in den Zusammenhang einer wahrheitstheoretischen Betrachtung oder in ein (anderes) Verhältnis zwischen Objektsprache und Metasprache — einbezogen wird; die ausdruckstechnische Gestalt einer PS-Aussage enthält normalerweise keine besondere Auszeichnung: die Aussage wird so angeschrieben, wie sie etwa in einer Erzählung oder Beschreibung vorkommt: es schneit. [i—ii] Die „wahrheitstheoretische" Aussage *es schneit* und die PS-Aussage es schneit erhalten auf der MMS-Ebene den Status einer OS-Aussage, wenn sie *betrachtet* werden: die OS-Gestalt kann so angegeben werden: „es schneit". [i—iii] Die „wahrheitstheoretische" Aussage *es schneit*, die PS-Aussage es schneit und die OS-Aussage „es schneit" erhalten auf der MMS-Ebene einen MS-Status, wenn man „in" dieser Aussage (mit deren Hilfe) *über* diese(lbe) Aussage — in der OS-Gestalt — spricht; die Gestalt der MS-Aussage kann so angezeigt werden: $^+$es schneit$^+$.

Tarski verfährt nun folgendermaßen: er verwendet die Zeichengestalt es schneit (ohne jede Auszeichnung), sowohl um diese Aussage auf der performativsprachlichen (PS-)Ebene als auch um dieselbe Aussage auf der MMS-Ebene im Status einer MS-Aussage zu kennzeichnen. Damit wird gerade der entscheidende Unterschied — aber auch das Verhältnis — zwischen den herausgearbeiteten Sprachebenen verwischt. Selbstverständlich ist es im Grunde völlig gleichgültig, welche Zeichengestalten man verwendet; aber es ist nicht gleichgültig, sondern schlechterdings entscheidend, daß bei der Verwendung von Zeichengestalten die Unterschiede, auf die es ankommt, auch zeichengestaltlich kenntlich gemacht werden.

Die unter [2] herausgearbeiteten Unterschiede von Sprachebenen in der MMS-Formel (3) könnte man zeichen- bzw. ausdruckstechnisch so angeben:

(3′) „es schneit" ist eine wahre Aussage dann und nur dann, wenn $^+$es schneit$^+$.

[ii] Schon an dieser Stelle muß die Frage aufgeworfen werden, was in Formeln wie (2) und (3) eigentlich „erklärt" wird. Es

wurde oben unterstellt, daß die in der Form des Anführungsnamens auftretende Aussage als Explikandum-bezüglich-„wahr"
aufzufassen ist. Wie ist dies genau zu verstehen? Welches ist das
Explikandum: die Aussage (in der Form des Anführungsnamens) oder das Prädikat „ist wahr"? Oder baut diese Alternative ein Scheinproblem auf? Darauf ist zu entgegnen: Tarskis
Formel (3) erhebt den Anspruch zu erklären, was „wahre Aussage" meint, also was die „Aussage-x-bezüglich-des-Prädikats-
,wahr'" und das „Prädikat-,wahr'-bezüglich-der-Aussage-x"
besagt. Eine ganz andere Frage ist es, ob er diesen Anspruch
auch einlöst. Hier ist zunächst nur festzuhalten, daß die Formel (2) im Prinzip — d. h. unabhängig von den auftretenden
Durchführungsschwierigkeiten — eine rekursive Definition von
„wahre Aussage" ist in dem Sinne, daß sie Teildefinitionen des
Ausdrucks „x ist eine wahre Aussage" erzeugt.

2.1.2.3.2. Strukturell-deskriptive Namen

Die zweite Kategorie der Einzelnamen von Aussagen sind
die sogenannten strukturell-deskriptiven Namen. Mit diesem
Terminus bezeichnet Tarski Namen (= Ausdrücke), „welche
beschreiben, aus welchen Worten der durch den Namen bezeichnete Ausdruck sowie aus welchen Zeichen jedes einzelne Wort
besteht und in welcher Ordnung diese Zeichen und Worte auf-
einanderfolgen"[32]. Schreibt man (3) mit Hilfe dieser Kategorien, so ergibt sich die Formel:

> „(4) ein Ausdruck, der aus zwei Worten gebildet ist, von denen
> das erste aus den zwei aufeinander folgenden Buchstaben:
> E, Es, das zweite aus den sieben aufeinander folgenden
> Buchstaben: Es, Ce, Ha, En, E, I, Te besteht, ist eine wahre
> Aussage dann und nur dann, wenn es schneit."[33]

---

[32] Tarski [1] S. 269 (454).
[33] Ebd. S. 270 (454).

Verständnis und Problematik einer solchen Formel entsprechen im Grunde den oben aufgezeigten Interpretationsproblemen.

2.1.2.3.3. Das Problem der Antinomien

Die Formeln (2) und (3) können zu Antinomien führen. Die berühmteste Antinomie dieses Typs dürfte die Antinomie des Lügners sein. Eine besonders in typographischer Hinsicht leicht einsehbare Darstellungsform legte *M. Black* vor [34]; sie kann in aller Kürze folgendermaßen angegeben werden:

> Die in einem Rechteck auf dieser Seite gedruckte Aussage ist falsch.

Sei „c" eine Abkürzung des Ausdrucks: „Die in einem Rechteck auf dieser Seite gedruckte Aussage". Betrachtet man nun die Bedeutung von „c" und untersucht man *diese* Seite, so muß man folgende Aussage akzeptieren:
(1) c ist identisch mit der Aussage „c ist falsch".
Auf der anderen Seite kann man nicht den Satz negieren:
(2) „c ist falsch" ist wahr dann und nur dann, wenn c falsch ist.
Aus (1) und (2) folgt:
(3) c ist wahr dann und nur dann, wenn c falsch ist [35].

Nach Tarski treten solche Antinomien in den semantisch geschlossenen Sprachen notwendigerweise auf. Eine semantisch geschlossene Sprache ist diejenige, die neben den Aussagen auch die Namen der Aussagen (Anführungsnamen, deskriptiv-strukturelle Namen) und außerdem semantische Terme wie „wahr" in bezug auf diese Sprache enthält [36]. Eine solche Sprache ist nach Tarski notwendig inkonsistent: indem sie nämlich die

[34] Vgl. Black [1] S. 50.
[35] Black gibt in einer Anmerkung eine exakte formale Darstellung: (1) hat die Form: m = k; (2) hat die Form: k ist wahr ≡ l; setzt man m für k in (2) ein, so erhält man m ist wahr ≡ l, d. h. (3) (vgl. Black [1] S. 50, Anm. 3).
[36] Vgl. Tarski [2] S. 65.

angegebenen Sprachebenen in ihrer Unterschiedenheit nicht beachtet, führt sie zu Antinomien. Eine solche Sprache ist die Umgangssprache: ihr *Universalismus* — d. h. ihre Tendenz, alles und jedes ohne Berücksichtigung der Unterschiede zwischen den Sprachstufen auszudrücken — ist „vermutlich die wesentliche Quelle aller sog. semantischen Antinomien"[37]. Dies ist Tarskis Hauptgrund für die Aufstellung der These, daß eine korrekte Definition der Wahrheit für natürliche Sprachen unmöglich ist.

2.1.2.3.4. Scheitern einer Definition der wahren Aussage durch Verallgemeinerung

[1]Durch Einsetzung einer beliebigen Aussagevariablen in der Formel (3) für die zweimal in dieser Formel vorkommende PS Aussage *es schneit* und durch die Feststellung, daß die auf diese Weise gewonnene Formel für jeden Wert der Variablen gilt, kann man nach Tarski zu einer Formel gelangen, die — anscheinend — alle Aussagen vom Typ (3) als Spezialfälle umfaßt:

(5) für ein beliebiges p — „p" ist eine wahre Aussage dann und nur dann, wenn p.

Nach Tarski muß man eine mögliche Einschränkung dieser Formel dadurch beseitigen, daß man davon ausgeht, daß jeder wahren Aussage ein Anführungsname entspricht. Daraus ergäbe sich folgende Verallgemeinerung:

(6) für ein beliebiges x — x ist eine wahre Aussage dann und nur dann, wenn — für ein gewisses p — x mit „p" identisch ist und dabei p[38].

Wollte man indes in der Formel (5) bzw. (6) eine korrekte semantische Definition des Ausdrucks „wahre Aussage" sehen,

[37] Tarski [1] S. 278 (460).
[38] Vgl. Tarski [1] S. 272 (456).

so ergäbe sich daraus nach Tarski eine Reihe von Schwierigkeiten.

[2] Faßt man die eingesetzten *Anführungsnamen* — nach einer
ersten Interpretation — als „syntaktisch einfache Ausdrücke",
d. h. als einzelne Worte bzw. als konstante Einzelnamen eines
bestimmten Ausdrucks, auf, so ist offenkundig, daß die Formeln
(5) und (6) keine Verallgemeinerungen darstellen. Auch bei einer
zweiten Interpretation, die die Anführungsnamen als Anführungsfunktionen begreift, ergeben sich nach Tarski wesentliche
Schwierigkeiten. Nach dieser Interpretation werden die Anführungsnamen als syntaktisch zusammengesetzte Ausdrücke
aufgefaßt; dabei erscheinen die Anführungszeichen als selbständige Worte und spielen in syntaktischer Hinsicht die Rolle von
Funktoren (so wie im Ausdruck „x liest" das Wort „liest" ein
Funktor ist). Dazu bemerkt Tarski, daß der Sinn einer solchen
Anführungsfunktion „nicht genügend klar" [39] ist und zu verschiedenen Antinomien führt.

Tarski weist auch darauf hin, daß die nach der zweifachen
Interpretation der Anführungsnamen versuchte Erklärung des
allgemeinen Charakters der Formeln (5) und (6) uns in gewissen Situationen im Stich läßt, so bisweilen dann, wenn wir von
einem gegebenen Namen einer Aussage ausgehen und die durch
diesen Namen bezeichnete Aussage suchen. Als Beispiel eines
solchen Namens führt Tarski den Ausdruck an: „die erste Aussage, welche im Jahre 2000 gedruckt sein wird." [40]

---

[39] Tarski [1] S. 274 (457). Sogar ein sonst so exakt arbeitender
Autor wie P. Weingartner begeht einen Interpretationsfehler von gro-
ßer Tragweite, wenn er unterstellt, Tarski habe bezüglich der Adäquatheitsbedingung — von Weingartner so angegeben: ‚Der Satz 'p' ist
wahr dann und nur dann, wenn p' — den Ausdruck „p" einfachhin als
Anführungsfunktion aufgefaßt (vgl. Weingartner [3] S. 42, Anm. 18).
Wie aus der Darstellung hervorgeht, hat Tarski vielmehr die Deutung
der Anführungsnamen als Anführungsfunktionen als aporetisch angesehen (vgl. aber neuerdings Weingartner [5/II, 1] S. 13).

[40] Tarski [1] S. 276 (459).

[3] Schließlich erörtert Tarski den Versuch einer *strukturellen Definition* der wahren Aussage. Das Schema einer solchen Definition wird von ihm so angegeben:

> „Eine wahre Aussage ist eine Aussage, welche die und die strukturellen Eigenschaften (d. i. Eigenschaften, welche die Gestalt und Aufeinanderfolge der einzelnen Bestandteile des Ausdrucks betreffen) besitzt oder welche man aus so und so strukturell beschriebenen Ausdrücken mit Hilfe der und der strukturellen Umformungen gewinnen kann." [41]

Ein Beispiel aus der Logik wäre die auf diese Weise gewonnene strukturelle Definition des Satzes: „Wenn die Sonne scheint, so scheint die Sonne". Die strukturelle Definition des Satzes hätte die Form: Jeder Ausdruck, der aus vier Teilen besteht, von denen den ersten das Wort „wenn", den dritten das Wort „so", den zweiten und den vierten dieselbe Aussage bildet, ist eine wahre Aussage. Man könnte nun daran denken, genügend viele, genügend starke und allgemeine Gesetze von der erwähnten Art aufzustellen, und versuchen, jede Aussage als einen Spezialfall dieser Gesetze aufzufassen; wäre dieses Verfahren durchführbar, so hätte man eine allgemeine strukturelle Definition einer wahren Aussage erreicht. Ein solches Verfahren indes erweist sich nach Tarski in bezug auf die Umgangssprache als „fast aussichtslos" [42]; denn diese ist nichts Fertiges, Abgeschlossenes und genau Abgrenzbares.

2.1.3. Der Wahrheitsbegriff, die natürliche Sprache und die formalisierten Sprachen

[1] Aus Tarskis Erörterungen ergibt sich die Konsequenz, daß keine exakte Definition des Wahrheitsbegriffs für die natürliche Sprache möglich ist. Dieses Ergebnis wurde schon mehrere Male

[41] Ebd.
[42] Ebd. S. 277 (459).

angedeutet und hervorgehoben. Hier sei noch angeführt, daß Tarskis Stellung zur Umgangssprache im letzten absolut zweideutig und unbestimmt bleibt. Für ihn kann die Umgangssprache im Hinblick auf das Wahrheitsproblem nur insoweit ins Spiel kommen, als es sich als möglich erweist, eine für eine formalisierte Sprache konstruierte Definition einer wahren Aussage in die Umgangssprache zu übersetzen; damit erhält man nach Tarski eine „fragmentarische Definition der Wahrheit" [43]. Dies dürfte so zu verstehen sein, daß in der Umgangssprache Interpretationen als Erfüllungen (= Übersetzungen) von solchen Wahrheitsdefinitionen angetroffen werden können, die unabhängig von der Umgangssprache aufgestellt werden. Kurz: die Umgangssprache erscheint als ein fragmentarisches Interpretationsfeld für formalisierte Wahrheitsdefinitionen. Von Tarski wird die Umgangssprache nur noch insofern in Betracht gezogen, als es sich als möglich erweist, die „undankbare Arbeit einer ‚Reform' dieser Sprache" [44] in Angriff zu nehmen. Aber Tarski äußert Zweifel darüber,

> „ob die auf diesem Wege ‚rationalisierte' Umgangssprache die Eigenschaft der ‚Natürlichkeit' behalten würde und ob sie dann nicht die charakteristischen Merkmale der formalisierten Sprachen annehmen würde" [45].

[2] Nach Tarski läßt sich die W-Konvention für bestimmte Arten von formalisierten Sprachen ausführen. Es handelt sich dabei um jene Sprachen, die so konstruiert werden können, daß dabei alle Antinomien und sonstigen Schwierigkeiten vermieden werden. Solche Sprachen finden sich in jedem Logiklehrbuch. Tarski selbst hat die Konstruktion einer solchen formalisierten

---

[43] Ebd. S. 280 (461) Anm. 10. Wie sich später zeigen wird (3.4.1.), knüpft Davidson an diesen Punkt an, um Tarskis semantische Wahrheitskonvention auf die natürlichen Sprachen auszudehnen (vgl. auch Schnelle [1] S. 188).

[44] Tarski [1] S. 393 (550).

[45] Ebd.

Sprache, nämlich der Sprache des Klassenkalküls, in aller Genauigkeit durchgeführt. Bezüglich der Möglichkeit einer Konstruktion der Wahrheitsdefinition werden die formalisierten Sprachen von ihm in zwei große Gruppen eingeteilt: die „ärmeren Sprachen", d. h. die Sprachen endlicher Ordnung, und die „reicheren Sprachen", d. h. die Sprachen unendlicher Ordnung. Für die ersteren läßt sich eine exakte Definition der Wahrheit konstruieren, nicht hingegen für die letzteren. Die „wesentliche Erweiterung"[46] der Formulierung seiner Ergebnisse in dem erst im Jahre 1935 geschriebenen „Nachwort" hat folgenden Wortlaut:

„A. Für jede formalisierte Sprache lässt sich in der Metasprache eine formal korrekte und sachlich zutreffende Definition der wahren Aussage mit alleiniger Hilfe von Ausdrücken allgemein-logischen Charakters, von Ausdrücken der Sprache selbst und von Termini aus der Morphologie der Sprache konstruieren — jedoch unter der Bedingung, dass die Metasprache eine höhere Ordnung besitzt als diejenige Sprache, die Gegenstand der Untersuchung ist.
B. Wenn die Ordnung der Metasprache der Ordnung der Sprache selbst höchstens gleich ist, lässt sich eine solche Definition nicht konstruieren."[47]

Tarski fügt noch hinzu, daß man unter Verzicht auf die Konstruierung einer Definition der Wahrheit doch eine Theorie der Wahrheit mit Hilfe der axiomatischen Methode aufbauen kann, und zwar nur für den Fall, daß die Untersuchungen auf dem Boden einer Metasprache geführt werden, welche dieselbe Ordnung besitzt wie die untersuchte Sprache.

[46] Ebd. S. 399 (555).
[47] Ebd. S. 399 (554).

2.2. Wirkungsgeschichte und kritische Erörterung

2.2.1. Hinweise auf die Rezeptions- und Kritikgeschichte

Es kann sich nachfolgend nicht darum handeln, die Rezeptions- und Kritikgeschichte der Tarskischen Theorie auch nur ansatzweise zu skizzieren. Möglich sind nur einige wenige Hinweise auf dreierlei: auf „immanente" (eventuell korrigierende) Fortführungen, auf die Interpretation der semantischen Theorie als der präziseren Form der KR-TW, auf inhaltlich negative Stellungnahmen.

[1] Es wurden Versuche unternommen, Tarskis Wahrheitskonzeption im Rahmen der allgemeinen Idee der Semantik zu explizieren, zu kommentieren, in Beziehung zu anderen Theorien zu setzen und gegen Einwände und Mißverständnisse zu verteidigen. Zu dieser Gruppe von Versuchen gehört besonders das verdienstvolle Werk von *W. Stegmüller:* ›Das Wahrheitsproblem und die Idee der Semantik. Eine Einführung in die Theorien von A. Tarski und R. Carnap‹ [48].
Andere Arbeiten intendieren eine „immanente" Klärung und Korrektur im Hinblick auf eine adäquate Formulierung der SM-TW. Dieser Aufgabe sind Arbeiten von *Popper* [49], *Weingartner* [50], *R. M. Martin* [51], *Kripke* [52] u. a. gewidmet. An dieser Stelle sei nur auf *H. Field* kurz hingewiesen, der zu zeigen versucht, „daß Tarski den Begriff der Wahrheit *auf gewisse andere semantische Begriffe* [gemeint ist bes. der Begriff der Erfüllung] zurückgeführt hat, ohne diese jedoch irgendwie zu explizieren, so daß seine Ergebnisse das Wort ‚wahr‘ nur für jemanden annehmbar machen, für den diese anderen seman-

---

48 Vgl. Stegmüller [1].
49 Vgl. Popper [3] Kap. IX.
50 Vgl. Weingartner [1] und [3].
51 Vgl. R. M. Martin [1].
52 Vgl. Kripke [1].

tischen Begriffe bereits annehmbar sind"[53]. Nach Field hat
Tarski seine SM-TW irreführend dargestellt. Er selbst schlägt
eine modifizierte TW vor, die den Begriff der Wahrheit vor
allem auf den semantischen Begriff der *einfachen Bezeichnung*
zurückführt und diesen Begriff (bzw. jeden semantischen Begriff) nicht als irreduzible semantische Tatsache nimmt, sondern
mit Hilfe nichtsemantischer *physikalistischer* Begriffe expliziert[54]. Es mag hier dahingestellt sein, ob die beiläufige Bemerkung Tarskis[55] zum Physikalismus eine ausreichende Basis ist,
um eine so weitreichende Korrektur bzw. Fortführung der SM-
TW als berechtigt erscheinen zu lassen. Im übrigen würde man
mit der Zurückführung der semantischen Definientia von Wahrheit auf die physikalische Ebene nur eine *Theorie einer Theorie,*
d. h. eine physikalistische Theorie *der* SM-TW, aufstellen.

Die vielleicht bedeutsamste „immanente" Fortführung der
Tarskischen SM-TW dürfte die von *D. Davidson* unternommene
Ausdehnung dieser Theorie auf die natürlichen Sprachen sein.
Darauf ist unter 3.3.1. ausführlich einzugehen.

[2] Von einigen Autoren wurde Tarskis SM-TW mit aller Ent-
schiedenheit als die präzisierte Fassung der KR-TW angesehen.
So behauptet *Popper* — unter Berufung auf persönliche Ge-
spräche mit Tarski —, daß die SM-TW sich mit dem Wahrheitsbegriff des Aristoteles und der meisten Menschen (unter
Ausschluß der Pragmatisten) deckt; Tarski habe den unbrauch-

[53] Vgl. Field [1] S. 124.
[54] Vgl. ebd. S. 133 ff.
[55] Es handelt sich um folgende Stelle: „Schließlich würde die be-
trachtete Methode [d. h. die axiomatische Methode] — falls sie sich als
einzig mögliche Methode des Aufbaus der Semantik erwiese und nicht
nur als provisorisches Stadium anzusehen wäre — gewisse Zweifel vom
allgemein philosophischen Standpunkte wecken; wie mir scheint, würde
es dann schwer fallen, diese Methode mit den Postulaten der Einheitswissenschaft und des Physikalismus in Einklang zu bringen (da doch
die Begriffe der Semantik weder logische, noch physikalische Begriffe
wären)" (Tarski [3] S. 354).

baren Begriff der Übereinstimmung auf den einfacheren Begriff
der „Befriedigung" bzw. „Erfüllung" reduziert [56]. — Nach
R. M. Martin expliziert die SM-TW die „paradigmatische Be-
deutung von ‚wahr'" [57]; nach ihm führt sie den Begriff der
Korrespondenz zur Klarheit, indem sie vor allem den obskuren
Bereich der „Tatsachen" aus der Wahrheitsdefinition eliminiert.

In sehr detaillierter Weise versucht *P. Weingartner* in mehreren Arbeiten zu zeigen, daß es Interpretationen gibt, die der
klassischen Wahrheitsdefinition, nämlich der Äquivalenz „ein
Satz ist dann und nur dann wahr, wenn er mit der Wirklichkeit
übereinstimmt", „einen streng präzisen Sinn verleihen, [ihr]
material adäquat sind und zugleich formal korrekt und widerspruchsfrei sind. Eine solche Interpretation stellen die Bedingungen dar, die Tarski an seine Wahrheitsdefinition stellt." [58]

[3] Als repräsentativ für die sowohl in interpretatorischer als
auch in sachlicher Hinsicht diametral entgegengesetzten kritischen Einschätzungen der Tarskischen SM-TW sei im folgenden
M. Blacks Stellungnahme kurz wiedergegeben. Nach Black ist
Tarskis Behauptung, seine Wahrheitsdefinition entspreche der
klassisch-aristotelischen Wahrheitskonzeption, unhaltbar; die
semantische Konzeption müsse eher als *neutral* gegenüber allen
philosophischen Theorien der Wahrheit angesehen werden [59].
Black anerkennt, daß die „technische Bedeutung" [60] der Tarskischen Formel für das Studium formal-deduktiver Systeme von
nicht geringer Tragweite ist; davon aber müsse die Frage unterschieden werden, ob Tarskis Theorie eine adäquate „philosophische Rekonstruktion des voranalytischen Wahrheitsbegriffs" [61]
sei. Die Frage wird von Black verneint. Nach ihm hat Tarski
eine „Definition" vorgelegt, die nur auf eine *bestimmte* Sprache

[56] Vgl. Popper [1] S. 219 Anm. *1 und [3] Kap. IX.
[57] Martin [2] S. 96.
[58] Weingartner [3] S. 42.
[59] Vgl. Black [1] S. 61 Anm. 25.
[60] Ebd. S. 56.
[61] Ebd.

Anwendung findet bzw. finden kann. Dem Philosophen, der sich mit der Frage nach der *allgemeinen* Definition der Wahrheit befaßt, kann der Hinweis, daß die und die Sätze Teildefinitionen (d. h. Einsetzungsinstanzen der W-Konvention) sind, nicht genügen. „Ein Philosoph, der ‚die Natur‘ oder ‚die wesentliche Natur‘ des Menschen untersucht, wird wenig Hilfe finden in der Auskunft, daß alle amerikanischen Bürger Menschen sind." [62] — Blacks entscheidendes Argument zugunsten seiner These ist die Feststellung, daß die Vertreter der KR-TW, der Kohärenztheorie oder der pragmatischen TW unterschiedslos Tarskis W-Konvention annehmen können bzw. müssen. Das beweist nach Black, daß damit die eigentliche philosophische Diskussion über die Wahrheit noch nicht geklärt ist.

In einer im Jahre 1960 erschienenen, sehr bekannt gewordenen Arbeit hat E. *Tugendhat* [63] eine ausführliche Kritik der Tarskischen Wahrheitskonzeption vorgelegt. Inzwischen hat Tugendhat diese Kritik in das großangelegte Programm einer *Formalen Semantik* einbezogen, auf das unter 3.4.2. ausführlich einzugehen sein wird.

Abschließend sei auf P. *Hinsts* Kritik Tarskis hingewiesen, die sich einerseits in gewisser Hinsicht als zusammenfassender Ausdruck der bisherigen kritischen Stellungnahmen zu Tarski deuten läßt und die sich andererseits als Ansatz zu einem anderen („fundamentalsemantischen") Programm versteht [64]. Nach Hinst hat eine Semantik zwei Hauptaufgaben zu bewältigen: die Festlegung der Bedeutung der bedeutungsvollen Ausdrücke einer Sprache und die Festlegung des Wahrheitsbegriffs für diese Sprache. Nach ihm kann Tarskis Interpretationssemantik diese beiden Aufgaben nur dann bewältigen, wenn die von ihr eingeführte Metasprache folgende Bedingungen erfüllt: [i] Zu jeder logischen Konstanten einer Sprache S muß es in der Metasprache einen bedeutungsvollen Ausdruck geben, der gerade

---

[62] Ebd. S. 60.
[63] Vgl. Tugendhat [1].
[64] Vgl. Hinst [2] 1. 3. und Hinst [4].

die Bedeutung hat, die der logischen Konstanten durch die Semantik verliehen werden soll; [ii] dasselbe gilt — entsprechend — für jede deskriptive Konstante der Sprache S; [iii] für jede Aussage der Metasprache, die als Übersetzung einer Aussage der Sprache S fungiert, muß festgelegt sein, ob sie wahr oder falsch ist. Tarskis Interpretationssemantik kann diese drei Bedingungen nicht erfüllen, da sie bei einem solchen Versuch in einen unendlichen Regreß oder in einen Zirkel geraten würde: sie müßte nämlich eine jeweils höhere Metasprache postulieren oder bei einer Metasprache stehenbleiben, die dann mit Hilfe ihrer selbst sich selbst begründen würde. — Auf Hinsts positiven Versuch der Entfaltung einer *Fundamentalsemantik* wird weiter unten eingegangen (3.5.).

2.2.2. Kritische Schlußbemerkungen

Es soll hier lediglich auf zwei Punkte hingewiesen werden. ·

[1] Stellt Tarskis W-Konvention — verstanden im Sinne eines rekursiven Verfahrens — eine Wahrheitsdefinition im eigentlichen Sinne dar? Abgesehen von den für Tarskis Verfahren spezifischen Problemen, auf die schon in der Darstellung hingewiesen wurde, stellt sich diese Frage folgendermaßen: Kann eine Definition im strengen Sinne mit Hilfe einer Äquivalenzformel formuliert werden? Nach Stegmüller kann man statt des Äquivalenzzeichens, das mit „dann und nur dann, wenn" wiedergegeben wird, stets auch das Definitionssymbol „$=_{df}$" verwenden[65]; demnach ist Wahrheit dann definiert, wenn die Wahrheitsbedingungen angegeben werden. Diese Annahme liegt der allgemein verbreiteten Charakterisierung der Tarskischen W-Konvention als der *Adäquatheitsbedingung* für Wahrheit zugrunde. Doch ist diese Annahme wirklich problemlos? An einer anderen Stelle seines Werkes führt Stegmüller eine wich-

[65] Stegmüller [1] S. 47.

tige Präzisierung ein: in bezug auf konstruierte semantische Sprachsysteme werden den Aussagen Bedeutungen erst aufgrund der Wahrheitsregeln bzw. Wahrheitsbedingungen verliehen, so daß in diesem Falle das „dann und nur dann, wenn" dieselbe Funktion wie das Zeichen „$=_{df}$" hat; in der Alltagssprache aber haben die betrachteten Aussagen bereits eine Bedeutung, so daß die Aufgabe hier darin besteht, diese Bedeutung wiederzugeben. Stegmüller scheint offenzulassen, ob in diesem Falle die Wiedergabe der Bedeutung mit Hilfe eines als Definitionszeichen zu verstehenden „dann und nur dann, wenn" erfolgen kann [66]. Im übrigen merkt er bezeichnenderweise an, daß die Klärung von „dann und nur dann, wenn ... nicht mehr Aufgabe der Semantik" [67] ist.

Das Äquivalenzzeichen wird in der formalen Logik als ein Bikonditional aufgefaßt und als ein Äquivalenzverhältnis im Sinne einer hinreichenden und notwendigen Bedingung gedeutet [68]. Ist aber die Angabe einer hinreichenden und notwendigen Bedingung *für* eine Sache schlechterdings identisch mit der Definition *der* Sache? Man hat sich daran gewöhnt, den Begriff „Bedingung" als ein problemloses und fixiertes Explikationsmittel zu handhaben, ohne dessen genauen Sinn, d. h. dessen systematischen Stellenwert, zu explizieren. Aber schon auf die Frage: „Was ist X?" kann nicht einfachhin geantwortet werden mit der Angabe von Bedingungen. Andererseits kann das, was ein X ist, nicht angegeben werden, wenn dessen notwendige und hinreichende Bedingungen nicht genannt werden. Der Ausdruck „Adäquatheitsbedingung" ist in diesem Zusammenhang ein schillernder Begriff, denn er scheint anzudeuten, daß über „hinreichend" und „notwendig" noch hinausgegangen wird; wie immer man aber den Ausdruck näher verstehen mag, insofern von Adäquatheits*bedingung* die Rede ist, bleibt die Frage noch ungeklärt, wie dieses Explikationsmittel zu verstehen ist. An-

[66] Vgl. ebd. S. 233.
[67] Vgl. ebd. S. 224.
[68] Vgl. z. B. Hinst [1] S. 110.

gesichts der sehr verbreiteten Rede von „Wahrheitsbedingungen" in der wahrheitstheoretischen Literatur stellt die Klärung dieser Frage ein dringendes Desiderat dar. Häufig bedeutet „Bedingung" in dieser Literatur nichts anderes als „Bestimmung" — also eine weitere vage „Bestimmung".

[2] Unabhängig von der angeschnittenen Frage nach der Bedeutung von „Bedingung" ist im Hinblick auf eine kritische Einschätzung der Tarskischen Formel (2) auf einen weiteren fundamentalen Gesichtspunkt hinzuweisen: Wie sind die Wahrheitsbedingungen selbst zu klären? Faßt man sie als Definiens von „wahr" auf, so erweist sich dieses Definiens selbst als ein weiteres Definiendum. Auch wenn man also das Äquivalenz-(Bikonditional-)Schema für die Erklärung von „wahr" beibehält, erweist sich Tarskis Äquivalenzformel nur als ein *erster* Schritt beim Versuch einer „Erklärung" bzw. „Definition" der Wahrheit. So hat z. B. Tugendhat den Versuch unternommen, die Wahrheitsbedingungen selbst zu klären, d. h. zu definieren, und zwar unter Rekurs auf die Verwendungs- bzw. Verifikationsregeln [69]. In dieser Hinsicht wäre Tarskis Wahrheitsformel als eine nur *programmatische Wahrheitsdefinition* anzusehen.

Damit soll zweierlei angedeutet werden: [i] diese Formel ist nicht unbedingt im Sinne einer rekursiven Definition zu verstehen, sondern kann — ohne den Aspekt der Rekursivität auszuschließen — primär und fundamental als „Moment" im Rahmen einer *expliziten* allgemeinen Definition entwickelt werden. — Andeutungen in dieser Richtung werden in den nächsten Kapiteln und in der Schlußbetrachtung gegeben. [ii] Wird Tarskis Formel als eine nur *programmatische Wahrheitsdefinition* aufgefaßt, so kann man auch den sonst sehr zweideutigen Ausdruck „Adäquatheitsbedingung" richtig verstehen und einordnen: Tarskis Formel (2) würde demnach eben die Bedingung — aber auch *nur* die Bedingung — für die (noch aufzuzeigende und zu entwickelnde) *adäquate* Wahrheitsdefinition formulie-

[69] Vgl. unten 3.4.2.

ren. In diesem Sinne muß jede TW Tarskis Adäquatheitsbedingung als notwendiges Element enthalten. Inhaltlich gesehen, besagt dies, daß von „Wahrheit" nur die Rede sein kann, wenn in der Sprache ein Unterschied hervortritt zwischen einem erhobenen Anspruch in der Form einer aufgestellten Behauptung und dem eingelösten Anspruch in der Form der eingelösten Behauptung (Aussage). Wie fundamental dieser Unterschied für die Problemstellung hinsichtlich der Wahrheit ist, wird sich in den in den folgenden Kapiteln darzustellenden TW zeigen.

3. SPRACHANALYTISCHE THEORIE(N) DER WAHRHEIT (SA-TW)

Entsprechend den in der Einleitung angestellten Überlegungen über die Identifizierung und Abgrenzung der sprachanalytischen TW läßt sich dieses Kapitel folgendermaßen aufgliedern: Redundanztheorie (SA$_R$-TW) (3.1.), Performative Theorie (SA$_P$-TW) (3.2.), „Einfache" (normalsprachliche) Theorie (SA$_E$-TW) (3.3.), Formalsemantische Theorie (SA$_{FO}$-TW) (3.4.), Fundamentalsemantische Theorie (SA$_{FU}$-TW) (3.5.).

3.1. Redundanztheorie der Wahrheit (SA$_R$-TW) (Ramsey, Ayer)

[1] Die Redundanztheorie geht auf *F. P. Ramsey* zurück, der sie in seinem im Jahre 1927 veröffentlichten Aufsatz *Facts and Propositions* in aller Kürze formulierte[1]. Ramsey stellt die lapidare These auf, „daß es in Wirklichkeit kein gesondertes Wahrheitsproblem gibt, sondern lediglich eine sprachliche Verwirrung (linguistic muddle)"[2]. Er geht davon aus, daß Wahrheit und Falschheit primär Propositionen ("propositions")

---

[1] Vgl. Ramsey [1]. Allerdings hatte Ramsey Vorgänger. Frege z. B. schreibt: „Man könnte versucht sein, das Verhältnis des Gedankens zum Wahren nicht als das des Sinnes zur Bedeutung, sondern als das des Subjekts zum Prädikate anzusehen. Man kann ja geradezu sagen: ‚Der Gedanke, daß 5 eine Primzahl ist, ist wahr.' Wenn man aber genauer zusieht, so bemerkt man, daß damit eigentlich nicht mehr gesagt ist als in dem einfachen Satz ‚5 ist eine Primzahl' ... Daraus ist zu entnehmen, daß das Verhältnis des Gedankens zum Wahren doch mit dem des Subjekts zum Prädikate nicht verglichen werden darf" (Frege [1] S. 47).

[2] Ramsey [1] S. 16.

zugeschrieben werden. Diese können entweder explizit gegeben oder nur „beschrieben" ("described") sein. Ein Beispiel für die erste Art ist der Satz: „Es ist wahr, daß Cäsar ermordet wurde." Nach Ramsey ist es „evident", daß dieser Satz nicht mehr meint, als daß Cäsar ermordet wurde. Eine solche Satzform verwenden wir nach Ramsey aus stilistischen Gründen oder in der Absicht, der eigenen Behauptung Nachdruck zu verleihen, oder schließlich zu dem Zweck, die Stellung anzugeben, die unsere Behauptung in unserem Argument einnimmt.

Ein Problem erblickt Ramsey nur in den beschriebenen Propositionen, denn bei der Verwendung der entsprechenden Sätze werden Behauptungen aufgestellt, aus denen in der Normalsprache die Ausdrücke „wahr" und „falsch" nicht eliminierbar zu sein scheinen. Eine solche Proposition ist z. B. in dem Satz enthalten „Er hat immer Recht". Damit ist gemeint, daß die Propositionen, die er behauptet, immer wahr sind. Nun scheint es nicht möglich zu sein, gerade diesen Sachverhalt ohne das Wort „wahr" auszudrücken. Doch besteht nach Ramsey die Möglichkeit, dieser Proposition folgende Form zu geben: „Für alle p: wenn er p behauptet, dann ist p wahr." Jetzt ist es leicht zu sehen, daß die Aussagefunktion „p ist wahr" genau dasselbe meint wie „p". Davon kann man sich nach Ramsey leicht überzeugen, wenn man für „p" einsetzt: „Cäsar wurde ermordet." Ramsey bringt auch ein anderes allgemeines Beispiel: die relationale Form von Propositionen (aRb). In diesem Fall kann die nur beschriebene Proposition „Er hat immer Recht" so ausgedrückt werden: „Für alle a, R, b: wenn er aRb behauptet, dann aRb." Es leuchtet nach Ramsey ohne weiteres ein, daß in diesem Fall der Zusatz „ist wahr" offenkundig *überflüssig* ist [3].

[2] Ein anderer entschiedener Vertreter der Redundanztheorie ist *A. J. Ayer.* Er behauptet, „daß in allen Sätzen der Art ‚p ist wahr' die Wendung ‚ist wahr' logisch überflüssig ist" [4]. Wenn

[3] Ebd. S. 17.
[4] Ayer [1] S. 16.

man nach Ayer eine Proposition wahr nennt, so bejaht man sie; nennt man sie falsch, so behauptet man ihr Gegenteil. Die Termini „wahr" und „falsch" haben somit keine eigene Bedeutung, sie fungieren nur als Zeichen der Bejahung oder Verneinung. Die Frage „Was ist Wahrheit?" ist reduzierbar auf die Frage „Wie lautet die Analyse des Satzes ‚p ist wahr'?" So kommt Ayer „zu dem Schluß, daß es kein Wahrheitsproblem gibt, wie man es sich gemeinhin vorstellt"[5]. Bezüglich des traditionellen Begriffs der Wahrheit behauptet er, daß er einem Mangel in der korrekten Analyse der Sätze zuzuschreiben ist.

[3] Es gibt kaum eine TW, die nicht auf die eine oder andere Weise zur SA$_R$-TW Stellung nimmt. Am klarsten hat vielleicht A. R. *White* diese Theorie kritisiert. Er führt im wesentlichen zwei Gründe an[6]. [i] Nach White begeht die SA$_R$-TW eine Verwechslung zwischen logischer Äquivalenz und Bedeutungsäquivalenz: sie übersieht, daß logische Äquivalenz nur eine notwendige, aber keine hinreichende Bedingung für Bedeutungsäquivalenz ist. White führt folgendes Beispiel an: Die Aussagen „A, B, C ist ein gleichseitiges Dreieck" und „A, B, C ist ein gleichwinkliges Dreieck" sind logisch äquivalent, nicht aber bedeutungsäquivalent. [ii] Die SA$_R$-TW führt nach White zu Ungereimtheiten. So kann man die sinnvolle Frage stellen „Warum hat Brutus Cäsar ermordet?", aber es hat keinen Sinn, folgende Frage zu stellen „Warum ist es wahr, daß Brutus Cäsar ermordet hat?" Nach der SA$_R$-TW müßte man aber sagen, daß die zweite Frage eine sinnvolle, wenn auch auf die erste reduzierbare Frage ist. — [iii] Es läßt sich ein drittes Argument gegen die SA$_R$-TW anführen, das in vielerlei Hinsicht das wichtigste sein dürfte. Es gehört zur logischen Struktur einer Äquivalenzformel, daß man sie sowohl von links nach rechts als auch von rechts nach links nicht nur lesen kann, sondern auch lesen muß. Dieser Umstand wird von der SA$_R$-TW völlig über-

[5] Ebd. S. 117.
[6] Vgl. White, A. R. [1] S. 92 ff.

sehen. In der einfachen Aussage „p" (z. B.: „Cäsar wurde
ermordet") ist immer auch schon die Qualifikation „ist wahr"
impliziert [7].

3.2. Performative Theorie der Wahrheit (SAp-TW)

Ramseys kurze Bemerkungen zum Wahrheitsproblem haben
eine ungeahnte Wirkung gehabt. Viele Versuche einer Klärung
des Wahrheitsbegriffs knüpfen an diese Arbeit an. Den vielleicht
wichtigsten Versuch einer kritischen „Ausarbeitung" ("elaboration") unternahm *P. F. Strawson* im Jahre 1949; das Ergebnis
war eine neue TW, der die Bezeichnung „performative Theorie
der Wahrheit" gegeben wurde [8]. Nebenbei verfolgt Strawson
die Absicht, die Unhaltbarkeit von Tarskis semantischer TW
aufzuzeigen.

3.2.1. Die zentrale These der performativen Theorie

In markanten Formulierungen faßt Strawson seine Wahrheitskonzeption folgendermaßen zusammen (dabei ist unter
These I die Redundanztheorie und unter These II die semantische Theorie zu verstehen):

> „Die erste dieser beiden Thesen ist wahr, aber unangemessen; die
> zweite ist falsch, aber bedeutsam. Die erste ist richtig in dem, was
> sie behauptet, und falsch in dem, was sie unterstellt. Die zweite
> ist falsch in dem, was sie behauptet, aber richtig in dem, was sie
> impliziert. Die erste These behauptet zu Recht, daß man keine neue
> Aussage macht, wenn man sagt, daß eine Aussage wahr ist; zugleich

[7] Vgl. unten 3.4.2.2.1.
[8] Vgl. Strawson [1]. Später gab Strawson die „performative"
Theorie auf. Diese Theorie soll hier dennoch dargestellt werden, nicht
nur weil sie auch sonst immer noch vertreten wird, sondern auch weil
sie zu einem zentralen Bezugspunkt für viele Überlegungen hinsichtlich
der Wahrheitsproblematik in der Gegenwart geworden ist.

unterstellt sie aber zu Unrecht, daß man verglichen mit der bloßen Aussage selber nichts Anderes oder Zusätzliches tut, wenn man sagt, daß die Aussage wahr ist. Die zweite These hat recht, wenn sie impliziert, daß man etwas über die bloße Aussage Hinausgehendes tut, wenn man sagt, diese Aussage sei wahr; aber die These ist irrig, wenn sie behauptet, diese Verschiedenheit bestünde in einer neuen Aussage, einer Aussage nämlich über einen Satz."[9]

Strawson behauptet lapidar, daß der Ausdruck „ist wahr" nicht auf Sätze ("sentences") angewendet wird, da er überhaupt keine Anwendung hat; Wahrheit ist nach Strawson keine Eigenschaft von Zeichen, sie ist überhaupt keine Eigenschaft.

Aufgrund einer Analyse einiger sprachlicher Wendungen kommt Strawson zu folgendem Ergebnis: „Wenn man sagt, daß eine Aussage wahr ist, dann sagt man nichts Neues über den Gegenstand der Aussage, sondern, sofern man etwas über diesen Gegenstand sagt, sagt man dasselbe über ihn."[10] Er versteht diese These dahingehend, daß das Wort „wahr" kein metasprachliches Prädikat ist, das zum Sprechen über Sätze verwendet würde. Um das zu zeigen, vergleicht er den Gebrauch von „wahr" mit dem von „Ja" und „Dito". Den gewöhnlichen Gebrauch von „Ja" beschreibt er mit Hinweis auf dreierlei: zunächst ist ein sprachlicher Anlaß erforderlich, nämlich das Stellen einer Frage; an zweiter Stelle ist es offenkundig, daß der Gebrauch von „Ja" nicht metasprachlich zu verstehen ist: man redet nicht über die Frage, sondern beantwortet sie; schließlich ist es klar, daß, soweit bei der Verwendung dieses Wortes eine Behauptung aufgestellt wird, der Inhalt der Behauptung der gleiche wie der Inhalt der Frage ist. Nun meint Strawson, daß der Ausdruck „ist wahr" in derselben Weise verwendet wird wie die Ausdrücke „Ja" und „Dito". Läßt man daher das alte Vorurteil fallen, demgemäß jeder Indikativsatz etwas beschreibt, so zeigt sich nach Strawson, daß man mit dem Gebrauch von „ist wahr" überhaupt keine Aussage macht, sondern nur

[9] Strawson [1] S. 97.
[10] Ebd. S. 104.

eine „Äußerung ohne Sinn und Zweck" ("pointless utterance") vorbringt: eine solche Äußerung ist keine Aussage, sondern „ein sprachlicher Vollzug"[11] (eine „sprachliche Performanz").

Strawson versucht, diese These anhand eines Beispiels zu erhärten. Er deutet den Satz „Was der Schutzmann sagte, ist wahr" folgendermaßen: Dieser Satz enthält eine (implizite) Meta-Aussage über Existenz, die die Ausdrücke „wahr" bzw. „falsch" nicht einschließt und die so formuliert werden kann: „Der Schutzmann machte eine Aussage". Darüber hinaus enthält aber der Satz einen Ausdruck, „der nicht behauptend ist, sondern vollziehend, oder performativ" und der so artikulierbar ist: „Ich bestätige sie (nämlich die Aussage, die der Schutzmann machte)". Die Bestätigung ist keine Beschreibung, sondern ein Tun, eine Performanz. Gegenüber einem noch übrig bleibenden „Unbehagen" hinsichtlich der vorgelegten Deutung verfügt Strawson, wie er selbst hervorhebt, nur noch über ein Argument, nämlich den Hinweis auf das „alte[n] Vorurteil, daß jeder Indikativsatz eine Aussage ist oder eine solche macht" und auf „das altmodische Verlangen, in der Wendung ,ist wahr' irgendeine Art von beschreibendem Ausdruck zu finden"[12].

3.2.2. Zur Kritik an der performativen Theorie

Strawsons Ausführungen lösten eine rege Diskussion aus, die noch heute andauert. Daran beteiligten sich besonders *J. Austin*[13] und *G. J. Warnock*[14]. Strawson selbst gab — mehr oder weniger stillschweigend — die performative TW auf[15]. Es dürfte kaum möglich sein, alle Argumente und Gegenargumente nachzuzeichnen, die in diese Diskussion eingebracht wurden. Drei Gründe wurden hauptsächlich gegen die SA$_P$-TW ins Feld

[11] Ebd. S. 108.
[12] Ebd. S. 111/112.
[13] Austin [1].
[14] Warnock [1].
[15] Vgl. Strawson [3] S. 68.

geführt [16]. [i] Das Wort „wahr" wird einzig — oder zumindest gewöhnlich — verwendet, wenn eine Bejahung sich auf eine gewisse Art von Überlegungen stützt, nämlich wenn das, was bejaht wird, uns sagt, wie die Dinge sich verhalten. Wenn wir Entscheidungen, Beurteilungen, Warnungen, Entschuldigungen usw. bejahen, so nennen wir sie nicht wahr, es sei denn, wir meinen, daß sie uns auch sagen, wie die Dinge sind. [ii] Wir können das Wort „wahr" auf ein „Gesagtes" anwenden, ohne zu behaupten, daß es wahr ist und deshalb ohne es zu akzeptieren oder gutzuheißen, wie etwa in den Sätzen „Wenn dies wahr ist, so hätten Sie es besser aufgegeben" oder „Jede Aussage ist entweder wahr oder falsch" oder „Wie wissen Sie, daß es wahr ist?". [iii] Ein Satz wie „Auf dieser Wiese befindet sich ein Stier" kann verwendet werden, sowohl um etwas zu behaupten als auch um eine Warnung auszusprechen. Daraus ist zu entnehmen: was wir *tun*, wenn wir sagen, daß etwas wahr ist — z. B. wir drücken unsere Zustimmung aus —, und was wir *sagen*, wenn wir behaupten, daß etwas wahr ist — z. B. wir sagen, wie die Dinge sind —, ist nicht dasselbe; beide Aspekte sind auch nicht unverträglich: „Wir können ‚wahr' verwenden, um unsere Zustimmung zu dem, was gesagt wird, auszudrücken, weil wir mit ‚wahr' meinen, daß etwas sich so verhält, wie gesagt wird, daß es sich verhält." [17]

3.3. „Einfache" (normalsprachliche) Theorie der Wahrheit (SA$_E$-TW)

Die Diskussionen über die performative TW haben bei einigen Autoren zu einer TW geführt, die den begrenzten Anspruch erhebt, eine Explikation „nur" des *normalsprachlichen* Gebrauchs des Ausdrucks „wahr" vorzulegen. Es ist im Rahmen des vorliegenden Werkes nicht möglich, die in dieser Richtung

[16] Vgl. A. R. White [1] S. 100 ff.
[17] Ebd. S. 101.

unternommenen sehr zahlreichen Klärungsversuche hinsichtlich aller Aspekte und Nuancen der Einzelanalysen auch nur einigermaßen vollständig zu berücksichtigen. Als repräsentativ für diese Bemühungen kann indessen die von *J. L. Mackie* und *C. J. F. Williams* vertretene „einfache" (normalsprachliche) [18] TW gelten.

3.3.1. J. L. Mackie

[1] Mackie geht von der Feststellung aus, daß man wenig verliert und viel an Klarheit und Definitheit gewinnt, wenn man die Frage „Was ist Wahrheit?" ersetzt durch die Frage „Was heißt es für etwas, wahr zu sein?" [19] Was ist nun unter diesem „etwas" zu verstehen? Anders gefragt: Was ist es, wovon gesagt wird, es sei wahr? In Frage kommen nach Mackie hauptsächlich Annahmen, Bemerkungen, Behauptungen, Propositionen und Sätze. Mackie entscheidet sich für Behauptungen ("statements") als die primären Wahrheitsträger, wobei er unter „Behauptung" nicht die Handlung, sondern das Behauptete (die Proposition) versteht. Dabei stützt er sich auf folgende Überlegungen: Sei ‚F' ein Prädikatausdruck für „ist-von-der-Art-(hat-den-Begriff)-G"; ‚a' sei ein Name oder eine definite Beschreibung des Objekts b. Folgende sprachliche Gebilde sind nach Mackie miteinander verträglich dann und nur dann, wenn Gb: (1) die Behauptung-daß-Gb ist wahr; (2) der Satz ‚Fa' ist wahr; (3) der Prädikatausdruck ‚F' ist wahr von b; (4) der Subjektausdruck ‚a' ist „sub-wahr" (sub-true) von G [20]. Bei der Erläuterung dieser Sprachgebilde führt Mackie den Schlüsselbegriff „einfach" ein. Das Wahrsein eines Prädikatausdrucks bezüglich eines Gegenstandes ist in einer gewissen Hinsicht eine „einfachere Sache" als das Wahrsein eines Satzes; ferner erweist sich das

---

[18] Zum Ausdruck „einfache" bzw. „normalsprachliche" TW vgl. Mackie [1] S. 38, 43, 57 u. ö. und Williams [1] S. xv, 1, 96 u. ö.

[19] Mackie [1] S. 17.

[20] Vgl. ebd. S. 18 f.

„Subwahrsein" eines Subjektausdrucks bezüglich eines Begriffs (= eines „ist-von-der-Art") ebenfalls als eine „einfachere Sache" als das Wahrsein eines Satzes; das Wahrsein einer Behauptung erweist sich dabei als „die einfachste Sache überhaupt" [21]. „Einfach" meint hier, daß keine semantischen „Vorbehalte" oder Klauseln bestehen, die noch zu berücksichtigen wären, um „wahr" zu verstehen. M. a. W.: „einfach" heißt hier: voll erfüllt, voll gegeben, voll bestimmt. In der Tat ist es nach Mackie leicht zu zeigen, daß das, was in (2) gesagt wird, unter dem „semantischen Vorbehalt" bezüglich ‚F' und ‚a', und was in (3) und (4) gesagt wird jeweils unter einem dieser semantischen Vorbehalte steht, während dasjenige, was in (1) gesagt wird, keinem semantischen Vorbehalt unterworfen ist.

[2] Mackie stützt sich auf diese Überlegungen, um die These aufzustellen, es lasse sich eine „wirklich einfache Antwort" [22] auf die Frage geben, was es für eine Aussage heiße, wahr zu sein. Die Antwort lautet:

(5) „Für eine Aussage wahr zu sein, heißt, daß die Dinge sich so verhalten, wie gesagt wird, daß sie sich verhalten." [23]

Diese Formulierung wird folgenderweise präzisiert:

(6) „Für einige p: zu sagen, daß p, wenn p, ist wahr." [24]

Nach langen Auseinandersetzungen mit verschiedenen TW gelangt Mackie zu folgender endgültigen Formulierung seiner These:

(7) „Zu sagen, daß eine Behauptung wahr ist, heißt sagen, daß die Dinge so sind, wie sie in der Behauptung zu sein behauptet werden." [25]

[21] Ebd. S. 19.
[22] Ebd. S. 22.
[23] Ebd. Mackie beruft sich auf Aristoteles [1] 1011 b 26 ff.
[24] Ebd.
[25] Ebd. S. 50, 53 ("To say that a statement is true is to say that things are as, in it, they are stated to be").

Diese Definition wird von Mackie folgendermaßen formalisiert:

(8) „‚S ist wahr' = (∃ x) ((S ist die Behauptung-daß-x) & x).“ [26]

[3] Anhand dieser Formel läßt sich Mackies Stellungnahme zu einigen anderen TW angeben.

[i] Zur *Redundanztheorie* bemerkt er, die vorgelegte Formel mache klar, in welchem Sinn von einer „Redundanz" gesprochen werden kann bzw. muß: das Wort „wahr" wird eliminiert, nicht aber Wahrheit; diese wird nicht eliminiert, sondern expliziert, indem „die Relation, in welcher sie besteht, aufgezeigt wird" [27]. Demgegenüber sieht die Formel für eine reine Ramseysche TW so aus:

(9) „(x) ((S ist die Behauptung-daß-x) ⊃ (‚S ist wahr' = x)).“ [28]

Hier wird Wahrheit selbst eliminiert, indem die Behauptung-daß-S-wahr-ist identifiziert wird mit der Behauptung-daß-x, d. h. mit S selbst. (8) und (9) sind nach Mackie nicht äquivalent. Nach ihm stellt das Zeichen „=" als Zeichen für „Analyse" oder „Bedeutung" ein Mißverständnis dar. Hingegen ist folgende Formel nach Mackie korrekt und aus (8) ableitbar:

(10) „(x) ((S ist die Behauptung-daß-x) ⊃ ((S ist wahr) ≡ x)).“ [29]

[ii] Mackie behauptet, daß das entscheidende Element der normalsprachlichen TW in der „Vergleichung" zu sehen ist. Demnach besteht die Wahrheit „in einer bestimmten Beziehung, nicht zwischen Worten und der Welt, sondern zwischen dem, was behauptet wird (oder dem ‚zu-sein-gesagt-werden-der-

---

[26] Ebd. S. 52, 59.
[27] Ebd. S. 52.
[28] Ebd.
[29] Ebd. Vgl. oben die Kritik A. R. Whites an der SA$_R$-TW (3.1. [3]). Mackies „materiale Äquivalenz" dürfte sich mit Whites „Bedeutungsäquivalenz" decken. Demnach würde das Zeichen „=" dem entsprechen, was White „logische Äquivalenz" nennt.

Dinge' oder der Proposition), und der Welt oder einem Teil von ihr"[30].

Mackies Erläuterung dieser „Vergleichung" bzw. „Beziehung" führt ihn in die Nähe der KR-TW. Ist die normalsprachliche TW eine *relationale* TW? Mackie gibt zu, daß der Ausdruck „relational" mißverständlich und dunkel ist. Dennoch hält er am relationalen Charakter der Wahrheit fest. Um ihn zu erläutern setzt er sich mit einer These von *A. N. Prior* auseinander, dergemäß „Tatsachen" und „wahre Propositionen" rein „logische Konstruktionen" sind. Diese These liegt vielen Einwänden gegen die KR-TW zugrunde, die darauf hinweisen, daß „Tatsachen", „Situationen", "states of affairs" usw. nicht *Teile* der Welt sind[31]. Ob man Propositionen „logische Konstruktionen" nennen kann oder nicht, hängt nach Mackie davon ab, wie man sie versteht; auch Mackie lehnt „Propositionen" als hypostasierte Entitäten ab; nach ihm hindert uns nichts daran, Propositionen als logische Konstruktionen aufzufassen, wenn darunter nur das „zu-sein-gesagt-werden-der-Dinge" verstanden wird. Sind aber *Tatsachen* logische Konstruktionen? Nehmen wir die Tatsache, daß die Sonne heiß ist. Dazu Mackie: „Ich sehe nicht, wie man bestreiten kann, daß ein partikulärer Aspekt der Realität herausgegriffen wird mit dem Satz ‚Die Sonne ist heiß' und daß dieser gänzlich objektive Aspekt es ist, was wir ‚Tatsache' nennen."[32] Nun werden aber oft „Tatsachen" mit „wahren Propositionen" identifiziert und wenn diese als „logische Konstruktionen" aufgefaßt werden, so folgt nach Mackie daraus, daß auch „Tatsachen" logische Konstruktionen sind. Mackie findet solche Identifizierungen etwa in der Gleichsetzung folgender Sätze: „Es ist eine wahre Proposition (Aussage), daß . . ." und: „Es ist eine Tatsache, daß . . .". Mackie wendet ein, daß damit ein wichtiger Unterschied verdeckt wird: Wenn wir die Sprechweise „die Proposition, daß p" verwenden,

[30] Mackie [1] S. 50.
[31] Ebd. S. 54 ff.
[32] Ebd. S. 55.

80

so sprechen wir vom *Inhalt* eines „Glaubenszustands", einer „assertiven Sprechepisode" usw.; wenn wir hingegen die Sprechweise „die Tatsache, daß p" gebrauchen, so beziehen wir uns auf einen bestimmten Aspekt der Welt. Die zwei Sprechweisen beinhalten eine materiale Äquivalenz, aber keine Synonymität. Und so gelangt Mackie zum Ergebnis: „Es gibt zwei Arten von ‚Größen', die unterschieden werden können, und Wahrheit kann in einer Beziehung zwischen beiden bestehen." [33]

Im Anschluß an diese Überlegungen wirft er die Frage auf, ob die „einfache" TW als eine Form der KR-TW bezeichnet werden kann. Darauf antwortet er: „Die Beziehung zwischen ‚zu-sein-gesagt-werden-der-Dinge' und ‚wie-die-Dinge-sind' ist ... viel zu eng und innerlich, als daß man von einer ‚Abbildung' sprechen und sie ‚Korrespondenz' nennen könnte." [34]

3.3.2. C. J. F. Williams

Sowohl Mackie als auch Williams versichern, daß ihre Wahrheitsauffassungen grundsätzlich identisch sind [35]. Auch Williams wird nicht müde zu betonen, daß die „Antwort [auf die Wahrheitsfrage] sehr einfach ist" [36]. Im folgenden sollen aus den Ausführungen von Williams nur einige Gesichtspunkte herausgegriffen werden.

[1] Williams führt ohne große Umstände die Wahrheitsfrage auf folgende Formulierung zurück:

(1) „Zu sagen, daß das, was Percy sagt, wahr ist, heißt sagen, daß die Dinge so sind, wie Percy sagt, daß sie sind, d. h. (als grobe Annäherung):
Für einige p: Percy sagt, daß p, und [dabei] p." [37]

[33] Ebd. S. 56.
[34] Ebd.
[35] Vgl. Williams [1] S. 91 und Mackie [1] S. 60.
[36] Williams [1] S. 1, 96.
[37] Ebd. S. 1.

Williams' außerordentlich subtile Erläuterungen dieser Formel können hier nicht im Detail nachgezeichnet werden. Wichtig ist seine ausdrückliche Nennung des Explikationsapparats, der notwendig und ausreichend ist, um den Begriff der Wahrheit zu *definieren*. Unter Hinweis auf *Quines* These, daß der ganze Begriffsapparat der Mathematik — auf der Basis einer Reihe von Definitionen — auf drei undefinierte Grundbegriffe (Quantifizierung, primitive Wahrheitsfunktion und Element-Menge-Beziehung) reduziert werden kann, nennt Williams im Hinblick auf die Definition des Wahrheitsbegriffs ebenfalls drei undefinierte Begriffe: Quantifizierung („einige"), Identität („dasselbe") und Wahrheitsfunktionen („und") [38].

[2] Formel (1) enthält eine Quantifizierung. Nun weiß Williams, daß Quantoren Probleme aufwerfen. Er bezieht sich in der Tat auf Quines Unterscheidung zwischen „substitutioneller Quantifikation" und „Objektquantifikation" [39]. Für die letztere sagt man gewöhnlich „Es existiert ein x, so daß . . ." und spricht dann von „Existenzquantor". Für die „substitutionelle Quantifikation" sagt man hingegen „Für einige x . . .". Die referentielle oder Objektquantifikation impliziert Quines berühmtes "onto-logical commitment", während „eine Ontologie . . . für eine Theorie, deren einzige Quantifikation substitutionell verstanden wird, so lange sinnlos [ist], wie die Theorie immanent betrachtet wird" [40]. Eine substitutionelle Quantifikation „gilt genau dann als wahr, wenn es einen Ausdruck gibt, der den offenen Satz hinter dem Quantor wahr macht, wenn er für die Variable substituiert wird" [41]. Williams weist auf die Schwierigkeiten der Objektquantifikation hin. Im Anschluß an Prior nimmt er „Quantifikation als einen primitiven, undefinierten Begriff" [42], ohne damit irgendwelche „ontologischen Verpflichtungen" ein-

---

[38] Vgl. ebd. S. 85.
[39] Vgl. Quine [1] S. 127—156, bes. 144 ff.
[40] Ebd. S. 90.
[41] Ebd. S. 145.
[42] Williams [1] S. 14.

zugehen. Wie er die substitutionelle Quantifikation versteht, erläutert er an folgendem Beispiel:

(2) Jemand kommt zum Mittagessen.

Die Symbolisierung erfolgt mit Hilfe der substitutionellen Quantifikation:

(2′) für einige x:x kommt zum Mittagessen.

Dieser Satz ist wahr, wenn es einen „Verifikator" gibt, nämlich einen wahren Satz der Form:

(3) Michael kommt zum Mittagessen.

Die Aussage „Was Percy sagt, ist wahr" wird nun dadurch erklärt, daß sie in Analogie zu (2) gesetzt, d. h. quantifiziert wird: „Für einige p: Percy sagt, daß p, und [dabei] p." [43]
Die Explikation von „wahr" besteht nun nach Williams darin, daß gezeigt wird, daß ein Verifikator — d. h. eine singuläre wahre Aussage — dadurch gewonnen wird, daß „für einige p" weggelassen und für die beiden anderen Vorkommnisse von „p" ein Satz eingesetzt wird. Williams zieht daraus u. a. die Folgerung, daß die „einfache" TW keine Ontologie mit abstrakten Objekten (Eigenschaften oder Propositionen) benötigt oder impliziert.

[3] Beim zweiten Grundbegriff (Identität) geht es um die Frage, wie das „(et)was" zu deuten ist. (1) besagt nur, daß Percy sagt, *etwas* sei wahr; was für „Dinge" sind es, die wahr genannt werden? Sind es Behauptungen, Propositionen, Annahmen oder was sonst? Was heißt „Was" in „Was Percy sagt, ist wahr"? Williams analysiert zunächst einen ähnlichen Satz, nämlich:

(4) „Was der Postbote brachte, liegt auf der Kaminplatte." [44]

---

[43] Vgl. ebd. S. xiv.
[44] Ebd. S. 33.

Ein solcher Ausdruck ist nach Russell eine definite Beschreibung und damit ein unvollständiges Symbol. Eine Analyse von (4) im Sinne Russells ergibt nach Williams:

(5) „Für einige x, für jedes y: x ist dasselbe Ding wie y dann und nur dann, wenn der Postbote y brachte und x auf der Kaminplatte liegt." [45]

Ist der Ausdruck (4) ein unvollständiges Symbol im Sinne Russells, so ist er kein Name: er steht nicht für einen Gegenstand, er benennt keinen Gegenstand usw. Durch Parallelisierung mit (4) deutet Williams den Ausdruck „Was Percy sagt" ebenfalls als ein unvollständiges Symbol. Daraus folgert er, daß „was" kein Name ist: dieser Ausdruck hat keine Referenz, wie immer man diese auffassen mag (als Proposition, Satztyp, Satzzeichen, Äußerung usw.). Diesbezügliche Fragen sind nach Williams Scheinfragen: „‚Etwas' ist nicht der Name für etwas." [46] Im übrigen läßt sich die Parallelisierung der beiden Ausdrücke „Was der Postbote brachte" und „Was Percy sagt" nicht auf der ganzen Linie durchziehen. „Was Percy sagt" ist nach Williams in seiner Tiefenstruktur kein Prädikat zweiter Ordnung. Dies wird von ihm in außerordentlich subtilen Ausführungen aufgewiesen.

Diese Überlegungen hatten den Zweck zu zeigen bzw. lassen sich dahingehend zusammenfassen, daß *Identität* einer der Grundbegriffe der „einfachen" TW ist. (1) ist das Explikans von „Was Percy sagt, ist wahr". Aber diese Formel ist nach Williams noch „unangemessen" [47], da sie „strenggenommen . . . nur besagt, daß Percy etwas Wahres sagt" [48]. Erst die Formel (6) enthält eine genaue Explikation dessen, was Percy *bestimmt* sagt. Sie lautet:

[45] Ebd.
[46] Ebd. S. 41.
[47] Vgl. ebd. S. 72.
[48] Ebd. S. 39.

(6) „Für einige p, für jedes q: die Aussage-daß-p ist identisch mit der Aussage-daß-q dann und nur dann, wenn Percy sagt, daß q, und [dabei] p." [49]

Man vergleiche damit Formel (5). Die Identität, die in beiden Formeln vorkommt, ist nach Williams das notwendige Explikationsmittel für die Bestimmtheit jenes „Was", von dem gesagt wird, es sei wahr.

[4] Der dritte Grundbegriff, das „und" in den Formeln (1) und (6), ist in gewisser Hinsicht das aufschlußreichste Element der „einfachen" TW. Im wesentlichen handelt es sich dabei um eine Stellungnahme zur KR-TW. Wie nimmt sich die „einfache" TW hinsichtlich des Korrespondenzgedankens aus? Muß nicht, so fragt Williams, die Korrespondenzrelation angenommen werden, wenn so sinnvolle normalsprachliche Aussagen wie

(7) „die Dinge verhalten sich so, wie Percy sagt, daß sie sich verhalten"

oder

(8) „er ist so, wie Sie ihn beschrieben haben"

einer angemessenen Explikation zugeführt werden sollen? [50] Nach Williams wäre dies ein Mißverständnis; denn solche Sätze lassen sich nach ihm ohne weiteres auf Formeln zurückführen, in denen so etwas wie eine Korrespondenzrelation nicht auftritt. So führt Williams (7) auf die Formel zurück:

(9) „Für einige p: Percys Aussage sagt, daß p, und p." [51]

Für den Satz (8) bietet Williams die Formel an:

(10) „Für einige F: Sie haben ihn beschrieben als F und er ist F." [52]

[49] Ebd. S. 38.
[50] Vgl. ebd. S. 79 ff.
[51] Ebd. S. 85 und 97.
[52] Ebd. S. 82.

Eine angebliche Korrespondenzrelation wird nach Williams eliminiert durch Einführung von Ausdrücken, die mit Hilfe des Partikularquantors und der Konjunktion gebildet werden. Die berühmten „Tatsachen" verschwinden. Wirklich?

Williams stellt fest, daß es doch den Anschein hat, Wahrheit beinhalte irgend etwas Relationales. Er spricht von einem „Restsinn" ("residual sense")[53] des relationalen Charakters von Wahrheit. Dieser Restsinn liegt nach Williams in der Konjunktion „und", die die beiden Variablen in (1) verknüpft. Er geht auf folgendes Beispiel ein:

(11) „Für einige x: --- ist verheiratet mit x."[54]

Dieser Ausdruck ist (in einem weiten Sinne) relational, da er ein zweistelliges Prädikat (,---ist verheiratet mit . . .') enthält. Wenn auch (9) und (10) kein solches zweistelliges Prädikat enthalten und in diesem Sinne nicht relational sind, so haben nach Williams die Ausdrücke ,---ist verheiratet mit . . .' und ,---und . . .' eines gemeinsam: sie sind Funktionen mit zwei Argumenten. Nun behauptet Williams im Anschluß an Quine, daß Wahrheitsfunktionen keine Relationen sind. Und doch sieht er sich gezwungen zuzugeben, „daß zwischen logischen Konjunktoren und Relationen ein Isomorphismus besteht, auf den wir aufmerksam werden, wenn wir beide ‚Funktionen mit zwei Argumenten' nennen"[55].

Und wieder wirft Williams die Frage auf, ob die „reine Gegenwart"[56] einer Konjunktion in einer Paraphrase von ,---ist wahr' ausreicht, um zu behaupten, Wahrheit habe es mit etwas Relationalem zu tun. Und hier setzt er sich mit Mackies oben dargelegter Ansicht bezüglich des relationalen Charakters der Wahrheit auseinander. Williams lehnt diese These ab, indem er darauf hinweist, daß sich die Formulierungen, auf die sich Mackie stützt, auf Formeln ohne zweistellige Prädikate redu-

[53] Vgl. ebd. S. ix.
[54] Ebd. S. 77.
[55] Ebd. S. 91.
[56] Ebd.

zieren lassen. Nach Williams bestehen hier nur Analogien, die nicht ausreichen, um den relationalen Charakter der Wahrheit zu beweisen.

Dennoch kann sich Williams nicht aus der Aporie befreien. Ganz am Ende seines Werkes bemerkt er nämlich, daß es etwas Relationales, ein „Element des Vergleichs", gibt in Verifikatoren von (1), wie z. B. im Verifikator:

(12) „Percy sagt, daß Mabel die Masern hat, und Mabel hat die Masern." [57]

Er gibt zu, daß solche Propositionen konjunktiv im strengen Sinne sind, schwächt aber diese Aussage wieder ab durch die Bemerkung, es handele sich um konjunktive Propositionen „von ausgezeichneter Art (with a distinctive feature)", und erläutert das so: „... die Wiederholung im zweiten Konjunkt eines Elementes, das im ersten Konjunkt vorkommt, verknüpft die Teile der [Gesamt-]Proposition eher viel enger als dies eine bloße Konjunktion leisten könnte" [58]. Und dennoch bleibt er dabei: Der Umstand, daß es sich um konjunktive Propositionen handelt, reicht nicht hin, um zu sagen, daß hier etwas Relationales vorliegt.

3.3.3. Zur theoretischen Reichweite der „einfachen Theorie"

Im folgenden sollen nur einige allgemeine Überlegungen zu Anspruch und Status der SA$_E$-TW angestellt werden. Die kritische Analyse der einzelnen Formalisierungsschritte würde den Rahmen dieser Arbeit sprengen.

[1] Mackie trifft die programmatische Feststellung, daß die Explikation des „zentralen normalsprachlichen Sinnes" [59] von

[57] Ebd. S. 95.
[58] Ebd. S. 95/96.
[59] Mackie [1] S. 63.

„wahr" äußerst einfach ist. Er stellt dann die aufschlußreiche Frage: Warum haben sich Philosophen mit einer so einfachen Explikation nicht zufriedengegeben? Warum gibt es andere — zudem noch miteinander rivalisierende — TW? [60]

Mackies Antwort auf diese Frage kann als der beste Ansatz zu einer kritischen Einschätzung der SA_E-TW angesehen werden. Er weist auf *drei* Gesichtspunkte hin [61]. Der *erste* bezieht sich auf den Umstand, daß viele Philosophen unter einer TW nicht nur eine Explikation des Sinnes von „wahr" verstanden bzw. verstehen, sondern auch die Aufstellung eines Kriteriums, d. h. nach Mackie einer Menge von Verfahrensregeln, die es uns ermöglichen, zu entscheiden, wann wir Wahrheit erreichen. Der *zweite* hat es mit der skeptischen Einstellung zu tun: Viele Philosophen bezweifelten und bezweifeln, ob „einfache Wahrheit" in unserer Macht liegt, d. h. ob es uns gelingen kann, zu sagen, wie die Dinge sich verhalten, oder: ob, wenn wir sagen, daß p, auch p (gilt). Der fundamentale Gesichtspunkt dürfte der *dritte* sein. Nach Mackie bestreiten (die) andere(n) TW nicht, „daß die ‚einfache' Explikation den normalsprachlichen Sinn des Wortes ‚wahr', insofern er einer Aussage zugeschrieben wird, trifft" [62]. Aber sie unterstellen nach Mackie, daß dieser „Sinn" überflüssig ("out of place") ist, denn entweder sind wir nach diesen Philosophen gar nicht berechtigt zu behaupten, was wir gewöhnlich behaupten, oder wir täuschen uns, wenn wir meinen, unseren gewöhnlichen Behauptungen käme ein besonderer Wert zu. Nach Mackie schlagen die anderen TW vor, die „Konnotation" des Wortes „wahr" zu ändern; dabei argumentieren sie nach Mackie so: die Konnotation von „wahr" muß geändert werden, damit dessen „Denotation" unverändert bleibt; kurz: dem Wort „wahr" muß eine andere Aufgabe ("job") und ein anderer Stellenwert gegeben werden.

Mackie stellt richtig fest, daß gegen solche TW „ein rein

[60] Ebd. S. 22.
[61] Ebd. S. 22 ff.
[62] Ebd. S. 23.

analytisches Argument . . . machtlos ist" [63]. Er weist darauf hin, daß es viele Probleme gibt, die es verdienen, behandelt zu werden, betont aber, daß die Frage,

> „ob die Dinge sich so verhalten, wie wir sagen, daß sie sich verhalten, oft von einiger Bedeutung [ist]; wir benötigen ein Wort, das genau das leistet, was ‚wahr' nach seinem zentralen Sinn immer schon leistet" [64].

In dieser Antwort auf die besonders im dritten Gesichtspunkt aufgeworfene Frage liegt die eigentliche Problematik der „einfachen" TW. Das Problem kann folgendermaßen formuliert werden: Was will eine TW überhaupt erreichen? Wie weit kann bzw. will sie vorstoßen? Worin erblickt sie das Kriterium für „angemessen", „ausreichend", „übertrieben" usw.? Es dürfte unbestreitbar sein, daß die „gewöhnliche" sprachanalytisch orientierte Philosophie keine allzu hohen Ansprüche stellt und sich keine allzu weitgesteckten Zielsetzungen vornimmt. Welchen Sinn hat eine Auseinandersetzung mit einer TW, die von der Voraussetzung ausgeht, die Aufgabe einer philosophischen TW bestehe darin, „nur" den „einfachen (normalsprachlichen)" Sinn von „wahr" herauszuarbeiten? Was kann „Einfachheit" im Hinblick auf eine TW überhaupt besagen? Die SA_E-TW ist auf *zweierlei* hin zu befragen: auf die „Einfachheit" ihrer Explikationsmittel und auf die „Einfachheit" ihres Explikandums.

[2] Hinsichtlich der Explikationsmittel ist die „einfache" TW sicher nicht einfach, wendet sie doch komplexere logische Mittel an als viele andere TW, denen sie vorwirft, sie seien nicht einfach. Mackie und Williams weisen ausdrücklich darauf hin, daß viele Philosophen große Schwierigkeiten mit der logischen Quantifizierung haben [65]. Trotzdem wenden sie diese Mittel bedenkenlos an. In dieser Hinsicht kann diese TW nicht „ein-

[63] Ebd. S. 24.
[64] Ebd. S. 27.
[65] Vgl. z. B. Mackie [1] S. 58 ff., bes. 60.

fach" genannt werden. Eine Theorie, die den „normalsprachlichen" Sinn von „wahr" nur mit „normalsprachlichen" Expli-
kationsmitteln herausarbeiten wollte, würde ganz anders verfahren bzw. aussehen.

[3] Hinsichtlich des Explikandums ist die Frage nach der Einfachheit auf mindestens *zweifache* Weise zu stellen.
[i] Die Theorie kann in dem Sinne „einfach" sein, daß sie (nur)
bestimmte Verwendungsweisen von „wahr" erörtert, nämlich
diejenigen, die in der Alltagssprache vorkommen. Dies ist in der
dargelegten Theorie meistens der Fall. Andere, komplexere Aus-
drucksweisen, die besonders in der Bildungs- und Wissenschaftssprache vorkommen, werden entweder nicht berücksichtigt oder
aber ohne weiteres auf einen normalsprachlichen Standard-
gebrauch reduziert. So führt Mackie die Frage „Was ist Wahrheit?" zurück auf die Frage „Was heißt es für etwas, wahr zu
sein?". Besonders charakteristisch für die Simplifizierung der
Fragestellung ist Williams' zwiespältiges Verfahren: seinem
Werk gibt er den anspruchsvollen Titel "What is Truth?", ohne
daß er auf die in diesem Titel formulierte Frage eingeht. „Einfachheit" besagt hier: Eingeschränktheit des Explikandums.
[ii] Wichtiger ist die *zweite* Frage hinsichtlich der Einfachheit
des Explikandums: Wie weit geht die Explikation? Wie radikal
ist sie? Um den Sinn von „weit" bzw. „radikal" zu verstehen,
ist der fundamentale Umstand zu beachten, daß eine Explikation verschiedene „Grade" aufweisen kann: von der einfachen
Paraphrase bis zur vollständigen Systematisierung. Solche
Explikationsgrade kommen u. a. in der Weise des Fragens zum
Vorschein. Wenn die Frage lautet „Was heißt es für eine Aussage, wahr zu sein?" und wenn die Antwort so ausfällt, wie dies
bei Mackie und Williams der Fall ist, dann drängt sich von
selbst die weitere Frage auf „Was heißt es, daß die Dinge sich so
verhalten, wie wir sagen, daß sie sich verhalten?". Wie man
sieht, kann eine bestimmte Antwort richtig, aber nur relativ
sein, d. h. sie erreicht einen nur beschränkten Explikationsgrad.
Eine solche Antwort wirft sofort eine weitere Frage auf, indem

sie von selbst zu einer höheren Explikationsstufe drängt. Die „normalsprachliche" TW ist nur eine (bzw. die) „einfache" TW in dem präzisen Sinne, daß sie eine (bzw. die) erste Explikationsstufe hinsichtlich des Sinnes von „wahr" erreicht: sie legt eine paraphrasierende Deutung dessen vor, was mit „wahr" in einigen normalsprachlichen Formulierungen gemeint ist. Ihre Stärke liegt darin, daß sie einen *ersten* Schritt in der richtigen Richtung vollzieht und damit die Unhaltbarkeit gewisser TW, die schon diesen ersten Explikationsschritt verfehlen (z. B. die performative TW), aufweist. Aber die Schwäche der „einfachen" TW liegt darin, daß sie den Anspruch erhebt, *die* allseitige und vollständige Explikation von „wahr" zu liefern. In dieser Hinsicht ist die „Einfachheit" dieser Theorie nichts anderes als Explikationsdefizit, Mangel an Radikalität und in diesem Sinne sogar Naivität.

3.4. Formalsemantische Theorie(n) der Wahrheit (SA$_{FO}$-TW)

Eine der wichtigsten sprachanalytischen Richtungen beruft sich auf die Tradition Frege—Wittgenstein—Tarski—Carnap. Sie stellt den Gedanken der Wahrheitsbedingungen bzw. der Verwendungs- und Verifikationsregeln in den Mittelpunkt der semantischen Theorie. Diese Richtung nennt sich *Formale Semantik* (für natürliche Sprachen)[66]. Man kann zwei Varianten der SA$_{FO}$-TW unterscheiden: die besonders von *D. Davidson* in mehreren Arbeiten umrissene *formalsemantisch-konditionale* TW (SA$_{FOK}$-TW), für die der nicht weiter explizierte Gedanke der Wahrheitsbedingungen die zentrale Rolle spielt (3.4.1.), und die von *E. Tugendhat* entwickelte *formalsemantisch-verifikationistische* TW (SA$_{FOV}$-TW), die den Gedanken der Wahrheitsbedingungen durch den weiteren Gedanken der Verwendungs- und Verifikationsregeln näher zu bestimmen versucht (3.4.2.).

[66] Vgl. dazu Davidson [1] S. 114, Tugendhat [3] S. 42, 53 ff. und passim.

3.4.1. Formalsemantisch-konditionale Theorie der Wahrheit (SA$_{FOK}$-TW) (D. Davidson)

3.4.1.1. Ansatz: Theorie der Bedeutung und Theorie der Wahrheit

Davidsons erklärtes Ziel ist die Entfaltung einer Theorie der Bedeutung oder — wie er später sagt — der „Interpretation" für natürliche Sprachen. Ihm geht es darum, „den semantischen Wahrheitsbegriff (unter welchem Namen auch immer) als eine wohldurchdachte und tragfähige Grundlage einer brauchbaren Bedeutungstheorie zu erkennen" [67]. Entscheidend für Davidsons Ansatz ist die Weise, in der er das Prädikat „wahr" einführt. Aufgrund verschiedener Überlegungen lehnt er die am Namen orientierte Formel:

(1) s bedeutet b

ab und gelangt statt dessen zu der die Bedeutung auf der Ebene des Satzes artikulierenden Formel:

(2) s bedeutet, daß p.

Nun eliminiert Davidson „den unklaren Ausdruck ‚bedeutet daß'" [68] und ersetzt ihn durch das Prädikat „T". Damit kommt er zur Formel

(3) s ist T dann und nur dann, wenn p.

Er deutet das Prädikat „ist T" als „ist wahr" („T" ist im Englischen die Abkürzung für "true"), indem er feststellt, daß diese Formel identisch ist mit Tarskis Wahrheitskonvention. Auf diese Weise stellt er fest, daß der Ansatz der Bedeutungstheorie ganz von selbst zu Tarski zurückführt.

---

[67] Davidson [1] S. 111.
[68] Vgl. ebd. S. 110.

3.4.1.2. Davidson und Tarski

Zwischen Davidson und Tarski bestehen dennoch bedeutende Unterschiede. Nach Davidson war Tarski nur an einer Wahrheitsdefinition für formalisierte Sprachen interessiert. Da hinsichtlich solcher Sprachen die „Einsicht" ("illumination") durch „Konvention" ersetzt wird, konnte Tarski nach Davidson den Begriff der *Interpretation* als *garantiert* voraussetzen und mit dessen Hilfe den Begriff der Wahrheit bestimmen; ihm selbst gehe es umgekehrt um die Bestimmung des Begriffs der Interpretation auf der Basis der Annahme eines partiellen Verständnisses des Wahrheitsbegriffs, kurz: er verfolge das Programm einer „radikalen Interpretation" [69].

Ein zweiter fundamentaler Unterschied zu Tarski betrifft das Problem der Antinomien. Wie im Kapitel 2 dargestellt, ist die natürliche Sprache nach Tarski eine semantisch geschlossene Sprache, die wegen ihrer universalistischen Tendenz notwendigerweise Antinomien erzeugt. Davidson macht zu dieser Problematik nur verlegene Bemerkungen: Er „wünschte", er „hätte" eine Antwort auf diesen Fragenkreis [70]. Seine Einstellung scheint zu besagen, daß er skeptisch gegenüber der Annahme ist, die natürliche Sprache sei in dem von Tarski behaupteten Grad universalistisch und damit semantisch geschlossen [71].

Auf einen weiteren Unterschied zwischen Tarski und Davidson sei kurz hingewiesen. Nach Tarski sind natürliche Sprachen zu verworren und amorph, um die direkte Anwendung formaler Methoden zu erlauben. Davidson wirft die Frage auf, ob formalsemantische Methoden auf natürliche Sprachen angewendet werden können, ohne diese Sprachen bis zur Unkenntlichkeit umzubauen. Er hält dies nicht für unmöglich und gibt einen

[69] Davidson [4]—[7].
[70] Davidson [1] S. 115.
[71] Vgl. dazu Schnelle [1] S. 187, der sich auf Bar-Hillel [1] Kap. 24 bezieht. Letzterer vertritt die These, daß gewissen Sätzen der natürlichen Sprache (z. B. dem Satz: „Dieser Satz ist falsch") keine Wahrheitsbedingungen zugeordnet werden können.

programmatischen Hinweis. Doch darauf kann hier nicht näher eingegangen werden.

3.4.1.3. Die neue (modifizierte) Wahrheitsformel

Davidsons Versuch, den semantischen Wahrheitsbegriff auf die natürlichen Sprachen auszudehnen, hat zur unmittelbaren Konsequenz, daß der Wahrheitsbegriff *relativiert* werden muß, und zwar auf Personen und Zeiten. Das Adäquatheitskriterium für Wahrheit muß durch ein dreistelliges Prädikat bzw. durch ein Tripel angegeben werden, so daß das Prädikat „wahr" sich dabei bezieht auf einen Satz (eine Aussage) „s", auf einen Sprecher „u" und auf eine Zeit „t" (Davidson notiert dieses Tripel folgendermaßen: ‚T s, u, t' [72]).

Daraus ergibt sich folgende Formel [73]:

(4) Der Satz s ist wahr (in der Sprache L) für den Sprecher u in der Zeit t dann und dann, wenn p.

Dabei ist „p" die Erfüllung von „s" für den Sprecher „u" zur Zeit „t". Nur auf diese Weise glaubt Davidson, eine TW vorlegen zu können, die als Grundlage für eine Interpretationstheorie dient, das heißt nach ihm: für eine Semantik für Sprachen mit reicheren grammatikalischen Strukturen als die formalisierten Sprachen.

Aus dieser modifizierten Formel sind nun nach Davidson auf dem rekursiven Wege „relativierte" Teildefinitionen der Wahrheit — und damit der Bedeutung — zu gewinnen. Davidson führt zwei Arten von zahlenmäßig begrenzten *Axiomen* für die TW ein:

„Einige formulieren die Bedingungen, unter denen eine Folge einen komplexen Satz erfüllt auf der Basis der Bedingungen der Erfüllung einfacher Sätze; andere formulieren die Bedingungen, unter

---

[72] Davidson [2] S. 754.
[73] Vgl. ebd. S. 756.

welchen die einfachsten (offenen) Sätze erfüllt sind. Wahrheit ist definiert für geschlossene [= komplexe] Sätze mit Hilfe des Begriffs der Erfüllung." [74]

Damit spezifiziert Davidson die Tarskische Formel bzw. die von ihm selbst modifizierte (d. h. „relativierte") Formel im Sinne einer rekursiven Definition der Wahrheit [75]. Mit *Schnelle* kann Davidsons TW bestimmt werden als

„eine Menge von Axiomen, aus denen zu jedem Satz [der natürlichen Sprache] eine [formalisierte] Aussage folgt, die dem Satz die Bedingungen zuordnet, unter denen er wahr ist" [76].

3.4.1.4. Davidson und die Korrespondenztheorie

Davidson behauptet, daß Tarskis bzw. seine eigene Wahrheitskonzeption eine Version der KR-TW ist. Das Wesentliche der KR-TW erblickt er in der von dieser Theorie angenommenen Beziehung zwischen Sprache und Welt [77]. Diese Beziehung findet er in jenem Begriff ausgedrückt, den Tarski für die Definition des Wahrheitsbegriffs voraussetzt, nämlich im Begriff der Erfüllung. Aus diesem Grunde behauptet er, daß Tarskis SM-TW eine KR-TW ist, auch wenn er zugibt, daß die als Erfüllung aufgefaßte Relation nicht genau dem entspricht, was man intuitiv mit dem Ausdruck „Korrespondenz" verbindet [78]. Er unterscheidet scharf Korrespondenztheorien, die den Begriff der Erfüllung heranziehen, von solchen, die auf der Korrespondenzrelation mit Tatsachen ("facts") beruhen. Die sich auf „Tatsachen" stützende Argumentationsstrategie führt nach Davidson zu einer „schlechten" philosophischen Theorie. Er schließt mit dem Hinweis, daß die Schwächen der KR-TW

---

[74] Davidson [4] S. 318.
[75] Vgl. dazu M. J. White [1] S. 88 ff.
[76] Schnelle [1] S. 176.
[77] Vgl. Davidson [2] S. 748.
[78] Vgl. ebd. S. 758.

95

keinen hinreichenden Grund für die Preisgabe dieser Theorie darstellen. Der Theorie Tarskis gelingt es nach Davidson, unter Verzicht auf den Rekurs auf Tatsachen eine „Ausarbeitung" ("elaboration") [79] der KR-TW vorzulegen.

3.4.1.5. Kritische Anmerkung

Davidsons Programm hat außerordentlich rege, immer noch im Fluß befindliche Diskussionen ausgelöst [80]. Allerdings muß gesagt werden, daß Davidsons positive Beiträge kaum über sich wiederholende fragmentarische Hinweise hinausführen. Eine grundsätzliche kritische Stellungnahme zur TW Davidsons soll hier nicht geleistet werden; im wesentlichen würde es sich um dieselben Gesichtspunkte handeln, die schon im Rahmen der Darstellung und Kritik Tarskis geltend gemacht wurden und die ferner im Laufe der Ausführungen zu Tugendhats Konzeption noch weiter ausgeführt werden sollen.

Als einziger wichtiger Punkt ist an dieser Stelle Davidsons Relativierung der Wahrheit(sformel) auf Personen und Zeiten kritisch zu beleuchten. Diese Relativierung stellt sich als wichtig, ja als unentbehrlich heraus, *wenn* der Begriff der Wahrheit als Grundlage für eine formale Semantik *natürlicher Sprachen* angesehen wird bzw. werden soll. Da eine TW als solche (d. h. im eigentlichen Sinne und bezüglich ihrer vollen Gestalt) nicht mit einer solchen Funktion gleichgesetzt werden kann, erscheint die Relativierung der Wahrheitsbestimmung auf Personen und Zeiten als eine periphere Konkretisierung (neben vielen anderen).

[79] Ebd. S. 764.

[80] Vgl. bes. das hauptsächlich Diskussionsbeiträge zu Davidsons Programm enthaltende Buch: Evans-McDowell [1]; außerdem: M. J. White [1], Reeves [1], Strawson [7], die Zeitschrift „Synthese" (Bd. 27 [1974]) usw.

3.4.2. Formalsemantisch-verifikationistische Theorie der Wahr-
        heit (SA_{FOV}-TW) (E. Tugendhat)

3.4.2.1. Einleitende Bemerkungen

[1] In seinem Buch ›Vorlesungen zur Einführung in die sprachanalytische Philosophie‹ legt Tugendhat die Grundrisse einer
TW vor, die sich unmittelbar an das von Davidson skizzierte
Programm einer formalen Semantik anschließt [81]. Wie noch zu
zeigen sein wird, bezeichnet auch Tugendhat sein eigenes Programm als formale Semantik. Doch geht er um einen fundamentalen Schritt über Davidson hinaus. Er erwähnt zwei sprachanalytische Ansätze für die Erklärung des Verstehens sprachlicher Ausdrücke (insbesondere assertorischer Sätze). Der eine
Ansatz geht vom späten Wittgenstein aus und orientiert sich an
folgender Einsicht: einen Satz verstehen, heißt wissen, wie er zu
verwenden ist. Der andere Ansatz wurde von Frege initiiert
und vom frühen Wittgenstein, dann von Carnap, Tarski und in
der Gegenwart besonders von Davidson entwickelt; ihm liegt
eine ganz andere Einsicht zugrunde: einen assertorischen Satz
verstehen, heißt wissen, unter welchen Bedingungen er wahr
bzw. falsch ist. Tugendhat seinerseits verfolgt die Absicht, beide
Ansätze in bestimmter Weise zu verbinden. Schon hier wird
deutlich, daß der Wahrheitsbegriff für die Verstehens- bzw.
Bedeutungstheorie eine absolut zentrale Stellung einnimmt [82].
Tugendhat bemerkt im übrigen, daß das Auffallendste an fast
allen wichtigeren neueren Bedeutungstheorien gerade die zentrale Stellung ist, die dem Wahrheitsbegriff zugeschrieben
wird [83].

[2] Um Tugendhats TW richtig verstehen und einordnen zu
können, muß ihre Einbettung in eine allgemeine Theorie sprach-

---

[81] Vgl. Tugendhat [3] S. 52.
[82] Vgl. ebd. S. 135.
[83] Vgl. ebd. S. 265.

licher Zeichen berücksichtigt werden. Im genannten Buch vollzieht Tugendhat nur die ersten Schritte zur Entwicklung einer
solchen allgemeinen Theorie. Mit seinem Vorhaben intendiert er
nicht weniger als eine radikale und umfassende Kritik der
ganzen Tradition der Philosophie vom sprachanalytischen Ansatz her; ferner will er auf die Grundlagen der sprachanalytischen Richtung reflektieren. Sein Hauptvorwurf gegen die
gesamte Tradition der Philosophie von Parmenides bis zu Husserl lautet: diese Philosophie hat die Beziehung auf den Gegenstand als Vorstellung verstanden; sie hat sich an ein anschau-
liches und sogar optisches Modell gehalten. Demgegenüber will
er zeigen, daß eine Bezugnahme auf Gegenstände nur mittels
sprachlicher Zeichen möglich ist. Sein Bemühen gilt besonders
der Klärung der Aufgabe, wie überhaupt philosophisch nach der
Bedeutung von Ausdrücken und semantischen Klassen von Ausdrücken gefragt werden kann bzw. soll[84]. Die allgemeine
Gestalt der korrekt und angemessen formulierten philosophischen Fragen hat die Form „Wie ist festzustellen, daß . . ." bzw.
„Wie wird der Ausdruck so-und-so verwendet?". Bisher hat
Tugendhat den allgemeinen sprachanalytischen Begriff der Philosophie herausgearbeitet und eine ausführliche Analyse der
prädikativen Satzform vorgelegt.

[3] Die Stellung der TW im Rahmen der formalen Semantik
von Tugendhat läßt sich dahingehend bestimmen, „daß die
Erklärung des Wortes ‚wahr' zusammenfällt mit der Erklärung
der assertorischen und letztlich der prädikativen Satzform"[85].
Man kann daher nicht sagen, daß Tugendhat von einer TW
ausgeht oder daß er das Verständnis des Wahrheitsbegriffs voraussetzt, *um* eine Bedeutungstheorie, d. h. eine Semantik, zu
entwickeln. Vielmehr erweist sich die Klärung des Wahrheitsbegriffs als das zentrale Stück der Bedeutungstheorie selbst. Der
Sinn des Satzes wird nämlich aus dem Wahrheitsbezug der Satz-

[84] Vgl. ebd. S. 135.
[85] Ebd.

glieder oder anders: aus dem Beitrag der Satzglieder zum Satz als *wahrem* Satz hergeleitet. Insofern unterscheidet sich Tugendhat sehr deutlich von Davidson.

[4] Welchen Charakter hat Tugendhats Wahrheitskonzeption? Diese Frage beantwortet er widersprüchlich: einerseits behauptet er ausdrücklich, daß „das Wort ‚wahr‘ nicht definierbar" [86] ist; andererseits legt er eine „Wahrheitsdefinition für prädikative Behauptungen" [87] vor und spricht ausdrücklich von der „Definition des Wortes ‚wahr‘" [88]. Demgemäß scheint es, daß Tugendhat doch — gegen seine erste Aussage — der eindeutigen Meinung ist, eine Wahrheitsdefinition sei nicht nur möglich, sondern sogar von ihm vorgelegt worden. Eine weitere Frage allerdings ist es, wie man Tugendhats TW unabhängig von der Frage, wie sie von ihm gemeint ist, zu verstehen hat. Wie noch zu zeigen sein wird, wirft Tugendhats „Definition" bzw. seine „Erläuterung" dieser „Definition" die Frage auf, ob es sich dabei um eine *definitions*theoretische (definitionale) oder um eine *kriterien*theoretische (kriteriologische) Theorie handelt. Die oben erwähnte Gestalt der philosophischen Fragestellung, auf die Tugendhat jede andere philosophische Fragestellung reduziert, läßt Zweifel aufkommen, ob seine TW überhaupt eine Definition der Wahrheit enthalten kann.

3.4.2.2.   Ansatz

3.4.2.2.1. Wahrheitsbedingung(en), Verwendung, Verifikation

[1] Zur Situierung des Ansatzes von Tugendhat geht man am besten von seiner Kritik an drei Wahrheitskonzeptionen aus: der KR-TW, der SA$_R$-TW und der SM-TW Tarskis.

---

[86] Ebd.
[87] Ebd. S. 321.
[88] Ebd.

Das bei Aristoteles zu findende Verständnis von Wahrheit als Entsprechung zwischen Aussage und Sache führte nach Tugendhat zu der traditionellen Formel von der *adaequatio intellectus et rei,* der Übereinstimmung des Gedankens mit der Sache. Tugendhat kritisiert die Unbestimmtheit der in dieser Formel vorkommenden Ausdrücke und findet darin die Erklärung dafür, daß in der Tradition der Philosophie die „phantastischsten Theorien" [89] entstehen konnten. Hier gebraucht Tugendhat sehr starke Worte an die Adresse der traditionellen TW:

> „Hemmungslose Spekulationen dieser Art, die nur an einer unverstandenen tradierten Formel fortspinnen und den Kontakt mit der Sache selbst — dem tatsächlichen Wortverständnis — verloren haben, lohnen natürlich keine Auseinandersetzung." [90]

Diskutabel für Tugendhat ist nur jene Version der Formel, die die Übereinstimmung als eine solche zwischen Gemeintem (oder Behauptetem) und Wirklichem versteht, wobei das Gemeinte als das gegenständliche Korrelat der faktischen Aussage und das Wirkliche als das gegenständliche Korrelat der wahren Aussage bezeichnet wird. Normalerweise wird das gegenständliche Korrelat einer Aussage ein Sachverhalt genannt. Daraus ergibt sich folgende Formel, mit der sich Tugendhat auseinandersetzt:

> „(1) Der behauptete Sachverhalt, daß p, ist wahr dann und nur dann, wenn er übereinstimmt mit dem entsprechenden wirklichen Sachverhalt, der entsprechenden Tatsache." [91]

Gegen eine solche Formel macht Tugendhat zweierlei geltend: zum einen die Uneinlösbarkeit der Vorstellungen einer Entsprechung und einer Übereinstimmung; zum anderen die Unmöglichkeit der Angabe dessen, was wirklicher Sachverhalt im Falle einer falschen Behauptung überhaupt sein kann. Daher unterzieht Tugendhat Formel (1) einer Umformulierung:

[89] Ebd. S. 250.
[90] Ebd.
[91] Ebd.

„(2) Der behauptete Sachverhalt, daß p, ist wahr dann und nur dann, wenn er ein wirklicher Sachverhalt (eine Tatsache) ist."[92]

Hier kommt das Wort „Übereinstimmung" nicht mehr vor; was soll aber in dieser Formel wodurch erklärt werden? Tugendhat behauptet, daß die in der Formel (2) enthaltene Äquivalenz von der traditionellen Korrespondenztheorie sozusagen von rechts nach links gelesen wird, d. h. „wahr" wird erklärt durch den wirklichen Sachverhalt. Dazu bemerkt er, daß es sich gemäß unserem normalen Verständnis umgekehrt verhält: „Der mittels eines Satzes ‚p' behauptete Sachverhalt ist dann wirklich (eine Tatsache), wenn es wahr ist, daß p."[93] D. h.: hier wird „wirklicher Sachverhalt" allererst durch Wahrheit erklärt (die angegebene Formel wird also von links nach rechts gelesen).

Wird auch die gegenstandstheoretische Komponente, die in der Formel (2) enthalten ist, fallengelassen, so kann der Wirklichkeitsbezug nicht mehr als eine gegenständliche Eigenschaft, sondern etwa adverbial erfaßt werden. Es ergibt sich die Formel:

„(3) daß p ist wahr $\equiv$ wirklich p".[94]

An diese Formel knüpft Tugendhat Überlegungen an, die schon zu seinem positiven Ansatz einer TW überleiten. Er stellt nämlich fest, daß die letzte Formulierung der Übereinstimmungstheorie auf die Formel der Redundanztheorie reduziert wird. Dies wird deutlich an dem Beispiel: „(die Behauptung) daß es regnet, ist wahr, genau dann, wenn es wirklich regnet". Nun können wir „es regnet wirklich" genau dann sagen, wenn wir auch einfach „es regnet" sagen können. Dennoch weist das Wort „wirklich" auf einen *Kontrast* hin, der in der Verwendung des assertorischen Satzes impliziert ist. Daran schließt Tugendhat jene Überlegungen an, in denen man den eigentlichen Ansatz zu seiner TW erblicken kann.

[92] Ebd. S. 251.
[93] Ebd.
[94] Ebd.

[2] Tugendhat setzt bei der Struktur der Behauptung an. Zur Behauptung gehört es, daß sie zu einer Stellungnahme herausfordert. Er macht dies deutlich anhand der Sprecher-Hörer-Relation. Wenn der Sprecher die Behauptung „p" aufstellt, so wird sie zunächst vom Hörer verstanden, und zwar als Bedingung der Möglichkeit für eine unumgängliche Stellungnahme seitens des Hörers. Indem aber „p" verstanden wird, wird es in der Form „es wird behauptet, daß p" aufgefaßt. Hier wird deutlich, daß in jedem Verstehen ein sprachlicher Ausdruck der Form „daß p" enthalten ist, der sich als ergänzungsbedürftig erweist, etwa durch „wird von mir geglaubt", „ist wahr", „ist falsch" usf. Die Differenz von „p" und „daß p" wird überbrückt durch solche Kontrastworte, die sich damit als Ergänzungs- oder Überbrückungsausdrücke erweisen. Tugendhat faßt diese Überlegungen folgendermaßen zusammen:

> „Die Bedeutung des Wortes ‚wahr' aufklären, heißt, den für die Verwendung assertorischer Sätze konstitutiven Unterschied im Verstehen von ‚p' und ‚daß p' aufklären. Wer von ‚(es wird behauptet) daß p' zu ‚p' übergeht, geht vom bloßen Verstehen von ‚p' zum Behaupten, daß p, über, und daher ist die Aufklärung des Wortes ‚wahr' identisch mit der Aufklärung der Handlung des Behauptens." [95]

Zum Verständnis dieser Ausführungen ist noch ein wichtiger Gesichtspunkt nachzutragen. Die „wahr"/„falsch"-Reaktion entspricht der „ja"/„nein"-Reaktion bzw. der Bejahung oder Verneinung. Dies muß aber richtig verstanden werden. Das Behauptungsmoment ist immer als Bejahung zu verstehen. Um hier Klarheit zu schaffen, unterscheidet Tugendhat zwischen Negation und Verneinung. Zu jedem propositionalem Gehalt „p" gibt es immer einen ihm entgegengesetzten „nicht-p". Für diesen negierten propositionalen Gehalt reserviert Tugendhat den Ausdruck „Negation". Man kann nun den negierten propositionalen Gehalt „nicht-p" behaupten, d. h. assertorisch bejahen. Dies kann man dann als „Verneinung" der Bejahung des ersten pro-

---

[95] Ebd. S. 252/253.

positionalen Gehalts „p" bezeichnen. Diese Bejahung eines negierten propositionalen Gehaltes nennt Tugendhat „Verneinung". Jede Verneinung ist also eine Bejahung, nämlich diejenige Bejahung, die einer anderen Bejahung entgegengesetzt ist.

Aus diesen Überlegungen ergibt sich folgende bedeutsame Einsicht. Verwendet man einen assertorischen Satz „p", so heißt das, daß man ebensogut sagen kann und sagen muß: „daß p, ist wahr". Mit anderen Worten: es gilt die Äquivalenz: „$p \equiv$ daß p, ist wahr"[96]. Es ist verwunderlich, daß Tugendhat, nachdem er dieses Ergebnis erreicht hat, die SA_R-TW, wie es scheint, sehr positiv bewertet. Er behauptet sogar, diese Theorie erscheine nur dann trivial, wenn man übersieht, wie wesentlich der Unterschied zwischen „p" und „daß p" ist. Aber Tugendhat seinerseits bemerkt nicht, daß das Charakteristische der Redundanztheorie nicht darin liegt, daß sie den Sinn von „wahr" durch die Äquivalenz

„daß p, ist wahr $\equiv$ p"

bestimmt, sondern darin, daß diese Theorie den Sinn von Äquivalenz überhaupt nicht erfaßt. Bekanntlich besagt eine Äquivalenzformel, daß man sowohl von links nach rechts wie auch von rechts nach links nicht nur übergehen kann, sondern auch muß. Der Fehler der Redundanztheorie ist, daß sie die Äquivalenzformel nur in der einen Richtung liest, nämlich in der Richtung, in der das Wort „wahr" beim Endpunkt, nämlich bei „p", nicht mehr erscheint. Es war dann nur konsequent zu behaupten, daß das Wort „wahr" eliminierbar und daher überflüssig ist. Aber diese Theorie übersieht, daß die Äquivalenz auch die entgegengesetzte Behauptung impliziert, nämlich daß jenes Glied der Äquivalenzformel, in dem das Wort „wahr" nicht erscheint, nämlich „p", genau jenes Glied der Formel impliziert, in dem eben das Wort „wahr" erscheint. Die Redundanztheorie ist mithin das Ergebnis einer im buchstäblichen Sinne ein-bahnigen Lektüre der Äquivalenzformel. Der Sache

---

[96] Ebd. S. 65, 255.

nach hat Tugendhat diese Zusammenhänge herausgearbeitet, nicht aber ausgewertet im Hinblick auf eine Kritik der SA$_R$-TW. Daher bleiben seine Ausführungen zu dieser Theorie nicht nur unvollständig, sondern auch mißverständlich.

[3] Den nächsten Schritt zur Explikation von „wahr" vollzieht Tugendhat mit der Feststellung, daß die Behauptung eine Herausforderung impliziert: die Behauptungshandlung ist als der Eröffnungszug eines Spiels zu verstehen. Daraus ergibt sich, daß die Verwendungsregeln der assertorischen Sätze als Spielregeln aufgefaßt werden müssen. Hier schließt sich Tugendhat Wittgenstein, Searle und Dummett an; dabei mutet es befremdend an, daß er hier nicht die sogenannte „Erlanger Schule" erwähnt [97]. Um den Eröffnungszug selbst zu klären, entwickelt Tugendhat im Anschluß an Searle folgende Überlegung: bei der Behauptung eines assertorischen Satzes „p", wird eine *Garantie* dafür übernommen, daß es wahr ist, daß p. Der Gegenspieler übernimmt hingegen die Garantie dafür, daß es wahr ist, daß nicht-p. Auf diese Weise gelangt Tugendhat zu dem in vielen Formen der modernen Bedeutungs- und Wahrheitstheorie so zentralen Gedanken der *Wahrheitsbedingung*: „Wer eine Garantie übernimmt, verbürgt sich dafür, daß gewisse von ihm angegebene Bedingungen erfüllt sind." [98] Im Falle der assertorischen Sätze sind diese Bedingungen eben Wahrheitsbedingungen.

Den Sinn der Rede von Bedingungen arbeitet Tugendhat in Auseinandersetzung mit jenen behavioristischen Theorien heraus, die nur erklären, unter welchen Bedingungen es richtig ist, den Ausdruck zu verwenden, nicht aber, welches dann die Bedingungen sind, unter denen der Ausdruck richtig ist, wenn — aus welchen Gründen auch immer — er verwendet wird. In

[97] Vgl. unten 4.3. Tugendhat verweist auf Dummett [1] und [2] 10. Kap. und auf Searle [1]. Zu berücksichtigen ist jetzt auch Dummetts Abhandlung in Evans-McDowell [1] 67—137.

[98] Ebd. S. 254.

diesem umgekehrten Bezug auf Bedingungen findet Tugendhat zweierlei vorausgesetzt. *Erstens:* die Bedingungen, in denen der Ausdruck verwendet wird (die Verwendungssituation), sind für die Richtigkeit der Verwendung gleichgültig; *zweitens:* die Bedingungen, von denen die Richtigkeit der Verwendung des Ausdrucks abhängt, sind solche, deren Erfülltsein von der Verwendung des Ausdrucks selbst garantiert wird. Der Ausdruck garantiert eben dies, daß die Bedingungen seiner Wahrheit erfüllt sind.

Der Sinn von Wahrheitsbedingungen wird also aus der Garantiehandlung gewonnen. Darin liegt immer zweierlei: zum einen werden die Bedingungen angegeben, für deren Vorhandensein garantiert wird (es wird also das angegeben, *wofür* garantiert wird); zum andern wird für das Vorhandensein der Bedingungen garantiert (es wird angegeben, *daß* garantiert wird). Tugendhat wendet diese Ergebnisse auf das Verstehen einer Behauptung an und kommt zu dem Ergebnis:

> „Die mittels eines assertorischen Satzes gemachte Behauptung versteht jemand, wenn er erstens die Wahrheitsbedingungen der Behauptung kennt und wenn er zweitens weiß, daß der Sprecher dafür garantiert, daß diese Bedingungen erfüllt sind." [99]

[4] Der nächste Schritt seiner Überlegungen führt Tugendhat zum Begriff der *Verifikation*. Eine Garantie wird nur dann gegeben, wenn Entscheidungskriterien für ihre Erfüllung vorliegen:

> „Entsprechend gilt: wer eine Behauptung versteht, weiß zwar nicht, ob sie wahr ist, aber er weiß, wie sich feststellen läßt, ob sie oder die ihr entgegengesetzte Behauptung wahr ist; m. a. W. er weiß, wie darüber zu entscheiden wäre, ob die behaupteten Wahrheitsbedingungen erfüllt sind oder nicht." [100]

Diese Prozedur der Feststellung nennt man Verifikation. So kommt Tugendhat von einem ganz anderen Ansatz her

[99] Ebd. S. 256.
[100] Ebd. S. 258.

„zu einem im logischen Positivismus berühmt gewordenen Satz, daß man eine Behauptung genau dann versteht, wenn man weiß, wie sie zu verifizieren ist, und d. h. wenn man ihre Verifikationsregel kennt" [101].

Tugendhat vollzieht hier noch einen weiteren Schritt, den er selbst als entscheidend ansieht. Er versteht die Verifizierbarkeit der Behauptung schon *als* ihre Wahrheitsbedingung:

> „Wenn die Wahrheitsbedingung darin besteht, daß die Befolgung der Verifikationsregel zum Erfolg führt, so besteht die Angabe der Wahrheitsbedingung einer Behauptung in der Vorführung ihrer Verifikationsregel, oder einfacher formuliert: darin, daß gezeigt wird, wie sie verifiziert wird." [102]

Die ganze assertorische Rede wird jetzt als ein Spiel betrachtet, wobei die Spielregel in der Befolgung der Verifikationsregel besteht. Die Verifikationsregel ihrerseits ist so beschaffen, daß sie zu einer den Spielausgang definierenden Konsequenz führt: eine Behauptung erweist sich als wahr oder als falsch.

[5] Tugendhats Analyse der Implikation der Rede von den Wahrheitsbedingungen führt entscheidend über *Tarski* hinaus. Tarskis semantische Theorie bzw. Wahrheitskonzeption beruht auf dem Verfahren, die Wahrheitsbedingungen eines Satzes ihrerseits durch einen Satz anzugeben. Diese Theorie macht nach Tugendhat die entscheidende Voraussetzung, daß für die Erklärung eines Satzes immer schon ein weiterer Satz verfügbar ist *und* daß dieser weitere Satz bereits verstanden wird (wenn es sich um ein ganzes System von Sätzen handelt, so wird eine Metasprache vorausgesetzt, die man schon verstehen muß). Damit wird nur gezeigt, daß der erste Satz so verwendet wird wie der zweite, nicht aber wird die Verwendungsweise selbst gezeigt. Somit wird nicht erklärt, was die Wahrheitsbedingungen selbst sind [103].

---

[101] Ebd.
[102] Ebd. S. 259.
[103] Vgl. ebd. S. 257 u. ö.

3.4.2.2.2. Die „gegenständliche Komponente"

Ist in der bisher erklärten Rede von der Wahrheit nicht eine *gegenständliche Komponente* eingeschlossen? Tugendhat bejaht diese Frage und versucht, den genauen Sinn dieses Aspektes der Wahrheitsthematik zu eruieren. Dabei ist er außerordentlich bemüht zu zeigen, daß der Rekurs auf diese gegenständliche Komponente keinen Rückfall in einen gegenstandstheoretischen Ansatz darstellt.

[1] Zunächst klärt Tugendhat die in der Rede von der Behauptung enthaltene Zweideutigkeit. Behauptung kann zunächst als Behauptungshandlung aufgefaßt werden, die sich ihrerseits als Handlungsereignis und als Handlungstyp weiter differenziert. Der Behauptung als Handlungsereignis entspricht genau das Zeichenvorkommnis und der Behauptung als Handlungstyp der Zeichentyp. Von der Behauptung als Handlung ist die Behauptung im Sinne dessen, *was* behauptet ist, also das Behauptete, zu unterscheiden. Nun gehört zur Struktur der Behauptung, daß sie bejaht oder verneint wird, d. h. daß sie wahr oder falsch sein kann. In dieser Wahrheitsbezogenheit der Behauptung ist eine ursprüngliche Beziehung auf Identifizierbares, d. h. eben auf Gegenstände, impliziert. Tugendhat formuliert das so: Weil die assertorische Rede auf Wahrheit bezogen ist, *deswegen* ist sie gegenstandsbezogen [104].

[2] Um was für „Gegenstände" handelt es sich hier? Die gemeinten „Gegenstände" werden oft als „Sachverhalte", „Propositionen", „Gedanken" usw. bezeichnet. Die Differenz seiner eigenen Position bezüglich dieser Gegenstände zur gegenstandstheoretischen Auffassung erblickt Tugendhat in dem Umstand, daß er — im Unterschied zur anderen Auffassung — behauptet, die Identifizierung eines Gegenstandes *daß p* setze das Verstehen der Verwendungsregel des entsprechenden Satzes „p"

[104] Vgl. ebd. S. 279.

107

voraus. Aber damit ist die Frage noch nicht geklärt: *was* wird behauptet, wenn der Satz „p" verwendet wird? Zunächst setzt sich Tugendhat mit der Auffassung auseinander, daß das Behauptete (also der Sachverhalt, daß p) der Satz ist. Eine Identifizierung von Satz und Sachverhalt ist für ihn unhaltbar. Sie scheitert besonders an den Sätzen, die deiktische Ausdrücke enthalten. Die Verwendung eines Satzes mit ein und derselben Bedeutung hat je nach der Wahrnehmungssituation verschiedene Wahrheitsbedingungen. Und umgekehrt: Sätze mit verschiedenen Bedeutungen, in verschiedenen Situationen verwendet, stehen für ein und dieselbe Behauptung mit denselben Wahrheitsbedingungen.

[3] Um dieser Sachlage Rechnung zu tragen, betrachtet Tugendhat als die elementare Einheit, die die Basis für den Wahrheitsträger abgibt, nicht das Satzvorkommnis, sondern das Sprechereignis. Die Sprechhandlung ist demnach nicht lediglich durch die Bedeutung des Satzes, den sie verwendet, identifiziert, sondern durch die Bedeutung des Satzes zusammen mit der Situation, in der sie ihn verwendet. Daraus ergibt sich, daß das Verständnis eines Satzes „p", der deiktische Ausdrücke enthält, nicht einfach darin besteht, daß man seine Wahrheitsbedingungen kennt, sondern darin, daß man weiß, welches die Wahrheitsbedingungen der Sprechhandlung sind, die ihn in der Situation x verwendet.

Durch eine solche Verbindung eines Satzes mit einer bestimmten Verwendungssituation ist vorerst nur ein einzelnes Sprechereignis charakterisiert; nun ist „ein solches flüchtiges Ereignis noch nicht das identifizierbare situationsunabhängige Etwas, das wahr oder falsch sein kann" [105]. Die Art, wie Tugendhat dieses „identifizierbare situationsunabhängige Etwas, das wahr oder falsch sein kann", bestimmt, mutet zunächst sehr befremdend an. Er schreibt:

---

[105] Ebd. S. 283.

„Die *Behauptung* — sowohl im Sinn des Sprechhandlungstyps wie im Sinn des Behaupteten (des Sachverhalts daß p) — ist vielmehr erst jenes Identische, wodurch alle Sprechereignisse, die durch die Verwendung verschiedener Sätze in verschiedenen Situationen dieselben Wahrheitsbedingungen haben, zu einer Klasse verbunden sind." [106]

Die eine Behauptung ist also das identifizierbare situationsunabhängige Etwas als das Behauptete, also als der Sachverhalt-daß-p; dieses ist das *vereinheitlichende* Prinzip der Sprechereignisse, die durch die Bedeutungen der verwendeten Sätze und die Situationen gemäß denselben Wahrheitsbedingungen bestimmt sind. Um das Behauptete (d. h. den Sachverhaltdaß-p) zu verstehen, müssen wir es begreifen als die Vereinheitlichung der Sprechereignisse, die durch die verschiedenen Bedeutungen der verwendeten Sätze, die verschiedenen Verwendungssituationen und die identischen Wahrheitsbedingungen bestimmt sind.

Was ist nun dieses Identische, das die vielen Sprechereignisse als *eine* Behauptung erscheinen läßt? Den Sprechereignissen ist weder die Bedeutung des verwendeten Satzes noch die Verwendungssituation gemeinsam. Sind es vielleicht die identischen Wahrheitsbedingungen? Darauf antwortet Tugendhat, daß das für die assertorische Rede erforderliche Identische konstituiert wird durch die systematische Wechselbeziehung zwischen den Verwendungsregeln der verschiedenen Sätze, die in ihren jeweiligen Situationen dieselben Wahrheitsbedingungen darstellen sollen. Diese systematische Wechselbeziehung faßt Tugendhat als die spezifische Leistung derjenigen Satzkomponenten auf, die die Verwendung der Sätze auf die Situation beziehen, also der deiktischen Ausdrücke. Die Leistung dieser situationsbezüglichen Ausdrücke besteht gerade darin, die Verwendung sprachlicher Ausdrücke situationsunabhängig zu machen [107]. Auf die näheren Einzelheiten dieser Auffassung wird noch ausführlich einzu-

[106] Ebd.
[107] Vgl. ebd. S. 284.

gehen sein bei der Darstellung der Verifikationsregel der elementaren prädikativen Sätze.

[4] Um Tugendhats weitere Explikation des Wahrheitsbegriffs zu verstehen, muß man ausgehen von der angedeuteten positiven Funktion der deiktischen Ausdrücke für die Konstitution der Identifizierbarkeit jener Gegenstände, die wahr oder falsch sein können. Dies führt zu der zentralen These, „daß eine Bezugnahme auf Gegenstände in Raum und Zeit die Bedingung der Möglichkeit für die Verwendung der Ausdrücke ‚wahr‘ und ‚falsch‘ ist" [108]. Daraus zieht Tugendhat die bedeutsame Konsequenz, daß die Sätze mit deiktischen Ausdrücken nicht als ein Sonderfall oder als eine vermeidbare Komplikation der natürlichen Sprache aufgefaßt werden können. Einen Sonderfall stellen vielmehr jene Sätze dar, die keine deiktischen Ausdrücke enthalten; bei diesen Sätzen reduzieren sich die Wahrheitsbedingungen der Sprechereignisse „trivialerweise" [109] auf die Wahrheitsbedingungen der Satzvorkommnisse (d. h. in diesen Sätzen ist der Sachverhalt-daß-p nur als ein Klassifikationsprinzip der Satzvorkommnisse aufzufassen).

Die Verwendung eines assertorischen Satzes, der sich nicht auf die eine oder andere Weise auf deiktische Sätze zurückbezieht, ist nach Tugendhat gar nicht denkbar. Bei den Sätzen ohne deiktische Ausdrücke, d. h. bei den wahrheitsfunktionalen Sätzen, ist der Rückbezug in der Weise gegeben, daß „sie bereits eine situationsunabhängige Schicht von Behauptungen, die wahr oder falsch sein können, zur Grundlage haben" [110]. Da die Erklärung der Verifikationsregeln dieser Art von Sätzen einfacher ist, geht Tugendhat zunächst auf sie ein. Erst dann behandelt er die Verifikationsregeln der Elementarsätze, d. h. aller prädikativen Sätze, in denen auf konkrete, d. h. wahrnehmbare Gegenstände Bezug genommen wird.

[108] Ebd. S. 286.
[109] Ebd.
[110] Ebd. S. 287.

110

Exkurs: Zur Undurchsichtigkeit von Tugendhats Fragestellung, Terminologie und Gedankenführung

In der 16. Vorlesung stellt Tugendhat den Leser auf eine harte Probe. Es ist sehr schwer, Tugendhats Verständnis und Gebrauch der Ausdrücke „Satz", „Bedeutung", „Verwendungsregel", „Behauptung", „Sachverhalt", „Wahrheitsbedingungen", „Verifikationsregel" u. ä. in ihrem Zusammenhang zu verstehen. Am Ende der 15. Vorlesung — wie auch passim — stellt er die große Behauptung auf: „Die Bedeutung des Satzes wird erklärt, indem gezeigt wird, wie er verifiziert wird; einen assertorischen Satz verstehen, heißt, seine Verifikationsregel kennen." [111] In der 16. Vorlesung verwirft er die Auffassung, daß der Sachverhalt-daß-p die Bedeutung des Satzes „p" ist, indem er auf die Sätze hinweist, die deiktische Ausdrücke enthalten. Bezüglich dieser Sätze kann man nicht sagen, so führt er aus, daß alle Satzvorkommnisse, die dieselbe Bedeutung haben, für einen Satz-daß-p stehen, weil Satzvorkommnisse mit ein und derselben Bedeutung, je nachdem in welcher Situation sie verwendet werden, verschiedene Wahrheitsbedingungen und Satzvorkommnisse mit verschiedenen Bedeutungen je nach der Verwendungssituation dieselben Wahrheitsbedingungen haben. Hier also wird die Bedeutung des Satzes nicht durch die Wahrheitsbedingungen und damit auch nicht durch die Verifikationsregel bestimmt. In der 17. Vorlesung schließlich bemerkt er, „daß die Meinung, die Verwendungsregel (Bedeutung) eines Satzes bestünde in seiner Verifikationsregel, korrigiert werden muß" [112]. Im allgemeinen sei nicht der Satz, sondern das Behauptete dasjenige, von dessen Wahrheitsbedingungen oder Verifikationsregeln gesprochen werden kann:

„Der Satz als solcher hat im allgemeinen gar keine bestimmte Wahrheitsbedingung oder Verifikationsregel, und seine Verwendungsregel kennen, heißt nicht, seine Verifikationsregel kennen, sondern die

[111] Ebd. S. 262.
[112] Ebd. S. 290.

Verifikationsregel der Behauptung kennen, die ihn in der Situation x verwendet." [113]

Jetzt präzisiert er: nur bei den Sätzen, die nicht notwendig deiktische Ausdrücke enthalten, reduziert sich auch die Erklärung der Bedeutung des Satzes auf die Erklärung der Wahrheitsbedingung bzw. der Verifikationsregel des Satzes.

Bedeutung und Verwendungsregel des Satzes werden demnach identifiziert und beide werden — im Falle der elementaren prädikativen Sätze — von der Verifikationsregel unterschieden. Heißt das nun, daß die Verwendungsweise bzw. Bedeutung des Satzes verstanden werden kann, *ohne daß* die Wahrheitsbedingungen des Satzes als erfüllt festgestellt werden, d. h. ohne daß die Verifikationsregel des Satzes ins Spiel gebracht wird? Auf alle Fälle wird die Verwendungsregel bzw. die Bedeutung des Satzes nicht mit seiner Verifikationsregel identifiziert.

3.4.2.3. Erklärung der Verifikationsregel

3.4.2.3.1. Erklärung der Verifikationsregel der wahrheitsfunktionalen Sätze

Wie gezeigt, will Tugendhat zunächst anhand des einfachsten Typs jener Satzformen, die keine deiktischen Ausdrücke enthalten, erläutern, wie die Verifikationsregel zu erklären ist. Es handelt sich um die wahrheitsfunktionalen Sätze, d. h. um jene Sätze, deren Wahrheit oder Falschheit von der Wahrheit oder Falschheit anderer Sätze abhängt. Solche Sätze sind z. B. „p und q", „p oder q".

Zunächst kritisiert Tugendhat die gegenstandstheoretische Auffassung des Wortes „und", die er so interpretiert: etwas wird mit etwas verbunden; dies führt nach Tugendhat dazu, daß der Sachverhalt „daß p und daß q" aus den Sachverhalten „daß p" und „daß q" als irgendwie *zusammengesetzt* gedacht werden

---

[113] Ebd.

muß. Nach Tugendhat ist diese Bestimmung überhaupt nicht verständlich.

Er will nun „den Schritt zurück"[114] vollziehen, d. h. die Frage nach der Bedeutung des Wortes „und" als Frage nach der Erklärung seiner Verwendung verstehen. Dazu braucht er „einen allgemeineren Begriff, der die Möglichkeit der Zusammensetzung zwar auch umgreift, aber auch andere Möglichkeiten offenläßt"[115]. Neben den Begriffen „Funktion" und „Verwendungsweise" findet er einen solchen in dem Begriff der „Abhängigkeit": „p und q" wird nur dann verstanden, wenn eingesehen wird, daß dieser Satz „irgendwie abhängen muß"[116] von dem, was mit dem Satz „p" und mit dem Satz „q" behauptet wird. Diese Abhängigkeit besteht ihrerseits nicht darin, daß der eine Sachverhalt sich aus den beiden anderen zusammensetzt, sondern darin, „daß der Sachverhalt *daß p und q* irgendeine Eigenschaft hat in Abhängigkeit von irgendwelchen Eigenschaften der Sachverhalte *daß p* und *daß q*"[117]. Diese Eigenschaft ist die Wahrheit:

> „Wer den Satz ‚p und q' verwendet, sagt dasselbe wie der, der den Satz ‚daß p und q, ist wahr' verwendet. Es ist also mindestens sehr naheliegend anzunehmen, daß die Eigenschaft des Sachverhaltes *daß p und q*, die von irgendwelchen Eigenschaften der Sachverhalte *daß p* und *daß q* abhängt, seine Wahrheit ist."[118]

Die Bedeutung des Satzes „p und q" verstehen, heißt nun, seine Wahrheitsbedingungen kennen; dies seinerseits heißt, die Bedeutung von „p" und die Bedeutung von „q" verstehen *und* wissen, daß und wie der Wahrheitswert von „p und q" in bestimmter Weise von den Wahrheitswerten von „p" und von „q" abhängt.

Tugendhat selbst macht sich den Einwand, daß diese Erklärung zirkulär ist, da bei der Angabe, unter welchen Bedingungen „p und q" wahr ist, von dem Wort „und" Gebrauch gemacht

[114] Ebd. S. 293.
[115] Ebd. S. 297.
[116] Ebd. S. 298.
[117] Ebd.
[118] Ebd.

wird. Dazu bemerkt er, daß dieser Umstand die Erklärung nicht wertlos macht. Auf sehr geistreiche Weise unterscheidet er dabei zwischen *erhellenden* und *nichtssagenden Tautologien*. Die Tautologie „,p und q' ist wahr genau dann, wenn ,p' wahr ist und ,q' wahr ist" ist eine erhellende Tautologie, weil sie die Bedeutung von „--- und . . ." erklärt, indem sie die Wahrheitsbedingung der Sätze angibt und damit dartut, was es heißt, dieses Wort zu verstehen [119]. Mit einer solchen Semantik, die nur Wahrheitsbedingungen angibt und nicht nach den Verwendungsregeln der Sätze fragt, ist nach Tugendhat noch nicht viel gewonnen, aber gleichwohl nicht nichts. Damit ist der Einwand der Zirkularität nicht aus der Welt geschafft. Eine nichtzirkuläre verbale Erklärung der Bedeutung von „und" ist nach Tugendhat nicht möglich. Es kann sich nur um eine Erklärung handeln, die die Verwendungsweise des Wortes anhand von Beispielen vorführt. Die Bedeutung eines Satzes wie „p und q" läßt sich also so erklären, daß gezeigt wird,

> „nicht unter welchen Umständen die Sätze verwendet werden, sondern unter welchen Umständen die Behauptungen, die mit ihnen gemacht werden, gegenüber den sie verneinenden Behauptungen aufrechterhalten werden können bzw. zurückgenommen werden müssen" [120].

Tugendhat führt hier ein Beispiel an, auf das im Rahmen der kritischen Ausführungen einzugehen sein wird [121].

3.4.2.3.2. Erklärung der Verifikationsregel der elementaren prädikativen Sätze

[1] Auch bei den Elementarsätzen der prädikativen Satzform ist die Frage nach der Wahrheitsbedingung — und d. h. nach der Verifikationsregel — als die Frage zu verstehen, wie die Ab-

---

[119] Vgl. ebd. S. 302.
[120] Ebd. S. 306.
[121] Vgl. unten 3.4.2.5. [2] [i].

114

hängigkeit des Behaupteten (des Satzganzen) als eine Abhängigkeit des Wahrheitswertes zu verstehen ist. M. a. W.: wir brauchen eine vollständige Formulierung der Form „die Behauptung, daß a F ist, ist wahr, genau dann, wenn —". Wie ist die Relation zwischen dem Prädikat „F" und dem Gegenstand, für den „a" steht, zu begreifen? Diese Relation kann jetzt nicht mehr gegenstandstheoretisch als eine Synthesis zwischen zwei Gegenständen, die den beiden Satzgliedern entsprechen und für die diese stehen, vorgestellt werden. Jetzt kann diese Relation nur als die *rechtmäßige* Anwendbarkeit eines Prädikats auf einen Gegenstand verstanden werden. So kommt Tugendhat zu folgender *Wahrheitsdefinition* für prädikative Behauptungen:

> *„Die Behauptung, daß a F ist, ist wahr genau dann, wenn das Prädikat ‚F' auf den Gegenstand zutrifft, für den der singuläre Terminus ‚a' steht."* [122]

Diese Wahrheitsdefinition bringt zum Ausdruck, daß und wie die Verwendungsweise des generellen Terminus und die Verwendungsweise des singulären Terminus einen Satz ergeben. Die Erklärung dieser Definition fällt daher mit der Erklärung der Verwendungsweise der beiden Satzglieder zusammen. Diese Verwendungsweise kann ihrerseits nur als Verifikationsregel expliziert werden. Die Erklärung der beiden Satzglieder besteht daher in der Erklärung des Beitrags, den beide in Komplementarität zur Wahrheit des Satzes, besser: zum Satz als wahrem Satz, leisten. Auf Tugendhats außerordentlich detaillierte Analysen der generellen und der singulären Termini kann hier nicht näher eingegangen werden. Es muß ein summarischer Hinweis auf die beiden wichtigsten Definientia von „wahr" genügen, nämlich „zutrifft" und „steht für".

[2] Der Versuch, eine verbale Erklärung des Wortes „zutreffen" anzugeben, führt in einen Zirkel, da dieses Wort seinerseits wieder nur mittels des Wortes „wahr" erklärt werden

---

[122] Tugendhat [3] S. 321.

kann [123]. Gleichwohl ist dieser Umstand nicht ohne Bedeutung. Eine nichtzirkuläre Erklärung von „zutreffen" ist — ebenso wie bei den wahrheitsfunktionalen Sätzen — angewiesen auf die Ebene der Erklärung der Verwendungsweise. Das Wort „wahr" kann man nicht in abstracto erklären, sondern nur indem man feststellt, daß eine Behauptung wahr ist; ineins damit erklärt man die Verwendungsweise der entsprechenden Satzform. Ebenso ist zu erwarten, daß man das Wort „zutreffen" nur so erklären kann, daß man angibt, wie man feststellt, daß ein Prädikat zutrifft; ineins damit erklärt man die Verwendungsregel der Prädikate [124].

Eine solche nicht-verbale Erklärung stellt sich nach Tugendhat so dar: Zunächst wird die Verwendungsweise eines Prädikats „F" in verschiedenen passenden Situationen anhand eines Beispiels mittels der Satzform „dies ist F" erklärt:

> „Auf diese Weise wird gezeigt, wie bei einem beliebigen Gegenstand festgestellt werden kann, ob das Prädikat zutrifft, und das ist es eben, was es heißt, seine Verifikationsregel erklären." [125]

D. h.: die Erklärung der *besonderen* Verwendung von „F" an Beispielen ist schon die *allgemeine* Verwendungsweise von „F" in beliebigen Sätzen „Fa". Tugendhat meint, damit eine Erklärung von „zutreffen" vorgelegt zu haben, in der das Wort „zutrifft" nicht mehr vorkommt:

> „Die Behauptung, daß a F ist, ist wahr, wenn man den Satz ‚dies ist F' in der Situation, in der man das Wort ‚dies' für ‚a' ersetzen kann (sagen kann, ‚a ist dies'), richtig verwenden kann, ‚richtig' gemäß der vorausgesetzten Erklärung der Verifikationsregel von F." [126]

Nach Tugendhat besteht hier kein Zirkel mehr zwischen „wahr" im Definiendum und „richtig" im Definiens, da „richtig" hier

[123] Vgl. ebd. S. 322.
[124] Vgl. ebd. S. 324/325.
[125] Ebd. S. 335.
[126] Ebd. S. 336.

116

nur den Sinn von „Regel-entsprechend" hat. Es wird später zu prüfen sein, ob Tugendhat den Zirkel tatsächlich vermeidet.

[3] Auch die Erklärung von „steht für" kann nicht verbal durchgeführt werden, sondern nur so, daß angegeben wird, wie man feststellt, für welchen Gegenstand ein Ausdruck steht, wodurch dann auch die Verwendungsregeln der singulären Termini erklärt werden. Wie unter 3.4.2.2.2. dargelegt, versucht Tugendhat, die gegenständliche Komponente der Wahrheit in der Weise zu klären, daß er eine systematische Wechselbeziehung zwischen Ausdrücken, die für Gegenstände stehen, herausarbeitet. Dies ist folgendermaßen zu verstehen: ein Prädikat ist ein Klassifikationsausdruck, der durch einen solchen Ausdruck ergänzt wird, der seinerseits durch andere gleichartige Ausdrücke (singuläre Termini) mittels Verwendung des Identitätszeichens ersetzt werden kann. Wenn also ein Prädikat dadurch definiert ist, daß es auch außerhalb der Erklärungssituation (= Wahrnehmungssituation) verwendet wird, so besagt dies, daß es auch mit anderen Ergänzungsausdrücken verwendet werden kann. Man verbindet ein Prädikat „F" mit anderen Ergänzungsausdrücken nicht nur, um etwas *anderes* als mit „dies ist F" zu sagen, sondern auch, um aus einer anderen Situation heraus *dasselbe* zu sagen. Dieses *Dasselbe,* das man in der Wahrnehmungssituation mit „*dies* ist F" ausdrückt, bezeichnet man außerhalb der Wahrnehmungssituation durch „*jenes* ist F". Damit ist jenes Identische erreicht, von dem oben die Rede war. Entscheidend ist hier die Substituierbarkeit der (zunächst situationsbezüglichen) singulären Termini füreinander.

Des weiteren besteht die Funktion des singulären Terminus nach Tugendhat in der *Spezifizierung*: aus einer Vielzahl wird eines als das Gemeinte — als das, worauf das Prädikat zutreffen soll, — herausgestellt. In dieser Funktion liegt zugleich ein Bezug auf eine Pluralität, auf *alle* Gegenstände [127]. Dieser Bezug auf *alle* wird seinerseits gedeutet als Identifizierung, d. h. als raum-

[127] Vgl. ebd. S. 383 u. ö.

zeitliche Lokalisierung. Die Verwendungsweise des singulären Terminus ist somit bestimmt durch die Spezifizierungs- und Identifizierungsregel.

Zusammenfassend läßt sich sagen, daß die Wahrheit der prädikativen Sätze von zwei Regeln abhängt: einer Verwendungsregel der Prädikate und einer Verwendungsregel der singulären Termini [128]. In welcher Weise diese beiden Regeln bzw. die beiden semantischen Ausdrücke „steht für" und „zutrifft" zusammenhängen, läßt sich nur erklären, wenn man fragt, wie festgestellt wird, für welchen Gegenstand der singuläre Terminus steht, und wie festgestellt wird, daß das Prädikat auf ihn zutrifft. Dies läßt sich nicht mehr verbal erklären, sondern kann nur an Beispielen vorgeführt werden. Dabei zeigt sich, daß die beiden Verwendungsregeln (die Verifikationsregel der Prädikate und die Identifizierungsregel der singulären Termini) sich wechselseitig voraussetzen.

3.4.2.4. Systematische Situierung der Wahrheit

Um die systematische Stellung des Wahrheitsbegriffs im Rahmen von Tugendhats formaler Semantik genau zu bestimmen, muß auf zweierlei hingewiesen werden.

[1] Aus Tugendhats Ausführungen ergibt sich, daß das Prädikat „wahr" zuerst für die Klasse der Elementarbehauptungen definiert wird. Damit wird die Wahrheitsdefinition als eine *rekursive Definition* verstanden: für die anderen prädikativen Sätze wird „wahr" als eine Funktion seiner Anwendung auf die elementaren prädikativen Behauptungen definiert [129].

[2] Wie Tugendhat selbst betont, hat er bis jetzt nicht einmal eine allgemeine Theorie der prädikativen Sätze vorgelegt. Vor

[128] Vgl. ebd. S. 484.
[129] Vgl. ebd. S. 318.

allem wurden bis zu diesem Zeitpunkt diejenigen prädikativen Sätze nicht aufgeklärt, deren singuläre Termini für abstrakte Gegenstände stehen. Die nächste Aufgabe wäre die Erweiterung der bisher erreichten Auffassung von der Verwendungsweise der assertorischen Sätze zu einer allgemeinen Theorie aller assertorischen Satzformen. Die Bewältigung dieser beiden Aufgaben wird hinsichtlich des Wahrheitsbegriffs sicher bedeutende Präzisierungen, Vertiefungen und Erweiterungen mit sich bringen. Der eigentlich systematische Stellenwert des Wahrheitsbegriffs allerdings wird erst durch einen dritten Schritt festgelegt, nämlich durch die Aufhebung der Einschränkung auf die assertorischen Sätze, d. h. durch die Entfaltung einer allgemeinen Theorie aller propositionalen Sätze.

Auf einige Gesichtspunkte dieses Programms gibt Tugendhat am Ende seines Werkes wichtige Hinweise. Die einheitliche Struktur aller Sätze läßt sich durch zwei Momente (Glieder) angeben: den Modus und den propositionalen Gehalt. Zunächst ist es klar, daß nur Sätze mit assertorischem Modus einen Wahrheitsanspruch erheben, während nicht-assertorische Sätze — z. B. Imperative — nicht wahr oder falsch sein können. Andererseits dürfte es ausgeschlossen sein, eine Semantik der nicht-assertorischen Sätze zu entwickeln, die keinen Zusammenhang mit der Semantik der assertorischen Sätze aufweist. Aus solchen Überlegungen kommt Tugendhat zu folgender Einsicht:

„Entweder der bisherige Ansatz erweist sich, weil er sich nicht auf die nichtassertorischen Sätze erweitern läßt, auch für die assertorischen Sätze als falsch, oder aber es muß möglich sein, für die nichtassertorischen Sätze einen Begriff ausfindig zu machen, dem für ihre Semantik eine analoge Funktion zukommt wie dem Wahrheitsbegriff für die Semantik der assertorischen Sätze; oder anders gesagt: man müßte einen Begriff finden, der weiter ist als der Wahrheitsbegriff und dem gegenüber der Wahrheitsbegriff einen Spezialfall darstellt." [130]

---

[130] Ebd. S. 505.

Das Charakteristische von nicht-assertorischen Sätzen ist z. B. die Befolgung (bei Imperativen), die Erfüllung (bei Wunschsätzen) usf. Worin liegt das Gemeinsame von Wahrheit, Erfüllung, Befolgung usw.? Tugendhat sieht das Gemeinsame darin,

> „daß jedesmal der Satz — beziehungsweise das mit ihm Gesagte — und die Wirklichkeit übereinstimmen. Ist ein Aussagesatz wahr, wird ein Imperativ befolgt, ist ein Wunschsatz erfüllt: jedesmal heißt das, daß es sich so verhält, wie es mit dem Satz gesagt wird" [131].

Daß dem Begriff der Übereinstimmung eine so überragende systematische Stellung zugewiesen wird, verwundert insofern sehr, als Tugendhat an früherer Stelle diesen Begriff als eine „uneinlösbare Vorstellung" [132] charakterisiert hatte, die für das Scheitern der traditionellen KR-TW verantwortlich sei.

Tugendhat geht einen Schritt weiter, indem er zwei und nur zwei Möglichkeiten einer Übereinstimmung annimmt:

> „Entweder — beim Aussagesatz — bildet die Wirklichkeit den Maßstab; besteht Nichtübereinstimmung, so entspricht der Satz nicht der Wirklichkeit. Oder — beim Wunschsatz und Imperativ — bildet der Satz den Maßstab; besteht Nichtübereinstimmung, so entspricht die Wirklichkeit nicht dem Satz." [133]

Daraus leitet er die weitere These ab, daß es nur zwei semantisch fundamentale Satzmodi gibt: Übereinstimmungsbedingungen sind entweder Wahrheitsbedingungen oder Erfüllungsbedingungen; dementsprechend gibt es auch nur zwei Grundarten von Sätzen: theoretische (assertorische) und praktische Sätze [134].

---

[131] Ebd. S. 510.
[132] Vgl. ebd. S. 251.
[133] Ebd. S. 510.
[134] Vgl. ebd. S. 512.

3.4.2.5. Kritische Überlegungen

Betrachtet man die immense sprachanalytische Literatur über das Wahrheitsproblem, so dürfte das Buch Tugendhats eine überragende Leistung darstellen. Im folgenden soll auf einige Fragenkomplexe hingewiesen werden, die sich als einer weiteren Klärung bedürftig und fähig erweisen.

3.4.2.5.1. Definitionale oder kriteriologische Theorie der Wahrheit?

Angesichts der in der wahrheitstheoretischen Diskussion so geläufigen Unterscheidung zwischen Begriff (Definition) und Kriterium der Wahrheit ist es sehr verwunderlich, daß Tugendhat kein einziges Mal auf diese Unterscheidung zu sprechen kommt. Zwar hat es zunächst den Anschein, als ob er eine definitionale TW vertreten wolle, denn er legt eben ausdrücklich eine Wahrheitsdefinition vor (allerdings bemerkt er einmal, daß der Ausdruck „wahr" nicht definierbar ist [135]). Aber andererseits erweist sich sein ganzer Begriffsapparat als angelegt auf die Beantwortung jener Frage, die man traditionellerweise die Frage nach dem Wahrheitskriterium zu nennen pflegt. In Wirklichkeit dürfte dieser Umstand tiefere Wurzeln haben. Hinter dieser Nichtberücksichtigung der genannten Unterscheidung steht Tugendhats grundsätzliche programmatische Absicht, die traditionelle Frageweise und -stellung im Rahmen einer Semantik zu transformieren. Die Frage nach dem „Wesen", dem „Sinn", der „Bedeutung" usw. wird reduziert auf die Frage(n) „Wie ist zu erklären, daß . . .", „Wie ist zu verstehen, daß . . .?", „Wie ist festzustellen, daß . . .?" usw. Man kann geradezu sagen, daß im Zuge dieses Transformationsprozesses der Frageweise die ganze Wahrheitsproblematik unter der Hand in die Problematik um das Kriterium der Wahrheit umgewandelt wurde.

---

[135] Vgl. ebd. S. 135.

Diese Umwandlung aber dürfte für Tugendhat selbst nicht ohne Schwierigkeiten vonstatten gehen, insofern deren Ergebnis dem von ihm ausdrücklich formulierten und immer wieder propagierten „Grundsatz" der analytischen Philosophie widerspricht. Diesen Grundsatz erläutert er so: „Wenn wir philosophisch nach der Bedeutung sprachlicher Ausdrücke fragen, so fragen wir, was das im allgemeinen (,als solches') ist, wonach wir fragen, wenn wir vorphilosophisch nach der Bedeutung eines einzelnen Ausdrucks fragen." [136] Im übrigen beruft sich Tugendhat immer wieder — und zwar an den Schaltstellen seines Werkes — auf unser (vorphilosophisches) „normales" Verständnis [137]. Nun unterscheidet unser vorphilosophisches (normales) Verständnis sehr klar Fragen der Form „Was ist X", „Was heißt es, daß...?" u. ä. einerseits und Fragen der Form „Wie ist zu verstehen, daß...?", „Wie ist festzustellen, daß...?" u. ä. andererseits. Kurz: vorphilosophisch unterscheiden wir auf alle Fälle und in aller Klarheit Fragen nach dem Begriff und Fragen nach dem Kriterium. Es ist erstaunlich, daß Tugendhat diese grundlegende Inkonsequenz seines Versuchs nicht bemerkt, geschweige denn erörtert.

3.4.2.5.2. Das Scheitern von Tugendhats „Erklärung" der Verifikationsregel

Diese Problematik erfährt eine Verschärfung, wenn man die weitere Frage stellt, ob es Tugendhat gelingt, den für sein Verständnis von „wahr" entscheidenden Begriff der *Verifikationsregel* zu erklären. Daß dem nicht so ist, soll gerade im Hinblick auf die beiden von Tugendhat behandelten Satzformen aufgewiesen werden: die wahrheitsfunktionalen Sätze und die elementaren prädikativen Sätze.

[136] Ebd. S. 198.
[137] Vgl. z. B. ebd. S. 493 u. ö.

[1] Wie unter 3.4.2.3.1. dargelegt, vertritt Tugendhat die Auffassung, daß eine nichtzirkuläre Erklärung der Bedeutung (der Wahrheit) eines Satzes der Form „p und q" bzw. „p oder q" nur auf dem nichtverbalen Weg möglich ist, nämlich anhand der Vorführung der korrekten Verwendungsweise an Beispielen. Aber dieses Vorhaben scheitert an der übersehenen Problematik der Vorführung von Beispielen. Ein Beispiel kann nicht die Erklärungsfunktion übernehmen, die ihm Tugendhat zuweist, weil das Beispiel *als* Beispiel nur identifizierbar ist, wenn es *zuvor* durch das erklärt wurde, was nach Tugendhat erst durch es erklärt werden sollte.

Dies läßt sich gerade an dem Beispiel erhärten, das Tugendhat zum Beweis seiner These anführt. Es handelt sich um die Erklärung von „oder" in dem Satz: „Vor der Haustür sitzt ein Nilpferd oder im Hof liegt ein Löwe." [138] Die Situation stellt sich so dar: Ein kleiner Junge versteht die beiden Teilsätze, aber nicht das Wort „oder"; die Eltern versuchen nun, ihrem kleinen Jungen die Bedeutung des Wortes „oder" zu erklären. Zum genauen Mitvollzug des Beispiels versetze sich der Leser in die Situation des kleinen Jungen und bemühe sich, aufgrund der Erklärung von Tugendhat zu einem Verständnis des Wortes „oder" zu gelangen. Im folgenden wird jetzt jeder Satz der Erklärung Tugendhats zitiert und auf die angegebene Weise geprüft. „Herr X bejaht den Satz, Frau X verneint ihn. Sie gehen gemeinsam mit dem Jungen hinaus und sehen nach." Bisher gibt es keine Probleme. Nun heißt es: „Es gibt nun, was die Verifikation und Falsifikation der Teilsätze betrifft, vier Möglichkeiten — natürlich dieselben, die schon bei der Angabe der Wahrheitsbedingungen unterschieden wurden." An wen richtet sich diese Feststellung? Soll der lernende Junge verstehen oder soll er schon verstanden haben, daß es diese vier Möglichkeiten gibt? Wenn er diese vier Möglichkeiten noch nicht verstanden hat, dann kann er den (weiteren) Lernprozeß nicht mitvollziehen, d. h. der Lernprozeß ist unmöglich. Wenn er sie schon

[138] Vgl. ebd. S. 307.

verstanden hat, dann hat er schon den Sinn von „oder" verstanden; denn *vier* Möglichkeiten verstehen, heißt, daß man versteht, daß man die Wahl hat zwischen der ersten *oder* der zweiten *oder* der dritten *oder* der vierten Möglichkeit; damit erweist sich der Lernprozeß als überflüssig, da sein Ziel als bereits gegeben vorausgesetzt wird. — Der Text geht weiter: „Es wird nicht schwer sein, daß Vater, Mutter und Sohn sich über die Wahrheit bzw. Falschheit der beiden Teilsätze einigen. Dabei wird weder das Wort ‚oder' noch das Wort ‚und' verwendet." Unser Leser wird hier staunen: er soll sich als kleiner Junge mit Mutter und Vater unschwer über die Wahrheit der *beiden* Teilsätze einigen, ohne daß aber dabei das Wort „oder" oder das Wort „und" verwendet werden darf. Können sie sich wirklich einigen? Wenn unser Leser weiß, was er tut, so wird er zumindest die Frage stellen, was mit „beide Teilsätze" gemeint ist. Wenn er sie nicht verbindet, so weiß er nicht, was *„beide* Teilsätze" sind, d. h. was auf dem Spiel steht. Wie aber soll er sie verbinden, wenn er dabei nicht schon „und" und „oder" verstanden hat?

Aber der Lernvorgang ist nach Tugendhat noch nicht abgeschlossen. „Der Junge aber wird feststellen, daß je nach dem Ergebnis der Verifikation der Teilsätze entweder der Vater oder die Mutter ihre vorher aufgestellte Behauptung zugunsten der des anderen zurücknehmen werden." Wie soll unser Leser — als lernender Junge — „Verifikation der Teilsätze" überhaupt feststellen, da er — ex hypothesi — über das Verständnis von „und" und „oder" nicht verfügt, so daß er gar nicht weiß, was es heißt, *zwei Teilsätze* zu vergleichen, um sie zu verifizieren? Außerdem muß er über das volle Verständnis des ausschließenden „oder" verfügen, denn wie soll er sonst verstehen, daß *entweder* der Vater *oder* die Mutter recht haben? — „Sobald er verstanden hat, wovon die Rücknahme der jeweiligen Behauptung abhängt, sobald er also verstanden hat, von welchen Verifikationsregeln der Spielausgang abhängt, hat er die Verwendungsregel von ‚--- oder ...' bzw. ‚--- und ...' verstanden." Der Leser in der Situation des kleinen Jungen wird sich verwundert fragen, *wie* er das verstehen soll, was die Eltern ihm beibringen wollen bzw. wollten, ohne *im voraus* dazu immer schon die Verifikationsregel gekannt zu haben. „Dieses Verstehen aber drückt sich nicht in irgendeiner Metasprache aus — welche sollte das denn sein? —, sondern einzig darin, daß der Junge nun seinerseits die ‚und'- und ‚oder'-Sätze in derselben Weise verwendet." Der Leser mag sich hier an viele Situationen seines Lebens erinnern, in denen er etwas auf rein mechanische Weise nachahmte, worüber er im nachhinein reflektierte und es erst dadurch — eben im nachhinein — „einsah" und „verstand". Er wird sich sagen, daß zwischen einem „Abrichten" bzw. einer „Dressur" und dem „Verstehen" doch ein gewaltiger Unterschied besteht. Er wird in dem Umstand eine Bestätigung seiner Auffassung finden, daß er *sein* Verständnis eines Satzes der Form „p und q" bzw. „p oder q" nicht als das Ergebnis der „Lernsituation" verstehen kann, in der sich der kleine Junge befand.

[2] Die *Verifikationsregel* der *elementaren prädikativen* Sätze besteht aus der Verifikationsregel der Prädikate und der Verifikationsregel der singulären Termini. Die Erklärung der ersten Verifikationsregel ist die Erklärung von „zutreffen" und die Erklärung der zweiten die Erklärung von „stehen für", d. h.: die Erklärung der vollständigen Verifikationsregel ist die Erklärung der Wahrheitsdefinition. Hier soll nun kurz gezeigt werden, daß Tugendhats Versuch einer Erklärung der ersten Verifikationsregel, also seine Erklärung eines der Definientia von Wahrheit, nämlich von „zutreffen", scheitert. Diese Erklärung beinhaltet entweder einen Zirkel oder impliziert einen Rückfall in die Dimension der rein faktischen Verwendung (und damit in die Dimension der Quasiprädikatensprache).

Zunächst kann unschwer aufgewiesen werden, daß Tugendhats Interpretation seiner eigenen Erklärung einen *Zirkel* beinhaltet. *Auf der einen Seite* wird gesagt, daß die Behauptung, daß a F ist, wahr ist, wenn der Satz „dies ist F" (in der Situation x) richtig verwendet werden kann; „richtig" wird die Verwendung dann genannt, wenn sie gemäß der vorausgesetzten Verifikationsregel von „F" erfolgt. Hier ist die Verifikationsregel als das Definiens für „richtig" die Richtschnur für die Verwendung von singulären Sätzen der Form „dies ist F". *Auf der anderen Seite* behauptet Tugendhat, wie oben gezeigt wurde, daß „die Verifikationsregel anhand von Sätzen der Form ‚dies ist F' erklärt wird"[139]. Hier ist die Verifikationsregel nicht das Richtende, sondern das Definitum, das Explikatum, das Ergebnis eines Erklärungsvorgangs. Wir drehen uns vollständig im Kreise: um Sätze der Form „dies ist F" richtig zu verwenden, brauchen wir schon die Verifikationsregel; um die Verifikationsregel zu erklären, müssen wir schon im voraus Sätze der Form „dies ist F" richtig verwenden.

Diesen Zirkel kann Tugendhat nur vermeiden, wenn er eine *andere* Interpretation zuläßt, deren Konsequenzen aber für seine Gesamtkonzeption schlechterdings unannehmbar sind. Entscheidet er sich für die Auffassung der Verifikationsregel als ausschließliches Explikatum der Verwendung von Sätzen der Form „dies ist F", dann ist zwar der Zirkel vermieden, jedoch um den Preis einer Reduktion der Verifikationsregel auf eine reine Verwendungsregel, die charakteristisch ist für die Quasiprädikatensprache; dann hieße „richtige" Verwendung nichts anderes als „wie gelernt", wie „abgerichtet"[139a]. Damit gelangen wir zu demselben Ergebnis, zu welchem die Analyse von Tugendhats Erklärung der wahrheitsfunktionalen Sätze geführt hat.

Als Fazit ist festzuhalten, daß damit nicht erklärt ist, was mit „wahr" gemeint ist. Wenn Tugendhat sagt, daß „richtig" noch nicht den Sinn von „wahr" hat, sondern lediglich „Regelentsprechend" meint, so ist im Rahmen der soeben geschilderten

[139] Ebd. S. 336.
[139a] Vgl. dazu die eine behavioristische Position andeutenden bzw. implizierenden Aussagen Wittgensteins über „Abrichtung" im Bereich der Sprache (Angabe der Stellen in Wittgenstein [2] S. 3). Vgl. auch Anm. 166 in diesem Kapitel.

zweiten Möglichkeit zwar kein Zirkel zwischen „wahr" und „richtig" gegeben; aber der Sinn von „wahr" reduziert sich dann auf „der-faktischen-Regel-entsprechend". Es dürfte auf der Hand liegen, daß dies kein adäquates Definiens von „wahr" ist.

3.4.2.5.3. Die formalsemantisch-verifikationistische Theorie der Wahrheit und der Gedanke der Kohärenz

Schließlich soll noch die Andeutung einer weiteren verbalen Erklärung der Definientia, besonders von „zutreffen", in Tugendhats Wahrheitsdefinition gegeben werden. Tugendhat selbst gibt sich nicht damit zufrieden, den Wahrheitsbegriff als eine „Letztgegebenheit" [140] einzuführen und zu akzeptieren. Er hat den damit verbundenen Anspruch auch eingelöst, indem er tatsächlich eine Wahrheitsdefinition vorgelegt hat. Sein „Glaube" [141] allerdings, daß eine weitere zirkelfreie verbale Erklärung der Definientia von „wahr" ausgeschlossen ist, bleibt ein — Glaube, dazu noch ein unbegründeter. Es ist die problemlose und voreilige Annahme einer anderen Letztgegebenheit, die Tugendhat daran hindert, den Explikationsprozeß fortzuführen. Diese andere Letztgegebenheit ist die Verwendungsweise bzw. die Verwendungsregel. Dieser Vorgang wäre — frei nach Kant — so zu charakterisieren: Der Explikationsvorgang muß abgebrochen werden, um den Regeln Platz zu machen. Demgegenüber läßt sich zeigen, daß eine weitere verbale Erklärung von „wahr" möglich ist und daß gewisse Ansätze dazu bei Tugendhat selbst angelegt sind.

Wahrheit wird im Sinne der Kohärenztheorie der Wahrheit in der Formulierung O. *Neuraths* so definiert:

> „Jede neue Aussage wird mit der Gesamtheit der vorhandenen, bereits miteinander in Einklang gebrachten, Aussagen konfrontiert. *Richtig* [= wahr] *heißt eine Aussage dann, wenn man sie ein-*

---

[140] Vgl. ebd. S. 135.
[141] Vgl. ebd. S. 321.

gliedern kann. Was man nicht eingliedern kann, wird als unrichtig abgelehnt." [142]

In Fortführung der Wahrheitsdefinition Tugendhats könnte man nun sagen: ein Prädikat *trifft* auf einen Gegenstand *zu,* wenn der damit gebildete Satz eingegliedert werden kann (nämlich in das System der Sätze). Eine solche Erklärung von „zutreffen" — und damit von „wahr" — ist eine verbale, womit die Möglichkeit erwiesen ist, „zutreffen" zirkelfrei — „zirkelfrei" besagt hier: nicht wieder unter Rekurs auf „wahr" — zu definieren. Nun kann man noch einen weiteren Schritt vollziehen, indem man auch „Eingliederbarkeit" durch „System" bzw. „Kohärenz" erklärt. Daß der Begriff der Kohärenz bzw. des Systems seinerseits *positiv* erklärt werden kann, wurde in präziser Weise im Anschluß an die große Tradition der Kohärenztheorie der Wahrheit von *N. Rescher* gezeigt [143].

Solche Überlegungen sind dem Buch von Tugendhat keineswegs fremd. Seine Erklärung der singulären Termini weist nämlich eindeutig in diese Richtung. Tugendhat vollbringt eine Glanzleistung, wenn er gegen Russell und Strawson zeigt, daß die Frage, welcher Gegenstand mit dem singulären Terminus gemeint ist, sofort die weitere Frage impliziert „Welcher von allen?" [144]. Dieser in der Funktion der singulären Termini implizierte „Bezug auf alle" [145] (sc. Gegenstände) besagt, daß ein Gegenstand nur von einem „System" her spezifizierbar bzw. identifizierbar ist. Tugendhat formuliert diesen Sachverhalt so:

> „Die Funktion des singulären Terminus ist es ..., aus einer Vielzahl eines als das Gemeinte — und d. h. als das, worauf das Prädikat zutreffen soll — herauszustellen." [146]

Man kann — und muß wohl — diesen Sachverhalt von seiner Kehrseite her angemessenerweise (auch) so formulieren: Die

---

[142] Neurath [1] S. 403 (vgl. unten 5.3.).
[143] Vgl. unten 5.4.4.1.
[144] Tugendhat [3] S. 369 u. ö.
[145] Ebd. S. 389.
[146] Ebd. S. 369.

Funktion des singulären Terminus ist es, eines als das Gemeinte in die vorausgesetzte Pluralität (von Gegenständen) *einzugliedern*. Diese vorausgesetzte Dimension wird bezüglich der singulären Termini von Tugendhat selbst „unser universales Verifikationsfeld" genannt und als „das System der Raumzeitstellen als die Totalität möglicher Verifikationssituationen" [147] beschrieben. Was stellt dieses Verifikationsfeld anderes dar als einen Teilaspekt jener universalen Kohärenz, die Tugendhat voraussetzt bzw. voraussetzen muß, um den singulären Terminus zu definieren?

Es ist bedauerlich, daß Tugendhat den im Rahmen seiner Analyse der singulären Termini entwickelten großartigen Gedanken des *Bezugs auf alle* — den man kurz den Gedanken der (universalen) *Kohärenz* nennen könnte — nicht gleichfalls für seine Analyse der *Prädikate* und des *Satzganzen* herangezogen und zur Geltung gebracht hat. Im Gegenteil: er scheint sogar so etwas wie einem Prädikaten- bzw. Satzmonismus das Wort zu reden [148]. Was würde sich aus der Einsicht ergeben, daß ein Satz nur dann verstanden werden kann, wenn er eingegliedert wird — nämlich in jenes System von Sätzen, dessen Struktur genau herausgearbeitet werden müßte? Leider muß es an dieser Stelle bei dieser Andeutung sein Bewenden haben [149].

3.5. Fundamentalsemantische Theorie der Wahrheit (SA_FU-TW) (P. Hinst)

In seiner ›Logische(n) Propädeutik‹ [150], in seiner noch unveröffentlichten Habilitationsschrift [151] und in mehreren kleineren

---

[147] Ebd. S. 468.
[148] Vgl. z. B. ebd. S. 55, 78 usw.
[149] Für eine Kritik der Gesamtkonzeption Tugendhats vgl. Puntel [6].
[150] Vgl. Hinst [1].
[151] Vgl. Hinst [2].

Arbeiten [152] legt P. Hinst eine TW vor, die sich einerseits aus seiner Kritik an Tarski ergibt und andererseits vom selben Grundgedanken ausgeht, der auch Tugendhats SA_{FOV}-TW charakterisiert; auch zur Erlanger Schule bestehen sehr deutliche Verbindungslinien [153]. Besondere Relevanz kommt dieser TW zu im Hinblick auf die sehr zahlreichen Versuche, den Wahrheitsbegriff im Rahmen des Aufbaus formalisierter Sprachen zu bestimmen.

3.5.1. Skizzierung der Grundzüge

3.5.1.1. Ansatz: „objektsprachlicher" und „metasprachlicher" Prädikator „ist wahr"

Das Wahrheitsproblem wird von Hinst im Rahmen der Semantik angegangen. Wie im Kapitel über Tarski kurz dargelegt [154], muß die Semantik nach Hinst zwei Aufgaben lösen: die Festlegung der bedeutungsvollen Ausdrücke einer Sprache und die Festlegung des Wahrheitsbegriffs für diese Sprache.

[1] Ausgehend von seiner Kritik an Tarskis Interpretationssemantik stellt er zunächst im Hinblick auf die Klärung der zweiten Aufgabe die Grundfrage danach, wovon wir wie sagen, es sei wahr bzw. falsch. Darauf gibt er eine doppelte Antwort, die einerseits die Grundannahmen und andererseits das ganze Programm einer Fundamentalsemantik enthält. Die erste Teilantwort lautet:

> „Wir sagen in einer Sprache von den durch die Aussagen dieser Sprache beschriebenen Propositionen (Sachverhalten), daß sie wahr bzw. falsch (bestehend bzw. nicht bestehend) sind, und zwar dadurch, daß wir mit Sätzen dieser Sprache bestimmte illokutionäre

---

[152] Vgl. Hinst [3] und [4].
[153] Vgl. bes. Hinst [3] und [4].
[154] Vgl. oben 2.2.1. [3].

Akte vollziehen. Wir klassifizieren Propositionen als wahr mit affirmativen illokutionären Akten, wozu wir den Prädikator ‚ist wahr‘ nicht benötigen. Wir klassifizieren Propositionen als falsch ebenfalls mit affirmativen illokutionären Akten, wozu wir den Prädikator ‚ist falsch‘ benötigen, oder mit negativen illokutionären Akten." [155]

Wie Hinst selbst bemerkt, deckt sich diese (Teil-)Antwort mit der SA$_R$-TW [156]. Doch geht Hinst über diese Theorie insofern hinaus, als er eine zweite (Teil-)Antwort für notwendig erachtet. Um sie zu verstehen, muß auf die Unterscheidung zwischen „Verwendung" und „Erwähnung" einer Sprache Bezug genommen werden. Werden Propositionen mittels illokutionärer Akte als wahr bzw. falsch klassifiziert, so heißt das, daß dabei die Sprache verwendet wird und die für diese Sprache geltenden Regeln befolgt werden. Wird hingegen eine Sprache zum Gegenstand einer Betrachtung gemacht, dann werden dabei die Zeichen dieser Sprache erwähnt, d. h. diese Sprache ist dann die Objektsprache im Hinblick auf die nur verwendete Sprache, welche sich ihrerseits dann als Metasprache erweist.

Auf dieser Basis unterscheidet Hinst eine doppelte Bedeutung bzw. Funktion der Wahrheitswertprädikatoren „ist wahr" und „ist falsch". [i] Diese Prädikatoren können dahingehend verstanden werden, daß für sie *Aussagen* passende Argumente sind: sie werden in diesen Fällen nur *verwendet*. Hinst nennt die so verstandenen Wahrheitswertprädikatoren „objektsprachliche" Prädikatoren. Es wird in der kritischen Einschätzung der Position Hinsts zu zeigen sein, daß diese Bezeichnung nicht nur irreführend, sondern auch inkorrekt ist. [ii] Die Wahrheitswert-

---

[155] Hinst [2] S. 14.
[156] Vgl. ebd. Hinst weist auf einen „geringfügigen Unterschied" hin: er macht „im Lichte der logischen Grammatik keinen Unterschied zwischen ‚ist falsch‘ und ‚nicht‘ (im Sinne des Negationszeichens verstanden)"; daraus ergibt sich nach Hinst, daß „zwar ‚ist wahr‘ aber nicht ‚ist falsch‘ für logisch überflüssig" (Hinst [2] S. 14) zu halten ist. — Auf diese spezielle Problematik kann im Rahmen der vorliegenden Darstellung nicht eingegangen werden.

prädikatoren „ist wahr" und „ist falsch" können auch in der Weise verstanden werden, daß für sie *Namen von Aussagen* passende Argumente sind. In solchen Fällen üben sie eine Funktion bezüglich sprachlicher Zeichen aus, genauer: bezüglich Aussagen, die dann nicht verwendet, sondern *erwähnt* werden. Die mit dieser Funktion ausgestatteten Prädikatoren nennt Hinst „metasprachliche" Wahrheitswertprädikatoren [157].

Wird eine Sprache so verwendet, daß sie als Metasprache dient, so heißt das, daß sie auf eine Objektsprache bezogen ist; dementsprechend kommen in ihr nach Hinst die zwei Paare von Prädikatoren vor, wobei der „objektsprachliche" Prädikator sich gemäß der ersten Teilantwort als redundant erweist. Nicht redundant hingegen ist nach Hinst das metasprachliche Prädikatorenpaar „ist wahr" und „ist falsch", denn mit Hilfe dieser metasprachlichen Wahrheitswertprädikatoren sagen wir von den Aussagen der (bzw. einer) Objektsprache, daß sie wahr bzw. falsch sind. Mit dieser zweiten Teilantwort hat Hinst gleichzeitig die vollständige Antwort auf die eingangs gestellte Frage vorgelegt [158].

Im Ausgang von dieser Einsicht wird deutlich, daß eine Fundamentalsemantik die verwendete Metasprache nicht wieder mit Hilfe der Unterscheidung zwischen Metasprache und Objektsprache „erklären" kann. Daher muß ein anderes Verfahren eingeführt werden. Hinst knüpft an den späten Wittgenstein an, indem er die Bedeutung eines Ausdrucks (bzw. der Sprache) mit den Verwendungsregeln dieses Ausdrucks (bzw. dieser Sprache) identifiziert. Demnach erweist sich die Aufgabe einer Fundamentalsemantik als die Aufgabe, jene Menge von Ausdrucksverwendungsregeln zu (re)konstruieren, die für die entsprechende Sprache gelten.

[2] In *wahrheitstheoretischer* Hinsicht ergibt sich daraus die Einsicht, daß der Wahrheitswertprädikator „ist wahr" eine

---

[157] Vgl. Hinst [2] S. 15.
[158] Vgl. ebd. S. 16.

unterschiedliche Bestimmung erfährt, je nachdem, ob er als „objektsprachlicher" oder als „metasprachlicher" Prädikator genommen wird.

[i] Auf der *objektsprachlichen* Ebene wird dieser Prädikator im Sinne der Redundanztheorie bestimmt. Die entsprechende Formel könnte so angegeben werden:

Für alle p: es ist wahr, daß p ↔ p.

Damit erweist sich nach Hinst der objektsprachliche Prädikator „ist wahr" als logisch redundant.

[ii] Eine andere Bestimmung und Stellung kommt nach Hinst dem *metasprachlichen* Prädikator „ist wahr" zu. Dieser wird definiert mit Hilfe eines Teils der semantischen Bestimmungen für eine (die entsprechende) Objektsprache. So gesehen und bestimmt, erweist sich der metasprachliche Prädikator „ist wahr" nicht als logisch überflüssig im Sinne der Redundanztheorie; vielmehr ist dieser Prädikator nur in dem Sinne überflüssig, in dem jedes Definiendum jederzeit durch das entsprechende Definiens ersetzt werden kann. Hinsichtlich des metasprachlichen Prädikators „ist wahr" kann daher nach Hinst nicht gesagt werden, daß das Wahrheitsproblem verschwindet. — Wie die Definition des metasprachlichen Prädikators „ist wahr" erfolgt, soll im folgenden Abschnitt am Beispiel einer fundamentalsemantisch aufgebauten Sprache gezeigt werden.

3.5.1.2. Definition des metasprachlichen Prädikators „ist wahr" am Beispiel einer fundamentalsemantisch aufgebauten Sprache

Die in dem angegebenen Sinne zu verstehende Definition des „Wahrheitsbegriffs" sei im folgenden erläutert am Beispiel der Semantik einer Sprache S, in der aus Prädikat- und Individuenkonstanten zunächst Atomaussagen, und aus diesen dann mit Hilfe von Variablen, Junktoren und Quantoren komplexe Aussagen gebildet werden können; Atomaussagen und negierte

133

Atomaussagen sollen zusammenfassend als Basisaussagen bezeichnet werden. Die Semantik von S soll als Fundamentalsemantik so weit skizziert werden, daß die Bedeutung der logischen und deskriptiven Konstanten festgelegt und der Wahrheitsbegriff definiert ist. Diese beiden Aufgaben löst eine Fundamentalsemantik, wenn sie folgende Bestimmungen enthält: (1) zu jeder Individuenkonstanten, die einen empirisch erfahrbaren Gegenstand bezeichnen soll, eine Regel, die festlegt, als Name für welchen Gegenstand die betreffende Konstante verwendet werden soll (Bezeichnungsregeln); (2) zu jeder Prädikatkonstanten eine endliche Menge von axiomatisch gesetzten Basisaussagen (spezielle Bedeutungspostulate); (3) zu jeder Prädikatkonstanten einen Handlungszusammenhang, dessen Vollzug mit der Konstatierung einer mit der Prädikatkonstanten gebildeten Basisaussage endet (Operationalisierungen); (4) eine Menge von Regeln, die erlauben, von einer endlichen Menge von wahren Basisaussagen auf eine Basisaussage zu schließen (Prädikatorenregeln); (5) eine Menge von axiomatisch gesetzten beliebigen Aussagen (allgemeine Bedeutungspostulate); (6) eine Menge von Regeln, die erlauben, von einer Menge von wahren Aussagen einer bestimmten logischen Struktur auf eine Aussage einer bestimmten logischen Struktur zu schließen (Deduktionsregeln); (7) die *Definition*, daß eine Aussage *wahr* sein soll, wenn sie entweder gemäß (2) oder (5) axiomatisch gesetzt, oder gemäß (3) konstatiert, oder gemäß (4) oder (6) logisch erschließbar ist. Weitere semantische Bestimmungen sind möglich, z. B. darüber, wie wahre Aussagen weiterverwendet werden dürfen.

Die Bestimmung (7) ist eine Explizitdefinition des Wahrheitsbegriffs. Es zeigt sich, daß dieser sich mit einem Teil der essentiellen Bestimmungen einer Fundamentalsemantik für eine bestimmte Sprache deckt. Will man ihn genau charakterisieren, so muß man folgendermaßen formulieren: der fundamentalsemantisch relevante Wahrheitsbegriff wird als metasprachlicher Prädikator aufgefaßt und durch die *Aufzählung* der Verfahren, durch die eine Aussage als wahr klassifiziert wird (bzw. werden kann), *festgelegt*.

3.5.2. Einige kritische Hinweise

[1] Hinsts Ansatz bei der Kritik an Tarski dürfte deshalb einleuchten, weil der Rekurs auf eine Metasprache die semantischen
Probleme nur auf eine andere, höhere Ebene verlagert. Sobald
man aber die Frage stellt, wie diese Kritik genau zu verstehen
und der daraus gewonnene Ansatz positiv zu entwickeln ist,
erweist sich die Position von Hinst als unbestimmt, unvollständig und mehrdeutig. Die entscheidende Frage dürfte sein:
Was soll bzw. will die Fundamentalsemantik leisten? Will sie
eine *Theorie* sein, so heißt das, daß sie *etwas erklären* will, in
welchem Sinne auch immer. Sie muß also angeben können, was
sie unter *erklären* versteht und worin sie ihr *Explikandum*
erblickt.

Statt „Erklärung" sagt Hinst normalerweise „Festlegung"
(sc. der Bedeutung sprachlicher Ausdrücke). Was aber heißt
Festlegung und *was* soll festgelegt werden? Diese Fragen bezie-
hen sich auf den (philosophischen) Theoriestatus des fundamen-
talsemantischen Programms. Die Ungeklärtheit des Theorie-
status der Fundamentalsemantik erklärt sich daraus, daß Hinst
sich bis jetzt nur mit dem Aufbau *formalisierter* Sprachen
(= Wissenschaftssprachen in einem engeren Sinne) befaßt hat.
Da solche Sprachen *konstruierte* Sprachen sind, besagt hier
„Festlegung" der Bedeutung nichts anderes als Konstruktion,
Einführung sprachlicher Ausdrücke, deren Bedeutung mit den
Verwendungsregeln dieser Ausdrücke identifiziert wird.

Insofern Hinsts Programm sich auf die Konstruktion von in
diesem Sinne verstandenen Wissenschaftssprachen beschränkt,
kann es sich für ihn nur um die Beschreibung des Funktionierens
jener Verfahren und Regeln handeln, die zum Erreichen eines
vorausgesetzten und als solchen nicht weiter problematisierten
Zieles erforderlich sind. Einziger Maßstab für die Beurteilung
einer solchen „Erklärung" als Bedeutungsfestlegung ist dann der
Erfolg bzw. Mißerfolg. „Erklären" heißt hier „Festlegung" als
Konstruktion der Mittel zur Erreichung eines vorausgesetzten
(vorgegebenen) Zieles. Das Explikandum hat hier die engere

Bedeutung eines „Construendum" (= das Funktionieren einer Wissenschaftssprache).

[2] *Philosophische* Probleme hinsichtlich der Fundamental-semantik tauchen dann auf, wenn die Frage nach der Rationali-tät, Begründbarkeit, nach den Voraussetzungen, Implikationen und besonders nach der Reichweite eines solchen Programms gestellt wird, kurz: wenn verlangt wird, daß der *philosophische Theoriestatus* der Fundamentalsemantik expliziert wird. Späte-stens an dieser Stelle muß eine Entscheidung über Anspruch und Status der Fundamentalsemantik gefällt werden. Ihren philo-sophischen Theoriestatus kann die Fundamentalsemantik nur dann klären, wenn sie die Reflexion über ihr eigenes Tun in dieses selbst einbezieht, d. h. wenn sie *selbstreflexiv* wird. Voll-zieht sie diesen Schritt nicht, so kann sie nicht den Anspruch erheben, „Fundamentalwissenschaft" bzw. „-disziplin" zu sein: sie hätte dann keine eigentliche philosophische, sondern nur sprachtechnische Relevanz. Beansprucht sie dennoch, Fundamen-talwissenschaft zu sein, so nur um den Preis, einen willkürlich-dogmatischen Standpunkt zu beziehen. Vollzieht sie aber den genannten Schritt, so heißt das, daß sie sich *universalisiert,* d. h. daß sie ihren eigenen Theoriestatus und damit ihre Leistungs-fähigkeit als Fundamentaldisziplin freilegt.

Bis jetzt ist Hinsts Fundamentalsemantik durch einen zwie-spältigen Charakter gekennzeichnet: auf der einen Seite ver-steht sie sich als Fundamentaldisziplin, auf der anderen Seite thematisiert sie nicht ihren eigentlich philosophischen Theorie-status, indem sie sich weitgehend als ein rein sprachtechnisches Unternehmen bzw. Programm ausgibt.

[3] Die der Fundamentalsemantik zugrundeliegende große Intuition dürfte die sein, daß die „Bedeutungen" durch den fort-laufenden Rekurs auf stets höhere Sprachebenen nicht „erklärt" werden können. Um mit diesem Problem fertig zu werden, greift Hinst im Anschluß an den späten Wittgenstein auf den Gedanken zurück, „daß die Rede von der Bedeutung eines Aus-

drucks durch die Rede von seiner Verwendung zu ersetzen ist" [159]. Damit werden Bedeutungen auf Handlungen zurückgeführt: sie werden durch bzw. als illokutionäre Akte, d. h. durch bzw. als „Handlungen, die man mit der Äußerung von Sätzen vollzieht" [160], erklärt. Dieser Gedanke dürfte entscheidend sein auch für die Klärung der Problematik der Begründung, Selbstbegründung, Voraussetzung usf., d. h. jener Problematik, mit der sich die Philosophie besonders seit Beginn der Neuzeit eingehend befaßt. Aber dieser Gedanke ist nur dann einsichtig und erweist nur dann seine Tragweite, wenn er nicht beschränkt bleibt auf einige wenige — relativ untergeordnete — illokutionäre Akte, sondern wenn die wirklich zentralen und grundlegenden philosophischen illokutionären Akte expliziert und zur Geltung gebracht werden [161]. Solche philosophischen

[159] Ebd. S. 38. Hinst verweist auf Wittgenstein: „Man kann für eine große Klasse von Fällen der Benützung des Wortes ‚Bedeutung' — wenn auch nicht für alle Fälle seiner Benützung — dieses Wort so erklären: Die Bedeutung eines Wortes ist sein Gebrauch in der Sprache" (Wittgenstein [1/1] S. 311, § 43).

[160] Hinst [2] S. 4.

[161] Ob der Ausdruck „illokutionärer Akt" ein geeigneter Ausdruck ist, um die hier anvisierte Sache zu charakterisieren, wäre noch zu prüfen. Berücksichtigt man den „ursprünglichen" Sinn dieses Ausdrucks bei Austin und Searle, so dürfte klar sein, daß er bei Hinst eine beträchtliche Bedeutungserweiterung erfahren und eine größere — systematische — Tragweite erhalten hat. Strenggenommen sind illokutionäre Akte Handlungen im Sinne von Äußerungen von Sätzen zu einem bestimmten Zeitpunkt; als solche sind sie also Sprachepisoden (z. B. „Ich verspreche"). Es ist aber klar, daß Hinst illokutionäre Akte wie „Ich folgere p" usw. nicht als eine einzelne Handlung bzw. Sprechepisode nimmt, sondern sie als Handlungstyp, mit dem die Bedeutung einer ganzen Klasse von Ausdrücken festgelegt wird, versteht. Darüber hinaus kennt Hinst den Begriff der Folge von Äußerungen, d. h. den Begriff der Handlung, „die man als aus Teilhandlungen zusammengesetzt konstruieren" (Hinst [2] S. 40) kann. Eine solche Äußerungsfolge bzw. „komplexe Handlung" (ebd.) ist z. B. nach Hinst die Deduktion. Hier erfährt der Ausdruck „illokutionärer Akt" zweifellos

137

illokutionären Akte sind jene sprachlich artikulierten bzw. artikulierbaren „Handlungen", die die große philosophische Programmatik tragen, wie z. B. „Begreifen der Kohärenz des Denkens und des Wirklichen" (= höchster philosophischer illokutionärer Akt), „Begründung und Selbstbegründung", „kritische Sichtung und Prüfung aller Behauptungen hinsichtlich ihrer Sachgemäßheit und ihres Zusammenhangs" u. ä.[162]
Bisher hat Hinst nur wenige illokutionäre Akte analysiert, nämlich diejenigen, die nur bestimmte (= partikuläre) Sprachen erzeugen (wie z. B. „Setzung", „Annahme", „Folgerung", „Deduktion", „Anziehung", „Konstatierung" u. ä.). In der Tat hat Hinst bis jetzt nur eine logische Sprache L_1, zwei mathematische Sprachen $L_{2.1}$ und $L_{2.2}$ und eine „erfahrungswissenschaftliche" Sprache L_3 entfaltet[163]. Im übrigen ist noch anzumerken, daß Hinsts Andeutung zu einer „Strukturtheorie der Fundamentalsemantiken"[164] zwar eine beachtliche Erweiterung des bisherigen Programms darstellt, aber den oben angesprochenen *philosophischen Theoriestatus* der Fundamentalsemantik noch nicht erreicht.

[4] Auf dem Hintergrund der angedeuteten Möglichkeiten und Aufgaben der Fundamentalsemantik läßt sich Hinsts Bestimmung des Wahrheitsbegriffs situieren und einer kritischen Würdigung unterziehen.
[i] Was Hinst unter der Bezeichnung „objektsprachlicher Prä-

eine Bedeutungs- bzw. Verwendungserweiterung. Im Sinne derselben Erweiterung sind die im Haupttext angesprochenen „großen philosophischen illokutionären Akte" als „komplexe Handlungen" oder als „programmatische Handlungen" zu verstehen. Es kommt entscheidend auf die Einsicht an, daß erst mit einer solchen Handlung die *Bedeutung* von Ausdrücken wie „Begreifen", „Selbstbegründung" u. ä. festgelegt, d. h. hier: aufgezeigt ist.

[162] Vgl. dazu Andeutungen in Puntel [5].
[163] Vgl. Hinst [2] Kap. 2.
[164] Ebd. S. 104 ff.

dikator ‚ist wahr'" beschreibt, hat mit „Objektsprache" im strengen Sinn nichts zu tun; denn die Sprachebene, auf der der beschriebene Sachverhalt sich abspielt, ist gerade nicht eine solche, die „Objekt" wäre; vielmehr handelt es sich um jene Sprachebene, auf welcher illokutionäre Akte vollzogen werden (hier: die illokutionären Akte der Klassifizierung von Propositionen als „wahr"). Eher könnte (bzw. müßte) man diesen Prädikator „(ursprünglichen) performativsprachlichen" Wahrheitswertprädikator nennen[165]. Natürlich ist dieser Prädikator *Objekt* der Betrachtung des Theoretikers; aber in *dieser* Hinsicht ist auch der *andere*, der „metasprachliche" Wahrheitswertprädikator, *Objekt* derselben Betrachtung. Nicht um diese Perspektive (die Betrachtung seitens des Theoretikers) geht es hier, sondern um den Zusammenhang bzw. die Bestimmung des Status der *beiden betrachteten* Prädikatoren. Freilich wirft diese Unterscheidung zwischen „Betrachtung seitens des Theoretikers" und „betrachtetem Zusammenhang von Prädikatorenpaaren" schwerwiegende Probleme auf, auf die aber Hinst nicht eingeht[166].

[165] Vgl. dazu die Überlegungen zu Tarski oben 2.1.2.3.1. [2] und [3]. Eine vollständige Explikation des philosophischen Theoriestatus der Fundamentalsemantik müßte das Verhältnis zwischen folgenden Sprachebenen klären: (einfacher) performativsprachlicher Ebene, (ursprünglicher) performativsprachlicher Ebene, wahrheitstheoretischer Sprachebene, objektsprachlicher Ebene, metasprachlicher Ebene.

[166] Strenggenommen müßte man sagen, daß es sich hier um eine meta-metasprachliche (MMS-)Ebene handelt. Soll aber diese MMS-Ebene nicht auf eine weitere Sprachstufe (M-MMS) zurückgeführt, d. h. soll der Regreß ins Unendliche vermieden werden, so muß sie als *selbstreflexive* (ursprüngliche) *performative* Sprachebene verstanden werden; denn nur so kann diese Sprachebene „über sich" sprechen, ohne daß dies bedeuten würde, man hätte von einer anderen, weiteren (Meta-)Sprachebene Gebrauch gemacht. — Daß Hinst diese Zusammenhänge nicht klärt, zeigt sich u. a. darin, daß nach ihm „die Metasprache nur die Funktion einer entbehrlichen Erläuterungssprache [hat]; die durch sie vermittelten Kenntnisse können auch durch Drill vermittelt werden, bei dem nur eine solche Sprache verwendet wird, die keine der

Indem Hinst die Redundanz des auf der „(ursprünglichen) performativsprachlichen" Ebene auftretenden „illokutionären" Prädikators „ist wahr" behauptet, erklärt er gerade nicht dieses Auftreten selbst und dessen Implikationen. „Wahr" — was immer man sonst darunter verstehen mag — impliziert auf alle Fälle eine (innersprachliche) „Differenz" zwischen Anspruch und Einlösung [167]. Es ergibt sich daraus, daß auf jener Sprachebene (= der Sprachebene der illokutionären Akte), hinter die nicht mehr zurückgegangen werden kann, sich eine innere Sprachdifferenz zeigt, die gleichzeitig — eben durch jene Handlung, die „illokutionärer Akt" heißt — wieder sofort aufgehoben wird: diese Sprachdifferenz erweist sich damit als Anzeige und Ausdruck der *Selbstreflexivität* der Sprache.

Indem Hinst die These von der Redundanz des Prädikats „ist wahr" auf dieser Sprachebene aufstellt, übersieht er die mit dem Auftreten des Prädikators „ist wahr" gegebene *selbstreflexive* Struktur der (dieser) Sprache. Diese Nichtberücksichti-

---

Ausdrucksmittel enthält, deren Verwendung und damit Bedeutung ja gerade erst eingeübt werden soll. Durch die Verwendung einer stärkeren Metasprache kann dieser Drill jedoch erheblich abgekürzt werden" (Hinst [2] S. 105). An einer anderen Stelle heißt es: „Denn hinreichend viel Zeit vorausgesetzt, könnte die Verwendung der objektsprachlichen Sätze ... auch ohne Verwendung irgendeiner Metasprache durch Vormachen und Nachahmen gelehrt und gelernt werden ..." (Hinst [2] S. 48). — Diese Reduktion der Bedeutung sprachlicher Ausdrücke auf „Drill", „Vormachen und Nachahmen" (vgl. dazu die „Abrichtung" bei Wittgenstein: Belege in Wittgenstein [2] S. 3) kommt einer behavioristischen Position gleich. Gerade weil diese Auffassung den *selbstreflexiven* Charakter der Sprache nicht berücksichtigt, hat sie keine Antwort auf die vielfältigen Formen der philosophischen *quaestio iuris*. Sie kann gerade nicht die *Bedeutung* eben jener sprachlichen Ausdrücke erklären, die eine *quaestio iuris* artikulieren; denn die Bedeutung einer Frage im Sinne einer *quaestio iuris* wird nicht durch Drill, durch Vormachen und Nachahmen gelehrt oder gelernt.

[167] Vgl. dazu bes. oben 2.2.2. [2] und 3.4.2.2.1. [2] und unten 6.1. [2] [ii].

gung der Selbstreflexivität der Sprache dokumentiert sich bei Hinst u. a. darin, daß er denselben — in dieser Arbeit mehrmals aufgezeigten — Fehler begeht wie die Redundanztheorie: er liest die Äquivalenzformel *nur* ein-seitig, nämlich von links nach rechts [168]. Es zeigt sich somit, daß Hinst die Bedeutung von „ist wahr" auf dieser ursprünglichen Sprachebene (in seiner Terminologie: die Bedeutung des „objektsprachlichen" Prädikators „ist wahr") nicht erfaßt.

[ii] Was seine Bestimmung des *metasprachlichen* Prädikators „ist wahr" angeht, so wird kaum zu bestreiten sein, daß die von ihm angegebenen „Bestimmungen" zur Bedeutung des so verstandenen Prädikators zu rechnen sind. Ist aber damit *die* Bedeutung von „ist wahr" getroffen? Hinsts Definition von „ist wahr" besteht darin, daß er die Verfahren *aufzählt,* durch die eine Aussage als „wahr" klassifiziert werden kann. Es werden also von ihm die *Fälle* genannt, bei denen von „wahr" die Rede sein kann bzw. muß. Worin besteht aber die allen aufgezählten Verfahren *gemeinsame* „Eigenschaft" (Leistungskraft), Wahrheit zu „erzeugen" bzw. zu „konstituieren"? Erst die vollständige Herausarbeitung dieses *gemeinsamen* „Merkmals" wäre als angemessene Wahrheitsdefinition anzusehen. Grundsätzlich betrachtet sind bezüglich der hier aufgezeigten Problematik dieselben Überlegungen anzustellen, die schon im Hinblick auf Tugendhats SA$_{FOV}$-TW vorgelegt wurden [169]. Wie im Falle dieser Theorie würde sich dann zeigen, daß der Versuch einer angemessenen Definition der Wahrheit auf den Gedanken der Kohärenz zurückgreifen muß.

---

[168] Vgl. dazu oben 3.1. [3] und 3.4.2.2.1. [2].
[169] Vgl. oben 3.4.2.5.2 und 3.4.2.5.3.

4. INTERSUBJEKTIVITÄTSTHEORIE(N) DER WAHRHEIT (IS-TW)

4.1. Zum historischen Hintergrund der IS-TW (Ch. S. Peirce)

„Intersubjektivität" ist bekanntlich ein Gedanke, der in ganz besonderer Weise im Deutschen Idealismus betont und herausgearbeitet wurde. Die Verbindung von Intersubjektivität und Wahrheit allerdings wurde von dieser Richtung nicht hinreichend gesehen und überhaupt nicht entwickelt. Dies dürfte vor allem darauf zurückzuführen sein, daß die Sprache als universales Medium der Philosophie noch nicht hinreichend zum Zuge kam.

Erst *Ch. S. Peirce* leitete hier die große Wende ein, indem er den ursprünglich transzendentalidealistischen Begriff der Intersubjektivität mit der Idee einer universalen Semiotik verknüpfte[1]. Damit wurde das Verständnis von Wahrheit auf die Ebene einer transzendentalpragmatisch und semiotisch gedeuteten Intersubjektivität verlagert. Diese Intersubjektivität wird von Peirce als unbegrenzte Forschergemeinschaft aufgefaßt. Wahrheit wird jetzt in engste Verbindung mit Überzeugung und Konsens gebracht. Im Laufe einer langen Entwicklung gelangte Peirce zu einer immer deutlicher hervortretenden Überwindung einer gewöhnlichen (klassischen) pragmatischen Sicht, so daß er zuletzt nicht mehr von „Pragmatismus", sondern nur von „Pragmatizismus" sprach. Das pragmatische Kriterium der Anleitung unserer Handlungen im Sinne einer Befriedigung unserer Handlungsintentionen findet sich in gewisser Hinsicht in allen Entwicklungsphasen Peirces. Seine philosophi-

---

[1] Vgl. dazu den von K. O. Apel unternommenen großangelegten Versuch einer Rekonstruktion dieser Entwicklung (in: Apel [1]).

schen Definitionen der Wahrheit wollen nicht abstrakt sein, sondern sollen als regulatives Prinzip der Überprüfung von Überzeugungen dienen können. Im folgenden seien zwei Definitionen der Wahrheit angeführt. In einer im Jahre 1903 angefügten Ergänzung zum Aufsatz ›Die Festlegung einer Überzeugung‹ aus dem Jahre 1877 heißt es:

„... Wahrheit ist weder mehr noch weniger als jener Charakter eines Satzes (proposition), welcher darin besteht, daß der Glaube an den Satz uns, bei hinreichender Erfahrung und Reflexion, zu einem solchen Verhalten (conduct) führen würde, wie es zu einer Befriedigung der Wünsche, die wir dann haben sollten, die Tendenz haben würde. Zu sagen, daß die Wahrheit mehr als dies meint, besagt, daß sie überhaupt keinen Sinn hat." [2]

Peirces bekannteste und bedeutendste „Definition" der Wahrheit findet sich in *Baldwin's Dictionnary* (1901). Sie lautet:

„Wahrheit ist die Übereinstimmung einer abstrakten Feststellung mit dem idealen Grenzwert, an den unbegrenzte Forschung die wissenschaftliche Überzeugung anzunähern die Tendenz haben würde; jene Übereinstimmung kann die abstrakte Feststellung vermöge des Bekenntnisses ihrer Ungenauigkeit und Einseitigkeit besitzen; dieses Bekenntnis ist ein wesentliches Ingrediens der Wahrheit." [3]

Die in diesem Abschnitt darzustellenden sprachpragmatischen bzw. Intersubjektivitätstheorien der Wahrheit sind nur vor dem geschilderten Hintergrund verständlich, allerdings unter der Berücksichtigung weiterer, im einzelnen sehr bedeutsamer Entwicklungen. So ist für die Konsensustheorie als Diskurstheorie der Wahrheit charakteristisch, daß sie kommunikationstheoretisch-semiotische Elemente sowohl mit transzendentalidealistischen als auch mit historisch-materialistischen (neomarxistischen) zu verbinden versucht. Die andere hier darzustellende sprach-

---

[2] Peirce [1/V] 375, Anm. 2 (= [2/I] S. 127 bzw. 319).
[3] Peirce [1/V] 565 (= [2/II] S. 459).

pragmatische TW, nämlich die konstruktivistische Spiel- oder Dialogtheorie der Wahrheit Erlanger Provenienz, ist wiederum von anderen Entwicklungstendenzen beeinflußt, vor allem vom Programm einer radikalen Selbstbegründung der Philosophie im Stile Hugo Dinglers und von der konstruktivistisch ausgerichteten intuitionistischen Logik und Metamathematik (Gentzen, Brouwer).

Über das immense Gebiet der sprachpragmatischen IS-TW liegt eine ständig anwachsende Literatur vor, die anzeigt, daß diese Theorien zum einen im Mittelpunkt der Diskussionen um den Wahrheitsbegriff stehen und zum anderen — eben dadurch — in einem raschen Wandlungsprozeß begriffen sind. — Im vorliegenden Kapitel sollen nur zwei repräsentative Varianten dieser Richtung dargelegt werden: die Konsensus- bzw. Diskurstheorie von J. Habermas (4.2.) und die dialogische (konstruktivistische) Theorie von K. Lorenz (4.3.).

4.2. Konsensus- bzw. Diskurstheorie der Wahrheit (J. Habermas) (IS$_K$-TW)

Das Verständnis von Wahrheit als Konsens ist heute sehr stark verbreitet, ohne daß allerdings gesagt werden kann, daß dieser Begriff einen genau bestimmten Sinn aufweist. Unter den Vertretern der Konsensustheorie dürfte J. Habermas derjenige sein, der die bislang präziseste Fassung dieser Theorie vorgelegt hat. Beim Versuch, Habermas' Konsensustheorie darzustellen und zu diskutieren, ist in ganz besonderer Weise auf eine genaue und vollständige Wiedergabe seiner Gedankenführung Wert zu legen, und zwar vor allem angesichts der Vielzahl der sich nicht gerade durch Präzision und Sachdurchdringung auszeichnenden Arbeiten über diese Theorie. Es besteht die Gefahr, daß diese Theorie buchstäblich zerredet wird, statt sachgemäß entwickelt bzw. kritisiert zu werden.

Im folgenden soll zunächst eine genaue Darstellung vorgelegt (4.2.1.) und anschließend der Versuch einer kritisch-systematischen Rekonstruktion und Fortführung besonders des in dieser Theorie implizierten metatheoretischen Erklärungsapparats unternommen werden (4.2.2.).

4.2.1. Habermas' Gedankenführung

Nachdem Habermas in mehreren Arbeiten mehr oder weniger fragmentarische Bemerkungen zur IS_K-TW formuliert hatte, legte er im Jahre 1973 einen ersten, bis zu einem gewissen Grad systematisch zu nennenden Entwurf vor [4]. Freilich bleiben die meisten Ausführungen mehr oder minder Andeutungen; außerdem — wie sich noch zeigen wird — weist das von ihm herangezogene metatheoretische Begriffsinstrumentarium störende Unklarheiten, ja ausgesprochene Unstimmigkeiten auf.

4.2.1.1. Ansatz

Habermas gewinnt den Ansatz seiner IS_K-TW aufgrund einer Klärung von *drei Vorfragen*.

[1] Die *erste* lautet: „Was ist es, wovon wir sagen dürfen, es sei wahr oder falsch?" [5] Zunächst schließt er die Sätze als „Wahrheitsträger" aus. Da nun jene Klasse von Äußerungen, die man Behauptungen nennt, datierbare Sprachepisoden darstellen, können auch sie nicht als Wahrheitsträger angesehen werden, besagt doch Wahrheit einen Invarianzanspruch. Daher entscheidet sich Habermas für die Aussage als dasjenige, dem Wahrheit bzw. Falschheit zugeschrieben wird. Allerdings möchte er die Aussagen „nicht jeder assertorischen Kraft berauben" [6]; vielmehr hebt er hervor, daß Aussagen in eine Behauptung bzw. in einen

---

[4] Vgl. Habermas [2].
[5] Ebd. S. 211.
[6] Ebd. S. 212.

Sprechakt eingebettet sind. Kurz: wahr ist nicht die Behauptung als Sprechakt — als solcher ist sie berechtigt oder unberechtigt —, sondern die Aussage als Behauptetes. Diese Erläuterungen enthalten im Grunde nichts Neues; neu hingegen ist die Bezugnahme auf die Pragmatik einer bestimmten Klasse von Sprechakten (nämlich von konstativen Sprechakten) beim Versuch, den Sinn von Wahrheit zu klären. Dieser fundamentale Gesichtspunkt führt zur ersten und grundlegenden Bestimmung von Wahrheit: „Wahrheit ist ein Geltungsanspruch, den wir mit Aussagen verbinden, indem wir sie behaupten." [7] „Geltungsanspruch" ist zwar eine „Qualität" von Aussagen, die aber nur dann gegeben ist, wenn sie durch einen Sprechakt „erzeugt", d. h. wenn der Geltungsanspruch erhoben wird. Damit hat Habermas das erste Definiens von Wahrheit namhaft gemacht.

[2] Das *zweite* Definiens gewinnt er anhand der Klärung einer *zweiten* Vorfrage, die es mit der SA$_R$-TW zu tun hat. Habermas bemerkt, daß diese Theorie eine richtige Beobachtung macht, nämlich daß die Aussage „,p' ist wahr" der Behauptung „daß ,p'" nichts hinzufügt; andererseits vernachlässige die Redundanztheorie den anderen Umstand, daß, indem „p" behauptet wird, für „p" ein Wahrheitsanspruch erhoben wird. Habermas versucht, beiden Seiten dadurch Rechnung zu tragen, daß er zwischen naiv vollzogenen Behauptungen und metasprachlichen Feststellungen unterscheidet. Damit gewinnt er die für seine Diskurstheorie fundamentale Einsicht in die Unterscheidung zwischen Handlungen und Diskursen. Im Handlungsbereich werden die in Äußerungen (Behauptungen) implizierten Geltungsansprüche stillschweigend vorausgesetzt und anerkannt; wird hingegen ein Diskurs geführt, so werden die Handlungszusammenhänge verlassen (gewissermaßen unterbrochen), um bezüglich der problematisch gewordenen Geltungsansprüche Argumente (nicht Informationen) auszutauschen. Und so beantwortet Habermas die zweite Frage folgendermaßen:

[7] Ebd.

146

„In Zusammenhängen kommunikativen Handelns wäre eine Explikation des mit Behauptungen erhobenen Geltungsanspruches redundant; unumgänglich ist sie aber in Diskursen, da diese die Berechtigung von Geltungsansprüchen thematisieren." [8]

Mit anderen Worten: zwischen Wahrheit und Diskurs besteht ein notwendiger und unabdingbarer struktureller Zusammenhang.

[3] Eine *dritte* Vorfrage formuliert Habermas so: „Wie verhalten sich die Tatsachen, die wir behaupten, zu den Gegenständen unserer Erfahrung?" [9] Damit bezieht er sich auf eine Grundannahme der KR-TW. Gegenstände der Erfahrung sind nach Habermas das, *worüber* wir Behauptungen aufstellen und *wovon* wir etwas behaupten; Tatsachen hingegen sind das, *was* wir behaupten (*von* Gegenständen). Gegenstände sind „etwas in der Welt", Tatsachen aber nicht. Nach Habermas begeht die KR-TW den Fehler, daß sie Tatsachen mit Gegenständen verwechselt: indem sie nämlich annimmt, daß wahre Aussagen Tatsachen korrespondieren sollen, setzt sie voraus, daß die Tatsachen als die Korrelate von Aussagen etwas Wirkliches in der Welt, also Gegenstände sind. Dennoch behauptet Habermas, daß die KR-TW sich auf eine „richtige Beobachtung" stützt: die Aussagen dürfen nicht vorgespiegelt, sondern müssen „gegeben" (also „wirklich") sein.

An dieser Stelle trifft er eine Entscheidung, die für seine Konsensustheorie von fundamentaler Bedeutung ist und die Anlaß zu zahlreichen Einwänden gegeben hat. Wie noch zu zeigen sein wird, unterschlägt Habermas durch eine fragwürdige Unterscheidung einen grundlegenden Sachverhalt. Er versucht nämlich, der „richtigen Beobachtung" der KR-TW durch Rekurs auf die Unterscheidung zwischen Handlungszusammenhängen und Diskursen in folgender Weise Rechnung zu tragen: Er meint, daß die „Schwierigkeit verschwindet", wenn man die erwähnte

[8] Ebd. S. 215.
[9] Ebd.

Unterscheidung hier in folgender Weise zur Geltung bringt: „Tatsachen" *als* Tatsachen kommen zur Sprache allein im Kommunikationsbereich des Diskurses, während die Behauptung die Rolle einer Information über eine Erfahrung mit Gegenständen allein im Handlungszusammenhang spielt:

> „Wahrheitsfragen stellen sich daher im Hinblick nicht sowohl auf die innerweltlichen Korrelate handlungsbezogener Kognition, als vielmehr auf Tatsachen, die erfahrungsfreien und handlungsentlasteten Diskursen zugeordnet sind. Darüber, ob Sachverhalte der Fall oder nicht der Fall sind, entscheidet nicht die Evidenz von Erfahrungen, sondern der Gang von Argumentationen. Die Idee der Wahrheit läßt sich nur mit Bezugnahme auf die diskursive Einlösung von Geltungsansprüchen entfalten." [10]

Habermas hat hier den Gesichtspunkt der Einlösbarkeit einer Behauptung im Blick und sagt in dieser Hinsicht zu Recht, daß die Wahrheit als Geltungsanspruch nicht durch Inanspruchnahme von Erfahrung bzw. Evidenz, sondern nur durch Argumentation eingelöst werden kann. Aber das war doch nicht dasjenige, was Habermas selbst als die „richtige Beobachtung" der KR-TW herausgearbeitet hatte. Der Kern dieser „richtigen Beobachtung" wird nämlich von Habermas selbst formuliert, wenn er sagt, daß das, was wir *von Gegenständen* behaupten, eine Tatsache ist. Dieser „Gegenstandsbezug" der Tatsache — und damit des Diskurses, des Geltungsanspruchs und somit auch der Wahrheit — wird von Habermas nur am Anfang nebenbei genannt und dann wegdistinguiert. Der „Gegenstandsbezug" erfährt in seiner IS_K-TW keine Thematisierung mehr. Gegen diesen Punkt richten sich, wie schon oben bemerkt, viele Einwände seitens der Kritiker der IS_K-TW [11], ohne daß diese Kritiker allerdings die genaue systematische Stelle, an der der Fehler (d. h. der Thematisierungsmangel) bei Habermas auftritt, ausgemacht oder markiert hätten.

[10] Ebd. S. 218.
[11] Vgl. z. B. Beckermann [1], Höffe [1] u. a.

[4] Aufgrund dieser Überlegungen gelangt Habermas zu folgender Bestimmung von Wahrheit: *Wahrheit meint einen diskursiv einlösbaren Geltungsanspruch.* Die beiden Begriffe „Geltungsanspruch" und „diskursive Einlösbarkeit" bilden die Definientia von Wahrheit. Der andere Aspekt, der in der dritten Frage angesprochen wurde — man könnte ihn, mit einem Ausdruck Tugendhats, die „gegenständliche Komponente" nennen [12] —, wird nicht mehr weiter als solcher berücksichtigt. (Indirekt schneidet Habermas diese Problematik wieder an, wenn er das Verhältnis von Wahrheit und Objektivität erörtert [13].) Während Habermas noch in der Arbeit „Vorbereitende Bemerkungen zu einer Theorie der kommunikativen Kompetenz" den Satz schrieb: „Wahr nennen wir eine Aussage dann, wenn das Prädikat dem genannten Gegenstand zukommt" [14], ist in der systematischen Arbeit von einer solchen gegenständlichen Komponente nicht mehr die Rede. Vielmehr ist Habermas nur noch bemüht, „Geltungsanspruch" und „diskursive Einlösbarkeit" zu klären.

Der ganze Aufsatz von Habermas ist so aufgebaut, daß er in den Teilen II und III den Geltungsanspruch, den Wahrheit meint, von anderen Geltungsansprüchen abhebt und auf irrige Auffassungen hinweist, die aus der Nichtbeachtung dieser Unterscheidung erwachsen; in den Teilen IV und V versucht er, das andere Definiens — die diskursive Einlösbarkeit — zu klären.

Auf die Frage, was „Geltungsanspruch" *als* solcher besagt, antwortet Habermas nur mit einigen Sätzen am Anfang des großen Aufsatzes [15] und im neuen *Nachwort* zur Taschenbuchausgabe von „Erkenntnis und Interesse" [16]. Er versucht, die Bedeutung von Geltungsanspruch am Modell des Rechtsanspruches klarzumachen. Zwei Gesichtspunkte sind besonders zu

[12] Vgl. oben 3.4.2.2.2.
[13] Vgl. unten 4.2.1.2. [2] [ii].
[14] Habermas [1] S. 123.
[15] Vgl. Habermas [2] S. 212 ff.
[16] Vgl. Habermas [3] S. 382 ff., bes. 388 f.

berücksichtigen. Zum ersten: ein Anspruch ist dann berechtigt, wenn und soweit er — aus Gründen, die in der Sache selbst liegen — aufrechterhalten werden kann; zum zweiten: der Sinn eines Rechtsanspruches (z. B. eines Eigentumstitels) kann mit Hilfe von zwei verschiedenen Fragen geklärt werden: „a) wozu berechtigt mich dieser Titel und b) was bedeutet er *als* ein Rechtstitel?" [17] Für die später noch zu erörternde Frage, ob Habermas' IS_K-TW eine definitionale oder kriteriologische TW ist, sind seine Angaben über diesen Punkt von fundamentaler Bedeutung. Auf die erste Frage ist nämlich nach Habermas mit der Angabe erlaubter Handlungen zu antworten (Berechtigung zur freien Verfügung über definierte Sachen); auf die zweite Frage ist nach ihm mit dem Hinweis auf Sicherheiten zu antworten, „die für den Fall bestehen, daß mir jemand mein Recht streitig macht: als einem Rechtstitel kann ich meinem Eigentum notfalls durch gerichtliche Prozeduren allgemeine Anerkennung verschaffen" [18]. Es wird noch genau zu prüfen sein, was diese Auskunft für die Frage nach dem Sinn von Wahrheit besagt.

4.2.1.2. Negative Bestimmung der Wahrheit als Geltungsanspruch

Den *negativen* Sinn von Geltungsanspruch erläutert Habermas aufgrund der These, daß es mindestens *vier* Klassen von gleichursprünglichen Geltungsansprüchen gibt, die ihrerseits jenen Zusammenhang bilden, den man *Vernünftigkeit* nennt: Verständlichkeit, Wahrheit, Richtigkeit (der Norm) und Wahrhaftigkeit. Wahrheit und Richtigkeit sind diskursive Geltungsansprüche, während Verständlichkeit und Wahrhaftigkeit nichtdiskursiven Charakter haben. Von Gewißheitserlebnissen unterscheiden sich Geltungsansprüche durch ihre Intersubjektivität, d. h. durch die Eigenschaft der Nachprüfbarkeit. Habermas

[17] Habermas [3] S. 388.
[18] Ebd. S. 388/389.

ordnet Wahrheit als Geltungsanspruch den konstativen Sprechakten zu.

Diese Einsichten führen ihn dazu, *vier Fehlerquellen* in den
ausgebildeten traditionellen TW aufzudecken.

[1] Zunächst nennt er die Verwechslung von *theoretischen* und
praktischen Diskursen. Diese Verwechslung begehen nach Habermas „metaphysische Wahrheitstheorien, indem sie praktische
Fragen in demselben Sinne wie theoretische als wahrheitsfähig
erklären" [19]. In denselben Fehler verfallen die positivistischen
TW, indem sie die Wahrheitsfähigkeit praktischer Fragen überhaupt leugnen.

[2] Eine Verwechslung von *Wahrheit* und *Objektivität* glaubt
Habermas bei den „transzendentalen Wahrheitstheorien" kon-
statieren zu können: in diesen Theorien übernimmt die Konstitutionstheorie der Erfahrung die Rolle der TW. Seine These
lautet:

> „Erfahrungen treten mit dem Anspruch der *Objektivität* auf; aber
> diese ist nicht identisch mit der *Wahrheit* einer entsprechenden Aus-
> sage." [20]

Diese Differenz macht er deutlich mit Hilfe der Unterscheidung
zwischen den Bedingungen der Objektivität der Erfahrung und
den in einer Logik des Diskurses festgelegten Bedingungen der
Argumentation. Diesen Unterschied seinerseits erläutert er mit
Hilfe der beiden oben genannten Fragen, die bezüglich des
Sinnes eines Rechtsanspruches gestellt werden können:

> „Die *Objektivität* einer Erfahrung bedeutet, daß jedermann mit
> dem Erfolg oder Mißerfolg bestimmter Handlungen rechnen kann;
> die *Wahrheit* einer in Diskursen behaupteten Proposition bedeutet,
> daß jedermann mit Gründen veranlaßt werden kann, den Geltungs-
> anspruch der Behauptung als berechtigt anzuerkennen." [21]

[19] Habermas [2] S. 230.
[20] Ebd. S. 233.
[21] Habermas [3] S. 389.

Kurz: Objektivität der Erfahrung ist ermöglicht durch die kategoriale Struktur von Gegenständen, so daß die Objektivität sich am kontrollierbaren Erfolg der auf diese Erfahrungen gestützten Handlungen bewährt; Wahrheit hingegen meint die Berechtigung des mit Behauptungen implizit erhobenen Geltungsanspruches und zeigt sich in erfolgreichen Argumentationen, mit denen der Geltungsanspruch eingelöst wird.

[3] Andere TW verwechseln nach Habermas *Geltungsansprüche* mit *Gewißheitserlebnissen,* so z. B. die Abbildtheorie, die Evidenztheorie, die „voluntaristische" TW usw.

[4] Schließlich weist Habermas auf die *Vertauschung von Geltungsansprüchen* hin. So vertauscht die Manifestationstheorie der Wahrheit Wahrhaftigkeit und Wahrheit, die Erfolgstheorien vertauschen Richtigkeit und Wahrheit, während nach Habermas die Dialogtheorie der Wahrheit von K. Lorenz Wahrheit mit Verständlichkeit vertauscht.

4.2.1.3. Formale Eigenschaften und Bedingungen des begründeten Konsenses (Logik des Diskurses und ideale Sprechsituation)

Die sehr verwickelten Erörterungen über das *zweite* Definiens von Wahrheit, nämlich die *diskursive Einlösbarkeit,* leitet Habermas mit der Klärung eines Einwandes ein.

[1] Diskursive Einlösbarkeit meint Konsens, nicht aber im Sinne jeder zufällig zustandegekommenen Übereinstimmung, sondern in dem Sinne, daß „jeder andere, der in ein Gespräch mit mir eintreten *könnte,* demselben Gegenstand das gleiche Prädikat zusprechen *würde*" [22]. Kurz: Konsens meint hier *begründeten Konsens.* Um diese zentrale These der IS_K-TW zu klären, ver-

---

[22] Habermas [2] S. 219.

wendet Habermas einige Formulierungen, die man als verworren, wenn nicht gar als unstimmig bezeichnen muß. Er spricht nämlich völlig undifferenziert vom *Wahrheitskriterium* und vom *Sinn* der Wahrheit:

> „Dieser [d. h. der begründete Konsens] gilt als *Wahrheitskriterium*, aber der *Sinn* von Wahrheit ist nicht der Umstand, daß überhaupt ein Konsensus erreicht wird, sondern: daß jederzeit und überall, wenn wir nur in einen Diskurs eintreten, ein Konsens unter Bedingungen erzielt werden kann, die diesen als begründeten Konsensus ausweisen. Wahrheit bedeutet 'warranted assertibility'." [23]

Auf diese Verwendung der metatheoretischen Ausdrücke „Kriterium", „Sinn", „Bedingung" ist noch zurückzukommen.

Der Einwand ist dann so zu formulieren: Die IS_K-TW verwickelt sich in einen Widerspruch; denn eine solche Theorie kann die Bedingungen, unter denen der Konsensus steht, nur wieder durch einen Konsensus erfüllen. Habermas' Antwort darauf besteht in dem Hinweis auf die konsenserzielende Kraft des Arguments. Darunter versteht er die Erklärung des „zwanglosen Zwangs des besseren Arguments durch formale Eigenschaften des Diskurses" [24]. Negativ heißt dies nach Habermas, daß der Ausgang eines Diskurses weder durch logischen — darunter versteht er die rein logische Konsistenz von Sätzen — noch durch empirischen Zwang — etwa durch die Evidenz von Erfahrungen — herbeigeführt werden kann. Die Kraft des besseren Arguments nennt er rationale Motivation. Die Erklärung der formalen Eigenschaften des Diskurses bezeichnet er als Logik des Diskurses, wobei er diese Logik als eine pragmatische auffaßt. Aufgabe einer Logik des Diskurses ist es, Argumentation zu erklären.

[2] An dieser Stelle wird die pragmatische Orientierung von Habermas' Theorie deutlich. Er wendet sich nämlich gegen die „irrige Voraussetzung, daß eine Argumentation aus einer Kette

---

[23] Ebd. S. 239/240.
[24] Ebd. S. 240.

153

von Sätzen besteht"[25]; vielmehr setze sie sich aus Sprechakten, d. h. aus pragmatischen Einheiten der Rede, zusammen, und zwar so, daß der Übergang zwischen diesen Einheiten nicht ausschließlich (deduktiv-)logisch begründet werden könne. Argumente, die für die diskursive Erzielung eines Konsenses *triftig* sind, nennt Habermas *substantiell* in dem Sinne, daß sie „informativ ... und nicht allein aufgrund analytischer Konsistenz (oder Inkonsistenz) gelten (bzw. nicht gelten)"[26]. Habermas bestimmt Argument pragmatisch als „die Begründung, die uns motivieren soll, den Geltungsanspruch einer Behauptung oder eines Gebots bzw. einer Bewertung anzuerkennen"[27]. Am besten kann man sich Habermas' — von *St. Toulmin* übernommene — Auffassung von Argumentation dadurch klarmachen, daß man vom DN-Erklärungsmodell ausgeht, dessen Schema man gewöhnlich so anschreibt[28]:

$$\frac{G_1, \ldots, G_n \quad A_1, \ldots, A_r}{E}$$

Eine Argumentation nach Habermas (bzw. Toulmin) besteht nun darin, daß die Begründung der Gesetzeshypothese des DN-Modells ausdrücklich berücksichtigt wird, und zwar auf der pragmatischen Ebene der Entscheidung. Demnach sieht die pragmatisch-formale Struktur eines Arguments so aus[29]:

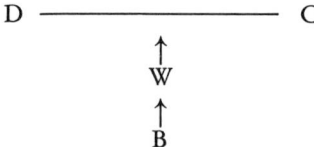

[25] Ebd. S. 241.
[26] Ebd.
[27] Ebd. S. 241/242.
[28] Erläuterung: G = Gesetzmäßigkeiten; A = Antecedensbedingung; E = Explikandum; DN = deduktiv-nomologisch.
[29] Erläuterung: D = Data; C = "Conclusion"; W = "Warrant"; B = "Backing".

Was eine Argumentation näherhin ist, erläutert Habermas durch Einführung des Begriffs „Sprach- und Begriffssystem". Eine erklärungsbedürftige Behauptung wird immer innerhalb eines solchen Systems erörtert, und zwar dadurch, daß sie mit mindestens zwei weiteren Sätzen (mit D und W [bzw. mit A und G im DN-Modell]) in einen deduktiven Zusammenhang gebracht wird. Die Sätze W (bzw. G) (also die Gesetzeshypothese) werden dann „durch kasuistische Evidenz... gestützt" [30]. Nach Habermas besteht die konsenserzielende Kraft des Arguments in dem durch Induktion — bzw. im Falle der praktischen Normen: durch Universalisierung — gerechtfertigten Übergang von B zu W. Die Legitimität dieses Übergangs beruht ihrerseits auf der „Angemessenheit der Begründungssprache an einen entsprechenden Objektbereich" [31]. Diese Angemessenheit wird wieder verbürgt durch jene kognitiven Entwicklungen, die jeder Argumentation vorausgehen. Ein Sprachsystem ist demnach jener „Rahmen", innerhalb dessen allererst jene Übergänge möglich sind, die als Argumentationen auftreten. Habermas deutet hier eine genetisch-materialistische Erklärung solcher „kognitiven Schemata" an: sie sind „Ergebnisse einer aktiven Auseinandersetzung des Persönlichkeits- und des Gesellschaftssystems mit der Natur: sie bilden sich in Assimilations- und gleichzeitigen Akkomodationsprozessen aus" [32]. Habermas führt hier den Begriff der *Kohärenz* ein, um die Möglichkeit und innere Struktur der so erklärten Argumentationen zu charakterisieren, geht aber nicht näher darauf ein.

Schließlich bemerkt Habermas, daß die Angemessenheit von Sprachsystemen an Objektbereiche nicht als Wahrheit begriffen werden kann, denn solche Sprachsysteme sind Bedingungen der Möglichkeit von Aussagen, die allein wahr oder falsch sein können.

---

[30] Habermas [2] S. 249.
[31] Ebd.
[32] Ebd. S. 246.

[3] Soll ein begründeter Konsens erzielt werden können, so muß nach Habermas folgende Forderung für die formale Eigenschaft von Diskursen erfüllt werden: der Diskurs muß eine Form haben, die die Revision vorhandener (bzw. gewählter) Sprachsysteme erlaubt. Diese Forderung erwächst aus der Einsicht, daß nur so die reflexive Erfahrung mit der Unangemessenheit von Sprachsystemen in die Argumentation selbst eingehen kann. Dabei wird unterstellt, daß es verschiedene Diskursebenen gibt. Die Forderung besagt dann, daß „Freizügigkeit zwischen den Diskursebenen gesichert" [33] sein muß. Habermas unterscheidet *vier* Diskursebenen, indem er eine schrittweise Radikalisierung, d. h. Selbstreflexion des erkennenden Subjekts, analysiert. Die *erste* Stufe (der erste Schritt) ist der Eintritt in den Diskurs (diskursive Thematisierung eines kontroversen Geltungsanspruches). Auf der *zweiten* Stufe wird der Diskurs selbst durchgeführt (d. h. es werden Argumente innerhalb eines Sprachsystems angegeben). Auf der *dritten* Stufe wird metatheoretisch die Modifikation des Sprachsystems bzw. die Angemessenheit von Sprachsystemen einer Abwägung unterzogen. Schließlich wird auf der *letzten* Stufe eine Reflexion auf die systematischen Veränderungen der Begründungssprachen angestellt. Auf dieser Stufe werden die Grenzen des theoretischen Diskurses gesprengt, denn hier soll entschieden werden, was als Erkenntnis gelten *soll*.

[4] Der letzte Schritt in Habermas' Gedankengang besteht in der Frage: Durch welche formalen Eigenschaften wird die Bedingung der Freizügigkeit zwischen den Diskursebenen erfüllt bzw. garantiert? Seine Antwort lautet: durch die formalen Eigenschaften einer *idealen Sprechsituation* bzw. durch Bezugnahme auf eine ideale Sprechsituation. Eine ideale Sprechsituation ist nach Habermas durch vier Bedingungen charakterisiert: [i] Chancengleichheit aller Diskursteilnehmer bezüglich der Verwendung kommunikativer Sprechakte; [ii] Chancengleich-

[33] Ebd. S. 255.

heit aller Diskursteilnehmer bezüglich der Thematisierung und Kritik aller Vormeinungen; [iii] Chancengleichheit aller Diskursteilnehmer bezüglich der Verwendung repräsentativer Sprechakte (Wahrhaftigkeitspostulat); [iv] Chancengleichheit aller Diskursteilnehmer bezüglich der Verwendung regulativer Sprechakte (= vollständige Reziprozität der Verhaltenserwartungen).

In der durch eine solche Sprechsituation ausgezeichneten Kommunikationsstruktur kann nach Habermas allererst ein begründeter Konsens erzeugt werden, der als vernünftiger Konsens von einem trügerischen unterschieden und damit als Kriterium für die Einlösung eines thematisierten Geltungsanspruches angesehen werden kann. — Nach Habermas ist die ideale Sprechsituation weder ein empirisches Phänomen noch ein bloßes Konstrukt; vielmehr ist sie eine in Diskursen unvermeidliche reziprok vorgenommene Unterstellung. In diesem Sinne stellt sie das normative Fundament sprachlicher Verständigung dar: sie wird antizipiert und sie ist als antizipierte Grundlage wirksam. Eine Reihe von Ausdrücken, die Habermas hier verwendet, haben Anlaß zu vielen Mißverständnissen gegeben, so besonders die Ausdrücke „Fiktion", „konstitutiver Schein", „Vorschein einer Lebensform" usf.[34]

4.2.2. Theoriestatus und systematische Deutung der IS_K-TW

In diesem Abschnitt soll der Versuch unternommen werden, den genauen metatheoretischen Apparat, die Implikationen und den möglichen systematischen Stellenwert der IS_K-TW herauszuarbeiten.

[34] Vgl. Habermas [2] S. 257 ff., Habermas [1] S. 136 ff.

4.2.2.1. Ungeklärtheit des metatheoretischen Begriffsapparats (Sinn, Kriterium, Bedingung)

Welches ist der Theoriestatus der IS_K-TW? Um diese Frage zu beantworten, muß zunächst der genaue metatheoretische Apparat der IS_K-TW untersucht werden. Will die IS_K-TW eine definitionale oder eine kriteriologische oder gar eine „konditionale" TW sein? Es dürfte außer Zweifel sein, daß Habermas nach den einleitenden und grundlegenden Ausführungen eine definitionale TW vorlegen will. Die dabei verwendeten Formulierungen sind eindeutig: „Wahrheit nennen wir den Geltungsanspruch...", „Eine Aussage ist wahr, wenn...", „Wahrheit meint..." usf. Insofern wäre der Begriff „Wahrheitsdefinition" bzw. „Wahrheitsbegriff" bzw. „Sinn (Bedeutung) von Wahrheit" u. ä. der bestimmende metatheoretische Begriff der IS_K-TW.

Geht man davon aus, daß Geltungsanspruch und diskursive Einlösbarkeit die beiden Definientia von Wahrheit sind, so wirft Habermas' metatheoretische Charakterisierung seiner Erklärung dieser Definientia große Probleme auf. Wie im nächsten Abschnitt zu zeigen sein wird, reicht seine Erklärung von Geltungsanspruch nicht aus, um seine IS_K-TW als definitionale TW erscheinen zu lassen. Bezüglich des anderen Definiens — der diskursiven Einlösbarkeit — verwendet er völlig undifferenziert die metatheoretischen Begriffe „Sinn" (der Wahrheit), „Kriterium" (der Wahrheit) und „Bedingung" (der Wahrheit). Diskursive Einlösbarkeit wird als (möglicher) begründeter Konsens erklärt; dieser wird einerseits als Wahrheitskriterium, andererseits als Sinn von Wahrheit expliziert [35]. Ferner wird der begründete Konsens durch „Bestimmungen" erklärt, die Habermas „formale Eigenschaften des Diskurses" nennt (es handelt sich um die „Diskursebenen" und die „ideale Sprechsituation"). Habermas bezeichnet diese „Bestimmungen" als „Bedingungen". Sind diese „Bedingungen" die weiteren Definientia (= Bestimmungen) des Definiens „diskursive Einlösbarkeit" oder sind sie

---

[35] Vgl. Habermas [2] S. 239.

als Bedingungen im strengen Sinn zu nehmen? Eine Äquivalenz-relation in der formalen Logik wird umgangssprachlich mit dem Ausdruck „dann und nur dann, wenn" (oder „genau dann, wenn") wiedergegeben. In der Metatheorie der formalen Logik wird dafür auch der Ausdruck „Bikonditional" verwendet. Soll man den Ausdruck „Bedingung" bei Habermas im Sinne eines Bikonditionals verstehen? (Habermas nennt auch den Konsens einmal die „Bedingung für die Wahrheit von Aussagen"[36].) Trifft diese Vermutung zu, dann wäre der genaue Theoriestatus der IS_K-TW der folgende:

Wahrheit $=_{df}$ diskursiv einlösbarer Geltungsanspruch
    genau dann, wenn
      (potentieller) begründeter Konsens
    genau dann, wenn
      Erfüllung der formalen Eigenschaften des Diskurses
    genau dann, wenn
      Sicherung der Freizügigkeit zwischen den Diskursebenen
    genau dann, wenn
      Bezugnahme auf die ideale Sprechsituation.

Oder ist anstelle der Äquivalenz nur von einer Implikation zu sprechen? Auf einige Aspekte dieser Gesamtproblematik soll im folgenden eingegangen werden.

4.2.2.2. Definition des Geltungsanspruches bzw. der Wahrheit und „gegenständliche Komponente"

Gelingt es Habermas zu erklären, was ein Geltungsanspruch ist? Auf die Frage „Was bedeutet ein Rechtsanspruch (z. B. ein Eigentumstitel) *als* ein Rechtstitel?" antwortet Habermas mit einem Hinweis auf das, *wodurch* der Titel sichergestellt werden kann, nämlich auf Sicherheiten in der Form von gerichtlichen Prozeduren. In der Anwendung der Analogie auf „die Natur

[36] Ebd. S. 219.

von Geltungsansprüchen" sagt er: „... *wodurch* sie eingelöst werden können, das macht gerade ihren Sinn aus" [37]. Auch wenn man die Antwort auf die Wodurch-Frage als zum Sinn des Rechtstitels bzw. des Geltungsanspruches gehörend betrachtet, wird man kaum sagen können, daß die Beantwortung dieser Wodurch-Frage *den* Sinn eines Rechtstitels bzw. Geltungsanspruches adäquat artikuliert. Denn auf die Frage, was etwa der Eigentumstitel *als* ein Rechtstitel bedeutet, wird man zunächst nicht mit einem Hinweis auf ein „Wodurch" (z. B. Sicherheiten, gerichtliche Prozeduren, Gründe usw.) antworten können. Vielmehr erfordert die gestellte Frage eine Antwort der Form: der Rechtstitel bzw. der Geltungsanspruch besagt dies und dies (z. B. die Beziehung einer freien Person auf eine Sache); daß der so definierte Rechtstitel auch gerichtlich erzwingbar ist, das ist — wenn überhaupt — so doch nur eine — möglicherweise — „essentielle" *Eigenschaft* des Titels [38].

Überträgt man diese Überlegungen auf die Frage, was ein Geltungsanspruch ist, so wird deutlich, daß das, *was* ein Geltungsanspruch ist, zunächst und fundamental nur so definierbar ist, daß dasjenige namhaft gemacht wird, *was* gelten soll oder *worauf* der Anspruch sich richtet. Wird Wahrheit nun als Geltungsanspruch definiert, so muß dementsprechend zunächst und auf alle Fälle *dasjenige* genannt werden, *was* in der Form der Wahrheit gelten soll, das, *worauf* im Falle der Wahrheit Anspruch erhoben wird. M. a. W.: der Komplex „*daß-von-Gegenständen*-behauptete-Tatsachen-gelten-sollen" muß allererst und fundamental thematisiert werden. Gerade diese für das Definiens von Wahrheit primäre „gegenständliche Komponente"

---

[37] Ebd. S. 239.

[38] Wollte man das Recht (bzw. einen Rechtstitel) als dasjenige *definieren*, was durch gerichtliche Prozeduren erzwingbar ist, so würde daraus folgen, daß überall dort von Rechten nicht gesprochen werden kann, wo die Erzwingbarkeit des Rechtes (der Rechtstitel) nicht gewährleistet ist. Es leuchtet ein, daß die praktischen Konsequenzen einer solchen Auffassung katastrophal wären.

wird von Habermas zwar am Rande genannt, aber nicht als solche zur Sprache gebracht.

4.2.2.3. Die Konsensus- bzw. Diskurstheorie der Wahrheit als sprachpragmatisch-intersubjektive Form der Kohärenztheorie der Wahrheit

Welchen genauen Status hat die Erklärung des *zweiten* Definiens, der diskursiven Einlösbarkeit, durch den Konsens in Habermas' IS_K-TW?

[1] Wie dargestellt, nennt Habermas den Konsens das Wahrheitskriterium. Was kann dies bedeuten? Geht man aus von der Definition der Wahrheit als eines diskursiv einlösbaren Geltungsanspruches, so ist Konsens zunächst als das Ergebnis, die Wirkung, die Manifestation oder der Ausdruck der Einlösbarkeit bzw. Einlösung zu bestimmen. Kann aber ein solches Ergebnis, eine solche Wirkung, eine solche Manifestation bzw. ein solcher Ausdruck überhaupt „Kriterium" genannt werden? Dies hängt offenkundig davon ab, welchen Sinn man dem außerordentlich unklaren Begriff „Kriterium" gibt. Nimmt man Kriterium in einem sehr weiten Sinne als das Maß, das Maßgebende (Maßstab), als das, *wonach* man sich zu richten habe, dann muß gesagt werden, daß zur Wahrheit die Eigenschaft gehört, ein solches Maß zu sein[39]. Der Konsens, aufgefaßt als Ergebnis, Wirkung, Manifestation oder Ausdruck eines diskursiv einlösbaren Geltungsanspruches, wäre dann eine Eigenschaft von Wahrheit und in diesem Sinne ein Kriterium von Wahrheit. Begriff und Kriterium (der Wahrheit) wären hier nicht zweierlei, sondern würden sich wie „Ding-Eigenschaft", „Wesen-Erscheinung", „Ursache-Wirkung" u. ä. zueinander verhalten. Ist aber dies der Sinn der Habermasschen These, daß der begründete Konsens das Wahrheitskriterium ist? Habermas' Formu-

---

[39] Vgl. die Bedeutung (2—3) von „Kriterium" oben unter 0.1.2.

lierung „Wodurch wird der Ausgang eines theoretisch-empirischen Diskurses entschieden?" [40] scheint einen anderen Sinn von Kriterium zu implizieren, nämlich Kriterium als Entscheidungsverfahren bzw. Entscheidungsinstanz. Das hier vorkommende „Wodurch" verweist nämlich auf dieselbe Formulierung in der Beantwortung der Frage nach der Bedeutung des Rechtstitels *als* solchen. Kriterium in diesem Sinne besagt die Gesamtheit der Prozeduren, die zu einem bestimmten Ausgang (hier: eines Diskurses) führen [41]. Dies scheint der Sinn des Begriffs „Kriterium" in der genannten These von Habermas zu sein.

Es ist allerdings schwer einsehbar, wie man — legt man Wert auf Präzision — den Konsens mit der Gesamtheit der genannten Prozeduren im Hinblick auf eine Entscheidung ohne weiteres gleichsetzen kann; denn Konsens ist eher dasjenige, was durch solche Prozeduren allererst herbeigeführt wird bzw. werden kann. Eher wäre als Kriterium der Wahrheit das anzusehen und zu bestimmen, was Habermas die *Bedingungen* des Konsenses nennt, nämlich die Realisierung der formalen Eigenschaften des Diskurses, die Sicherung der Freizügigkeit zwischen den Diskursebenen und die Bezugnahme auf die ideale Sprechsituation. Diese „Bedingungen" des Konsenses wären als das eigentliche Entscheidungsverfahren bzw. als die eigentliche Entscheidungsinstanz zu betrachten.

[2] Welches ist nun aber das Verhältnis zwischen diesen *Entscheidungsinstanzen* (also zwischen diesen Kriterien), dem Konsens als der Manifestation des Wesens der Wahrheit und dem Wesen der Wahrheit selbst? Spätestens an dieser Stelle zeigt sich, daß — ungeachtet ihres unpräzisen, ja verworrenen Charakters — in den Habermasschen Formulierungen eine großartige globale Intuition enthalten ist, nämlich jene Einsicht, die Hegel kurz und bündig so ausgedrückt hat:

[40] Habermas [1] S. 123.
[41] Vgl. die Bedeutung (2—1) von „Kriterium" oben unter 0.1.2.

162

„[Das Subjekt ist] die wahrhafte Substanz ..., das Sein oder die Unmittelbarkeit, welche nicht die Vermittlung außer ihr hat, sondern diese selbst ist." [42]

Angewendet auf die Wahrheit besagt dies: Wesen, Manifestation, Entscheidungsverfahren der Wahrheit bilden eine grundlegende Einheit: das, wodurch entschieden wird, ob Wahrheit vorliegt, kann der Wahrheit selbst nicht äußerlich sein. Eine solche Einsicht wird unter allen TW nur von der Kohärenztheorie und hier nur von einer — der idealistischen — Variante verfochten und zur Geltung gebracht [43].

Will man den Konsens als Kriterium qua Maß, qua Manifestation von Wahrheit näher bestimmen, so ist zu sagen, daß er die Manifestation des „Wesens" der Wahrheit in der pragmatisch-intersubjektiven Dimension ist. Diese Dimension ist zwar eine fundamentale, aber nicht die einzige. Daß Habermas gerade die Manifestation von Wahrheit in dieser Dimension herausarbeitet, ist nur Ausdruck und innere Konsequenz der pragmatischen Ausrichtung seines Denkens. Insofern hat das Habermassche Verständnis von Wahrheit einen eher konkreten Sinn. Der entsprechende eher abstrakte Sinn von Wahrheit wäre durch den Gedanken der *Kohärenz* zu bestimmen. Betrachtet man die Differenz der Dimensionen (also der pragmatisch-intersubjektiven einerseits und der logisch-objektiven andererseits), so ist leicht einsehbar, daß folgende *Äquivalenz* gilt: *eine Aussage ist wahr genau dann, wenn bezüglich ihrer ein universaler Konsens erzielt werden kann* ↔ (lies: dies ist äquivalent mit bzw. gilt dann und nur dann, wenn:) *eine Aussage ist wahr genau dann, wenn sie eingliederbar ist* (nämlich in das Gesamtsystem der sich als kohärenzial erweisenden Sätze). Daß Habermas den Konsens nicht als einen zufällig faktischen, sondern als einen begründeten, d. h. potentiell universalen, auffaßt, heißt, daß der von ihm gemeinte Konsens nichts anderes besagt als universale Kohärenz. Man könnte bzw. müßte daher Habermas'

[42] Hegel [1] S. 30.
[43] Vgl. unten 5.2.

IS$_K$-TW begreifen als eine sprachpragmatisch-intersubjektive Version der Kohärenztheorie der Wahrheit. Freilich müßte man, um diese Behauptung einzulösen, im einzelnen ausführen, was „Logik des Diskurses", „Begründungssprachen", „Sprachsysteme", „kognitive Schemata" usw. genau besagen. Zu den wichtigsten Aspekten einer Bewältigung dieser Aufgabe gehört das Programm der Bestimmung und Entfaltung einer systematischen Logik [44].

4.3. Dialogische (konstruktivistische) Theorie der Wahrheit (IS$_D$-TW)

4.3.1. Zur Theorie der Wahrheit der sog. Erlanger Schule

In der im Jahre 1967 erstmals erschienenen programmatischen Schrift ›Logische Propädeutik oder Vorschule des vernünftigen Redens‹ von *W. Kamlah* und *P. Lorenzen* wurden zu den Grundtermini der Lehre vom vernünftigen Reden auch die Wörter „wahr" und „falsch" gerechnet. Die in diesem Buch skizzenhaft vorgelegte Erklärung dieser Prädikatoren war der Ausgangspunkt für jene Intersubjektivitätstheorie der Wahrheit, die mit verschiedenen Bezeichnungen belegt wird, wie „Spieltheorie der Wahrheit", „konstruktivistische Theorie der Wahrheit", „dialogische Theorie der Wahrheit" u. ä. In der „Logischen Propädeutik" wurden schon die Grundgedanken dieser Theorie namhaft gemacht. Entscheidend ist dabei die Behauptung:

> „Da wir bei ... Beurteilung der Wahrheit von Aussagen auf das Urteil anderer rekurrieren, die mit uns dieselbe Sprache sprechen, können wir dieses Verfahren *interpersonale Verifizierung* nennen. Wir stellen auf diesem Wege, durch diese ‚Methode', *Übereinstimmung* zwischen dem Sprecher und seinen Gesprächspartnern her, eine Übereinstimmung, die in der Sokratischen Dialogik ‚Homologie' genannt wurde." [45]

[44] Vgl. dazu Puntel [7] Kap. 4.
[45] Kamlah-Lorenzen [1] S. 120.

Für „Homologie" wird später gewöhnlich „Konsens" gesagt. „Wahr" und „falsch" sind nach Kamlah/Lorenzen Beurteilungsprädikatoren. Was diese Termini besagen, wird durch explizite Vereinbarung festgelegt; diese erfolgt erstens dadurch, daß die Verwendung dieser Prädikatoren in der natürlichen Sprache — bezüglich Aussagen — explizit rekonstruiert wird, und zweitens indem die Anforderung festgelegt wird, daß der Beurteiler sich durch bewährte Vernunft und Sachkunde auszeichnen soll. Vernünftigkeit wird ihrerseits definiert durch Aufgeschlossenheit gegenüber Gegenständen und Mitmenschen und durch Unabhängigkeit von Emotionen und Traditionen [46]. Sehr aufschlußreich für alle weiteren Diskussionen über die hier angedeutete TW ist die beinahe lakonische Antwort von Kamlah/Lorenzen auf die Frage, welcher Wahrheitsbegriff in der logischen Propädeutik verwendet werden soll. Darauf wird geantwortet, „daß darüber alles Nötige schon gesagt wurde" [47]. Das besagt: „ . . . diese ungewöhnlichen Wörter bedurften einer nur ihnen angemessenen Einführung durch Klärung des Verfahrens der interpersonalen Verifizierung" [48]. Wie dieses Verfahren aussieht, wurde kurz skizziert.

In den endlosen Versuchen und Diskussionen über diese „Wahrheitstheorie" ist man kaum über den kurz referierten Ansatz hinausgegangen. Als einziger hat *K. Lorenz* einen — allerdings immer noch sehr rudimentären — Entwurf vorgelegt.

4.3.2. Hauptgedanken der „dialogischen" Theorie der Wahrheit von K. Lorenz (IS$_D$-TW)

[1] Lorenz geht von der Dichotomie zwischen semantischer TW — in der er die formalsprachliche Fassung der KR-TW erblickt — und der pragmatischen TW aus. Sein Haupteinwand gegen

[46] Vgl. ebd. S. 127.
[47] Ebd. S. 122.
[48] Ebd. S. 123.

die erste ist der Hinweis darauf, daß sie eine sprachfrei konzipierte Welt der Gegenstände und Tatsachen annimmt, indem sie vom Kontext der Redesituation abblendet. Nach Lorenz nimmt nun der pragmatische Wahrheitsbegriff — dabei denkt er besonders an die Konsensustheorie von Peirce und Habermas — Bezug auf die Redesituation, indem sie von der Einsicht ausgeht, daß bloße Feststellung der Wahrheit von Aussagen ohne die Sicherheit ihrer potentiell universellen Anerkennung wirkungslos und uninteressant bleibt. Wird nun aber der Konsens als wirksames Wahrheitskriterium angenommen, so taucht nach Lorenz eine grundlegende Schwierigkeit auf: der Konsens muß selbst auch noch

> „der Beurteilung auf Sachgemäßheit unterzogen werden können. Es sieht also so aus, als stehe ein Konsensus, soll er Wahrheit der in Frage stehenden Aussagen verbürgen, noch unter Bedingungen, deren Erfüllung nicht ihrerseits wieder an einem Konsensus orientiert sein kann." [49]

Lorenz bezieht sich an dieser Stelle auf Habermas, allerdings bevor dessen systematische Arbeit „Wahrheitstheorien" erschienen war. Wie aus der obigen Darstellung von Habermas' „letzter" Auffassung hervorgeht, arbeitet dieser Bedingungen (d. h. Bestimmungen) des Konsenses heraus, die nicht wieder durch Konsens gerechtfertigt werden. Insofern hat Habermas die von Lorenz als Problem der Konsensustheorie genannte „gegenseitige Zurückführung von ‚vernünftig‘ auf ‚Konsensus‘ und umgekehrt" [50] tatsächlich methodisch aufgebrochen durch Zurückführung des Konsenses auf die Vernünftigkeit, die ihrerseits nicht durch Konsens festgestellt wird, sondern eine Definition erfährt durch die formalen Eigenschaften des Diskurses, durch die Freizügigkeit zwischen den Diskursebenen und durch die Bezugnahme auf die ideale Sprechsituation. Das Charakteristische der IS_D-TW von Lorenz besteht darin, daß sie den Versuch

---

[49] Lorenz [1] S. 115.
[50] Ebd. S. 117.

unternimmt, den Konsens nicht auf etwas anderes (Vernünftigkeit, Logik u. dgl.) zurückzuführen, sondern ihn als „nicht mehr weiter reduzierbare Basis" anzusetzen, und zwar in Gestalt einer „dialogisch aufgebauten Praxis" [51]. Die nähere Gestalt eines so aufgefaßten Konsenses wird von Lorenz nur sehr knapp skizziert.

[2] Im Anschluß an Platon gelangt Lorenz

> „bei sorgfältiger Interpretation fast von selbst zu der These, daß die Geltung einer Aussage über einen Gegenstand, also von einstelligen Elementaraussagen, im wesentlichen nur vom Vergleich der *Verwendung* des Prädikators gegenüber dem Gegenstand in der Aussage mit seiner vorhergegangenen *Einführung* außerhalb einer Aussage zur Unterscheidung der Gegenstände abhängt" [52].

Für den Prädikator „wahr" besagt also diese These, daß dessen Bedeutung durch den Vergleich seiner Verwendung mit seiner Einführung festgelegt wird. Wie wird aber die Einführung aufgefaßt? Die Antwort von Lorenz lautet: sie läßt sich nur in einer Lehr- und Lernsituation für die miteinander Redenden rekonstruieren. Lorenz geht davon aus, daß wir uns redend und handelnd in Redeverwendungssituationen vorfinden. Da offenkundig in diesen Situationen kein faktischer Konsens herrscht, kann es sich nur darum handeln, wie man zu einem vernünftigen Konsens gelangen kann.

Dies ist nach Lorenz nur möglich, wenn eine „Rekonstruktion der Redeeinführungssituationen für jeden sprachlichen Baustein der Rede in der Redeverwendungssituation" [53] vorgenommen wird. Im einfachsten Fall (der Prädikatoren) werden solche Redeeinführungssituationen als stilisierte Lehr- und Lernsituationen für die sprachliche Artikulation von Handlungsschemata bereitgestellt. In dieser — als Lehr- und Lernsituation rekonstruierten — Redeeinführungssituation im Sinne der pri-

---

[51] Ebd. S. 119.
[52] Ebd. S. 118/119.
[53] Ebd. S. 119.

mären, dialogisch aufgebauten Praxis findet Lorenz endlich den „gar nicht problematisierbare[n] Konsensus über die sprachliche Artikulation des Umgangs mit Welt" [54]. Auf dieser Ebene besteht das Geltungsproblem für Aussagen ebenso wie für Maximen noch nicht; hier wird nur die Verständlichkeit von Begriffswörtern und Prädikatoren garantiert.

Lorenz sieht sich nun mit dem Problem konfrontiert: Wie ist die Eigenschaft der Redeverwendungssituationen, „grundsätzlich von möglichen Einführungssituationen ihrer prädikativen Bestandteile *verschieden* zu sein" [55], zu erklären? Dieses Problem ist für ihn deshalb so fundamental, weil er „höhere sprachliche Leistungen" erklären muß, von denen er sagt, es sei „methodisch unsinnig", sie „an der Basis bereits . . . verlangen" [56] zu wollen. Zu diesen höheren sprachlichen Leistungen gehört insbesondere das Geltungsproblem, speziell das Wahrheitsproblem für Aussagen. Die Antwort von Lorenz besteht in der Differenzierung von Einführung und Verwendung:

> „Darin gerade besteht die spezifische Leistung menschlicher Rede, allein durch Wörter Situationen vergegenwärtigen zu können, in der [denen?] die fragliche Rede nicht stattfindet." [57]

Der auf der Stufe der primären Praxis nicht problematisierbare Konsens wird auf der höheren Stufe der sekundären Praxis — d. h. in der Redeverwendungssituation — zu einem bloßen Anspruch. An dieser Stelle erhebt Lorenz die Forderung:

> „Zwischen Reden und Handeln muß ein über das bloße Verstehen des Sinns der Wörter hinausgehender kontrollierbarer Zusammenhang eingeführt werden, der als *Begründbarkeit* von Rede erscheint." [58]

Dieser Zusammenhang — d. h. das Anerkennen der Geltung von Aussagen — kann nur durch das Verfahren des Argumentierens

[54] Ebd. S. 121.
[55] Ebd.
[56] Ebd. S. 120.
[57] Ebd. S. 121.
[58] Ebd.

hergestellt werden. Auch dieses Verfahren wird in stilisierten Lehr- und Lernsituationen eingeführt.

4.3.3. Was erklärt die dialogische Theorie der Wahrheit?

[1] J. Habermas bemerkt zur IS$_D$-TW von Lorenz lapidar:

> „Ersichtlich garantiert dieses Verfahren [=das Verfahren der Erklärung eines Wortes durch Rekonstruktion der Redeeinführungssituation] die Verständlichkeit konstativer Sprechakte, berührt aber deren Wahrheitsanspruch nicht." [59]

Dieses Urteil wird von Lorenz selbst vollends bestätigt, wenn er schreibt:

> „Beide [d. h. J. L. Austin und D. S. Shwayder] machen auf Eigenschaften von Rede aufmerksam, die ersichtlich jeder Redende kennt und von denen er Gebrauch macht, ohne aber eigentlich aufzuklären, wir wollen sagen: zu rekonstruieren, *wie es dazu kommt.*" [60]

Die IS$_D$-TW erklärt die Verständlichkeit der sprachlichen Ausdrücke mit dem Hinweis auf die in einer Lehr- und Lernsituation eingeübten Verwendungsregeln, d. h. sie erklärt, wie es zur Verständlichkeit von Rede kommt. Damit wird eine reine *quaestio facti,* keine *quaestio iuris* erörtert. Die gesamte IS$_D$-TW enthält somit eine genetisch-didaktische oder genetisch-sprachpsychologische Erklärung der Weise, wie es zur Verständlichkeit von Rede kommt.

[2] Die unter [1] vorgelegte Kritik besagt, daß das genaue Explikandum der IS$_D$-TW nicht der Sinn von „wahr", sondern die (didaktische, sprachpsychologische usw.) Genesis der Verständlichkeit von Wahrheit ist. Diese Kritik und Interpretation kann u. a. erhärtet werden anhand einer genauen Situierung des

[59] Habermas [2] S. 238.
[60] Lorenz [1] S. 118 (Hervorh. vom Verf.).

systematischen Stellenwertes des Geltungsproblems in der IS$_D$-TW. Wahrheit hat es mit Geltung zu tun. Als was bzw. wie wird nun „Geltung" in der IS$_D$-TW gesehen bzw. angegangen bzw. erklärt? Nicht Geltung *als* Geltung wird erklärt, sondern es wird nur gezeigt, daß und wie es zu einem Geltungsproblem kommt; darüber hinaus wird — aufgrund welcher Kriterien? — postuliert, daß das Verfahren zur Einlösung von Geltungsansprüchen die Argumentation sein muß; schließlich wird ausgeführt, daß und wie die Argumentation in Form von Dialogen statthat. Aber diese „Erklärung" von Geltungsansprüchen — will sie mehr sein als eine nur empirisch-genetische Erklärung — ist völlig unzureichend; denn es wird nicht nach den Bedingungen der Möglichkeit gefragt, die allererst erklären, wie „eine von den Einführungssituationen unabhängige Verwendung sprachlicher Ausdrücke möglich" [61] ist; es wird nur festgestellt, daß diese „Anwendung" eine höhere spezifische sprachliche Leistung ist, nicht aber wird erklärt, wie sie möglich (strukturiert) ist und — insbesondere — ob sie überhaupt zu Recht besteht. Wahrheit wird nicht *als* Geltungsanspruch erklärt.

[3] Insofern die IS$_D$-TW eine Erklärung der *philosophischen quaestio iuris* nach der Wahrheit sein will, verwickelt sie sich in einen nur allzu offenkundigen Zirkel. Die Erklärung des Sinnes von Wahrheit wird durch Rekonstruktion der Redeeinführungssituation in der Form von stilisierten Lehr- und Lernsituationen zu erreichen versucht. Besagt nun aber Wahrheit einen Geltungsanspruch, so liegt es auf der Hand, daß dieser Sinn von Wahrheit schon vorausgesetzt wird, um diese Erklärung allererst zu erzielen. Denn: die Redeeinführungssituation bzw. die stilisierte Lehr- und Lernsituation ist so strukturiert, daß sie den Konsens bezüglich des in Frage stehenden Geltungsanspruches einschließt; wonach sonst soll sich das Lehren und das Lernen ausrichten? „Lehren" ist nämlich so zu bestimmen, daß ein einen Anspruch auf Gültigkeit erhebendes Wissen jemandem, der diesen An-

[61] Ebd. S. 121.

spruch akzeptiert, vorgelegt wird. Eine Argumentation bzw. Diskussion ist keine Lehr- und Lernsituation; nur die Form bzw. die Regeln des Argumentierens können gelehrt bzw. gelernt werden; dabei werden sie aber vom Lehrenden mit dem Anspruch auf Gültigkeit vorgelegt und vom Lernenden auf der Basis der Anerkennung dieses Anspruchs rezipiert. Wenn nun die Redeeinführungssituation bzw. die Lehr- und Lernsituation selbst den Geltungsanspruch „Wahrheit" einschließt, so liegt es auf der Hand, daß man ein *hysteron-proteron* begehen würde, wollte man Wahrheit als Geltungsanspruch wieder unter Rekurs auf die Redeeinführungssituation bzw. die Lehr- und Lernsituation rechtfertigen[62]. Es zeigt sich damit, daß Lorenz eben jenem Zirkel der Konsensustheorie nicht entgeht, auf den er selbst am Anfang seiner Überlegungen aufmerksam macht.

[62] Einen ähnlichen Einwand erhebt auch Mans [1] S. 13.

5. KOHÄRENZTHEORIE DER WAHRHEIT
(KH-TW)

5.1. Einleitung

In der Geschichte der Philosophie begegnet man oft Entwicklungen, die zunächst als Paradoxien erscheinen, im Laufe der
Zeit aber eine zunächst nicht vermutete tieferliegende Einheit
und Kontinuität aufweisen. Als eine dieser Entwicklungen ist
die Geschichte der KH-TW anzusehen. Der Ausdruck „Kohärenztheorie der Wahrheit" tauchte zum erstenmal im Rahmen
der angelsächsischen Variante der großen idealistischen Tradition gegen Ende des 19. Jahrhunderts auf und galt als die die
Hauptthesen dieser Richtung zusammenfassende Bezeichnung.
Zu Anfang der dreißiger Jahre dieses Jahrhunderts wurde der
Ausdruck erneut verwendet, diesmal im Rahmen einer der
idealistischen Tradition diametral entgegengesetzten Richtung,
nämlich im Rahmen des logischen Empirismus des sogenannten
Wiener Kreises. *M. Schlick* warf *O. Neurath* vor, seine Wissenschaftslogik impliziere eine KH-TW [1]. Die Kontroverse, die sich
innerhalb des Wiener Kreises an diesem Vorwurf entzündete,
gehört zu den Glanzleistungen in der Geschichte dieser Richtung.
Aber sie nahm ein ziemlich jähes Ende, was vermutlich auf den
plötzlichen tragischen Tod eines der Hauptkontrahenten, nämlich M. Schlicks, zurückzuführen ist. — Die idealistisch orientierte KH-TW wurde gegen Ende der dreißiger Jahre und später

---

[1] „Diese Lehre (die z. B. von O. Neurath in dem geschilderten Zusammenhang [gemeint ist Neurath [1] und [2]] ausdrücklich formuliert und vertreten wird) ist aus der Geschichte der neueren Philosophie
wohl bekannt. In England wird sie gewöhnlich als 'coherence theory
of truth' bezeichnet und der älteren 'correspondence theory' gegen-
übergestellt . . ." (Schlick [1] S. 84).

vom Hauptvertreter des idealistischen Denkens in den USA,
B. Blanshard, weiter entwickelt, präzisiert und gegen Einwände
verteidigt [2]. Ihren vorläufigen Höhepunkt erreichte die bewegte
Geschichte der KH-TW mit der Veröffentlichung des Buches
›The Coherence Theory of Truth‹ von *N. Rescher* [3] im Jahre
1973. Rescher knüpft an beide Richtungen an.

Im folgenden sollen zunächst einige Aspekte der idealistischen
(5.2.) und der logisch-empiristischen KH-TW (5.3.) dargestellt
werden; dann gelangt die Konzeption von N. Rescher zu einer
detaillierten Darlegung und kritischen Erörterung (5.4.).

5.2. Die idealistische Tradition der Kohärenztheorie

Eine mehr oder weniger ausgearbeitete Auffassung, die Wahrheit und Kohärenz in Verbindung bringt, findet man erst in der
angelsächsischen idealistischen Tradition. Zu nennen wären
besonders folgende Autoren: *T. H. Green, J. Royce, B. Bosanquet, F. H. Bradley, A. C. Ewing* und *B. Blanshard.* Hier wird
nur kurz auf Bradley und Blanshard eingegangen.

[1] *Bradley* spricht von der Wahrheit und von der Kohärenz
im Rahmen eines großen spekulativ-idealistischen Systems. Be-
merkenswert scheinen dabei vier Aspekte zu sein [4]. [i] Bradley
kritisiert sehr ausführlich sowohl die Korrespondenztheorie als
auch die pragmatischen Theorien der Wahrheit. Sein Haupt-
argument gegen die erste lautet: die Korrespondenz ist keine
adäquate Explikation von Wahrheit. [ii] Kohärenz heißt nach
Bradley „System" und dieses ist durch zweierlei ausgezeichnet:
durch Konsistenz (Widerspruchsfreiheit) und Umfassendheit
("comprehensiveness"). Meistens spricht er von der Kohärenz
als vom Kriterium der Wahrheit. In welchem Sinne aber das zu

[2] Vgl. Blanshard [1/II] Kap. 25—27.
[3] Vgl. Rescher [1].
[4] Vgl. Bradley [1] und [2].

verstehen ist, bleibt letztlich unklar; er sagt nämlich in einem Zug: Kohärenz ist der Test für Wahrheit oder Realität[5]. [iii] Der methodische Rahmen, innerhalb dessen sich Bradleys Ausführungen bewegen, ist die Frage nach dem Verhältnis von Erkenntnis, Wahrheit und Realität. Er stellt die These auf: „Das eigentliche Wesen der Realität (ultimate reality) ist so, daß sie sich selbst nicht widerspricht; hier haben wir ein absolutes Kriterium."[6] Er vertritt die weitere These, daß Wahrheit und Realität sowohl identisch als auch unterschieden sind. [iv] Bradley entwickelt einen Begriff des Datums, des Gegebenen, der vielleicht der interessanteste Aspekt seiner Auffassung ist. An diesen Begriff hat Rescher in ganz besonderer Weise angeknüpft, um seinen eigenen Begriff des Datums zu erarbeiten.

[2] In seinem im Jahre 1939 erschienenen zweibändigen Werk *The Nature of Thought* verficht B. Blanshard die These, daß die Kohärenz nicht nur das Kriterium, sondern auch das Wesen ("nature") der Wahrheit ausmacht.
[i] In Frage kommen nach ihm sechs Instanzen, die als Kriterien angesehen wurden bzw. werden können: Übereinstimmung mit Tatsachen, Selbstevidenz, Kohärenz, erfolgreiches Funktionieren ("working"), mystische Einsicht und die Stimme der Autorität[7]. In besonderer Weise befaßt er sich mit der Korrespondenz und der Selbstevidenz. Einige Hauptzüge seiner Argumentation seien im folgenden referiert.

Oft wird die Korrespondenz als Wahrheitskriterium für Tatsachenwahrheiten und die Selbstevidenz als Kriterium für logische und mathematische (= formale) Wahrheiten behauptet. Was die zweite anbetrifft, so ist nach Blanshard leicht zu zeigen, daß die minimalste Explikation dessen, was mit Selbstevidenz vernünftigerweise gemeint sein kann, zur Kohärenz führt. — Sehr aufschlußreich ist seine Argumentation bezüglich der Korrespondenz. Betrachten wir ein Tatsachenurteil, z. B. „Burr

[5] Vgl. Bradley [2] S. 203.
[6] Bradley [1] S. 136.
[7] Vgl. Blanshard [1/II] Kap. 25.

tötete Hamilton in einem Duell" oder „Da sitzt ein Kanarienvogel auf dem Baum". Für den Mann auf der Straße liegt es auf
der Hand, daß das Kriterium für die Wahrheit solcher Urteile
unzweifelhaft in deren Übereinstimmung mit den Tatsachen zu
suchen ist. Doch bezüglich des ersten Urteils begeht er eindeutig
eine Verwechslung zwischen dem Sinn (dem Gemeinten) und
dem Kriterium der Wahrheit; denn es dürfte außer Zweifel
sein, daß Korrespondenz im Falle dieses historischen Urteils
nicht als Kriterium herangezogen werden kann. Hingegen ist es
nach Blanshard leicht zu zeigen, daß das Kriterium für die
Wahrheit dieses Urteils darin zu sehen ist, daß dieses Urteil in
unsere Gesamtsicht der historischen Wirklichkeit mit allen ihren
Tatsachen und Zusammenhängen, d. h. in die Kohärenz der
historischen Welt hineinpaßt.
   Gegenüber der These, daß die Korrespondenz als Kriterium
für aktuelle Tatsachenwahrheiten („Da sitzt ein Kanarienvogel
auf dem Baum") fungiere, bemerkt Blanshard zunächst, daß sie
sehr plausibel zu sein scheint: um die Wahrheit des Tatsachen-
urteils zu prüfen, beruft man sich normalerweise darauf, daß
man einfach hinschaut und feststellt, ob es zutrifft. Bei näherem
Hinsehen allerdings erweist sich diese Auffassung als unhaltbar.
Die „solide Tatsache", die angeblich unmittelbar und unzweifelhaft gegeben ist, stellt sich nach Blanshard als Fiktion heraus;
denn was hier als eine Tatsache angesehen wird, ist in Wirklichkeit ein anderes *Urteil* bzw. eine andere Reihe von Urteilen,
so daß die eigentliche Verifikation in der Kohärenz zwischen
dem ersten Urteil und diesen anderen Urteilen besteht. — Es ist
interessant anzumerken, daß diese Einsicht auch in der logisch-
empiristischen KH-TW zu finden ist, wie im nächsten Abschnitt
noch zu zeigen sein wird [8].
[ii] Blanshard stellt die weitere These auf, daß die Kohärenz
nicht nur das Kriterium, sondern auch das Wesen ("nature") der
Wahrheit ausmacht [9]. Zwar gibt er zu, daß „Kriterium" und

[8] Vgl. Hempels kritische Bemerkungen zu Schlick (unten 5.3. [3]).
[9] Vgl. Blanshard [1/II] S. 267 ff.

„Wesen" Antworten auf verschiedene Fragen sind; auch gesteht er, daß die Annahme der Kohärenz als Kriterium der Wahrheit nicht *direkt* zur Annahme der Kohärenz als Wesen der Wahrheit führt; aber er behauptet, daß diese Verknüpfung bzw. Identität zwischen Kriterium und Wesen sich *indirekt* aufweisen läßt. Seine Argumentation kann folgendermaßen skizziert werden[10]. (1) Eine KH-TW — wie immer sie sonst konzipiert sein mag — muß zumindest die Kohärenz, wenn nicht als das einzige, so doch als das primäre Kriterium der Wahrheit behaupten. (2) Wenn die Definition der Wahrheit den Begriff der Wahrheit in etwas sieht, das nicht logisch äquivalent ist mit der Kohärenz, sondern von ihr abweichen kann — z. B. in der Korrespondenz —, dann kann Kohärenz nicht als eine in jeder Hinsicht und in jedem Fall unbedingte Garantie für Wahrheit qualifiziert werden. (3) Da aber die KH-TW die Kohärenz zumindest als primäres Kriterium von Wahrheit nehmen muß (aus der Prämisse [1]), so muß sie in der Kohärenz eine in jeder Hinsicht unbedingte Garantie für Wahrheit erblicken. (4) Es folgt dann aus Prämisse (2), daß eine KH-TW in der Kohärenz das Wesen selbst und nicht nur das Kriterium der Wahrheit sehen muß; denn einzig und allein dasjenige kann eine in jeder Hinsicht unbedingte Garantie für etwas abgeben, was für dessen Wesen konstitutiv ist.

Auf diese Argumentation geht Rescher ausführlich ein. Darauf ist im Rahmen der Darstellung der Konzeption Reschers zurückzukommen[11].

5.3. Die logisch-empiristische Variante der Kohärenztheorie

[1] Der Anlaß dafür, daß man im Rahmen des logischen Empirismus des Wiener Kreises von der KH-TW sprach, waren Ausführungen O. *Neuraths* in seinen in den Jahren 1931/32 in der

[10] Vgl. dazu Rescher [1] S. 29 f.
[11] Vgl. unten 5.4.2.1. und 5.4.6.2.

Zeitschrift *Erkenntnis* veröffentlichten Artikeln *Soziologie im Physikalismus* und *Protokollsätze.*

Neuraths Formulierungen und Erläuterungen der KH-TW sind außerordentlich knapp. Es handelt sich nur um einige Sätze, von denen man aber sagen muß, daß sie ein ganzes Programm in sich bergen, allerdings ein solches, dessen Durchführung sehr schnell die engen Grenzen des logischen Empirismus sprengen würde. Neuraths Äußerungen müssen im Wortlaut angeführt werden:

> „In den ‚Erläuterungen‘ Wittgensteins, die gelegentlich als ‚mythologische Vorbemerkungen‘ gekennzeichnet worden sind, scheint der Versuch gemacht zu werden, gewissermaßen in einem vorsprachlichen Stadium über einen vorsprachlichen Zustand Untersuchungen anzustellen … Man kann zwar mit einem Teil der Sprache über den anderen sprechen, man kann sich aber nicht über die Sprache als Ganzes sozusagen von einem ‚noch-nicht-sprachlichen‘ Standpunkt aus äußern, wie es Wittgenstein und einzelne Vertreter des ‚Wiener Kreises‘ versuchen … Man kann auch nicht die Sprache als Ganzes mit den ‚Erlebnissen‘ oder mit der ‚Welt‘ oder mit einem ‚Gegebenen‘ konfrontieren. Jede Aussage von der Art wie: ‚Die Möglichkeit der Wissenschaft beruht auf einer Ordnung der Welt‘, ist daher sinnleer … — Wir können nicht als Aussagende gewissermaßen eine Position außerhalb des Aussagens einnehmen und nun gleichzeitig Ankläger, Angeklagter und Richter sein.“ [12]

Neuraths eigentliche Formulierung der KH-TW lautet:

> „Die Wissenschaft als ein System von Aussagen steht jeweils zur Diskussion. *Aussagen werden mit Ausagen* verglichen, nicht mit ‚Erlebnissen‘, nicht mit einer Welt, noch mit sonst etwas. Alle diese sinnleeren *Verdoppelungen* gehören einer mehr oder minder verfeinerten Metaphysik an und sind deshalb abzulehnen. Jede neue Aussage wird mit der Gesamtheit der vorhandenen, bereits miteinander in Einklang gebrachten, Aussagen konfrontiert. *Richtig heißt eine Aussage dann, wenn man sie eingliedern kann.* Was man nicht eingliedern kann, wird als unrichtig abgelehnt. Statt die neue Aussage abzulehnen, kann man auch, wozu man sich im allgemeinen

[12] Neurath [1] S. 396/397.

schwer entschließt, das ganze bisherige Aussagensystem abändern, bis sich die neue Aussage eingliedern läßt. *Innerhalb* der Einheitswissenschaft gibt es bedeutsame Aufgaben der Umformung. Die hier aufgestellte Definition von ‚richtig‘ und ‚unrichtig‘ entfernt sich von der im ‚Wiener Kreis‘ üblichen, die auf ‚Bedeutung‘ und ‚Verifikation‘ rekurriert. In der hier gegebenen Darstellung bleibt man immer im Bereich des Sprechdenkens. Es werden Aussagensysteme umgeformt. Es können aber generalisierende Aussagen, ebenso Aussagen durch die bestimmten Relationen herausgearbeitet werden, mit der Gesamtheit der Protokollaussagen verglichen werden.“ [13]

Bei den Protokollsätzen handelt es sich um die Frage, wie der Begriff des Datums, des Gegebenen, zu bestimmen ist. Neurath spricht von der „Fiktion einer aus *sauberen Atomsätzen* aufgebauten *idealen Sprache*“ [14]. Seine These formuliert er in den oft zitierten Sätzen:

„Es gibt kein Mittel, um endgültig gesicherte saubere Protokollsätze zum Ausgangspunkt der Wissenschaften zu machen. Es gibt keine tabula rasa. Wie Schiffer sind wir, die ihr Schiff auf offener See umbauen müssen, ohne es jemals in einem Dock zerlegen und aus besten Bestandteilen neu errichten zu können. Nur die Metaphysik kann restlos verschwinden...“ [15]

Neurath war es nicht mehr vergönnt, diese großartigen programmatischen Intuitionen durchzuführen. Seine klaren Aussagen über Wissenschaft und Sprache formulieren sehr gut — besser als alle späteren Aussagen über diesen Sachverhalt — jene fundamentale Einsicht, auf die sich — obzwar in völlig unaufgeklärter und unzureichender Weise und deren immense Tragweite verkennend — die sprachanalytische Philosophie stützt. *E. Tugendhat* ist beim Versuch einer Explikation dieser Einsicht bisher am weitesten vorgedrungen. — Die beiden anderen Grundeinsichten Neuraths, nämlich seine Thesen bezüglich des Datums und der Kohärenz, wurden erst von *N. Rescher*

---

[13] Ebd. S. 403.
[14] Neurath [2] S. 204.
[15] Ebd. S. 206 (der erste Satz wird von Neurath hervorgehoben).

aufgegriffen und entfaltet. Besonders ist es bei Neurath unklar, wie er den Begriff der Kohärenz genau definiert. Daß dieser Begriff viel mehr besagt als nur Konsistenz (Widerspruchsfreiheit), wird von Neurath nicht explizit behauptet, ist aber in allen seinen Aussagen impliziert.

[2] In seiner Auseinandersetzung mit Neurath bezieht *Schlick* eine diametral entgegengesetzte Position, die man auf drei negative und drei positive Thesen zurückführen kann [16]. [i] Die KH-TW erörtert überhaupt nicht die Übereinstimmung der Erkenntnis mit der Wirklichkeit und verfehlt damit die Hauptsache, denn sie begreift das System der Sätze der Wissenschaft gerade nicht als „das, was es eigentlich ist, nämlich [als] ein Mittel, sich in den Tatsachen zurechtzufinden" [17]. Schlick präzisiert diese Kritik folgendermaßen:

„Wissenschaft ist ein Aussagensystem; ohne sich dessen bewußt zu sein, setzen diese Denker [gemeint sind Neurath, der damalige Carnap u. a.] die Wissenschaft an die Stelle der Wirklichkeit. Sie anerkennen keine Tatsachen, bevor sie nicht in Aussagen formuliert und in deren Notizbüchern niedergelegt sind ... Aber die Wissenschaft ist nicht die Welt. Das Universum des Diskurses ist nicht das ganze Universum." [18]

Nach Schlick besteht die zentrale Aufgabe darin, daß Aussagen mit der Wirklichkeit oder, wie er auch sagt, mit den Tatsachen zu vergleichen sind. Um sich eine etwas präzisere und plastischere Vorstellung von der Schärfe und dem Niveau der Diskussion zu machen, muß man auf die konkrete Argumentationsart Schlicks eingehen. Er beruft sich darauf, daß er oft und oft Aussagen mit der Wirklichkeit tatsächlich verglichen habe. Er führt das Beispiel an: Bei der Besichtigung einer Stadt fand er in seinem Baedecker die Aussage: „Diese Kathedrale hat zwei Türme." Nun, so fährt Schlick fort, „war ich in der Lage, diese

---

[16] Vgl. zum folgenden Schlick [1] und [2].
[17] Schlick [1] S. 98.
[18] Schlick [2] S. 69.

Aussage mit der ‚Wirklichkeit' zu vergleichen, indem ich mein Augenmerk auf die Kathedrale selbst richtete, und dieser Vergleich überzeugte mich, daß die Aussage meines Baedecker wahr ist." [19] [ii] Schlicks zweite These besagt, daß die KH-TW kein „eindeutiges Kriterium der Wahrheit" [20] zu bieten vermag. Er führt folgenden Grund an: „. . . ich kann mit ihr [der KH-TW] zu beliebig vielen in sich widerspruchsfreien Satzsystemen gelangen, die aber unter sich unverträglich sind." [21] Schlicks Beispiele:

> „Wer es ernst meint mit der Kohärenz als alleinigem Kriterium der Wahrheit, muß beliebig erdichtete Märchen für ebenso wahr halten wie einen historischen Bericht oder die Sätze in einem Lehrbuch der Chemie, wenn nur die Märchen so gut erfunden sind, daß nirgends ein Widerspruch auftritt. Ich kann eine groteske abenteuerliche Welt mit Hilfe der Phantasie ausmalen: der Kohärenzphilosoph muß an die Wahrheit meiner Beschreibung glauben, wenn ich nur für die gegenseitige Verträglichkeit meiner Behauptungen sorge . . ." [22]

[iii] Schlicks dritte These bezieht sich auf den Grund des „erstaunlichen Irrtums" [23] der KH-TW. Er behauptet, daß die Vertreter der KH-TW nur an die tatsächlich in der Wissenschaft auftretenden Sätze als solche denken und dabei deren Herkunft aus der Erfahrung vergessen. Neurath wirft er vor, der These von der Fiktion sicherer Protokollsätze fehle der feste Boden absoluter Gewißheit. Eine absolute Gewißheit findet Schlick in den Beobachtungssätzen, die er nicht Protokollsätze, sondern Fundamentalsätze nennt, „da es ja zweifelhaft ist, ob sie in den Protokollen der Wissenschaft überhaupt vorkommen" [24]. Er nennt sie auch „Konstatierungen" und erläutert sie als die „unerschütterlichen Berührungspunkte von Erkenntnis und Wirklichkeit . . .; es sind die einzigen synthetischen Sätze, die *keine*

[19] Ebd. S. 65—66.
[20] Schlick [1] S. 87.
[21] Ebd.
[22] Ebd. S. 86.
[23] Ebd.
[24] Ebd. S. 87.

Hypothesen sind" [25]. Die Konstatierungen haben die Form:
„Hier jetzt so und so"; sie zeichnen sich dadurch aus, „daß in
ihnen *hinweisende* Worte vorkommen, die den Sinn einer gegenwärtigen Geste haben" [26].

[3] Die Kontroverse zwischen Neurath und Schlick wurde von
C. G. Hempel im Jahre 1935 in der Zeitschrift *Analysis* geschil-
dert, wobei Hempel für Neurath (und den damaligen Carnap)
gegen Schlick grundsätzlich Partei ergriff [27]. Darauf antwortete
Schlick in derselben Zeitschrift mit Argumenten, die in der
obigen Darstellung schon angeführt wurden. Die wichtigsten
Gegenargumente Hempels in seiner Replik seien hier nur kurz
erwähnt.

Hempel erörtert Schlicks Standardbeispiel und weist zunächst
darauf hin, daß Schlicks Auffassung zwiespältig ist [28]. Wenn
nämlich Schlick Aussagen als empirische Objekte (von einer
besonderen Art) auffaßt, so nimmt er an, daß sie mit anderen
empirischen Objekten verglichen werden können. Nimmt man
ihn aber beim Wort, so muß man erwarten, daß die Aussagen,
die er als Beispiele wählt, folgendermaßen geprüft werden können: verglichen werden das aus Druckerschwärze bestehende
physische Objekt „diese Kathedrale hat zwei Türme" mit einem
anderen physischen Objekt, nämlich der „realen" Kathedrale.
Daß ein solcher Vergleich realisiert werden kann, liegt auf der
Hand. Aber was leistet er? Er führt zu solchen Aussagen wie:
Die Aussage enthält mehr Teile, genannt Wörter, als die Kathedrale Türme. Aber damit ist keine Prüfung der Wahrheit der
Aussage vorgenommen worden, denn es gibt keine spezifische
Übereinstimmung zwischen den beiden so verglichenen physi-
schen Objekten.

Hempel merkt richtig an, daß Schlick in Wirklichkeit eine

[25] Ebd. S. 98.
[26] Ebd. S. 96.
[27] Vgl. Hempel [1]. Zur Problematik, wie sich die Kohärenztheorie
zu unserem "sense of reality" stellt, vgl. Dauer [1].
[28] Vgl. Hempel [2] S. 93 ff.

181

ganz andere Interpretation des *Vergleichs* impliziert, wenn er sagt, daß dieser Vergleich dadurch bewerkstelligt wird, „daß ich die Kathedrale und den Satz in dem Buch anschaue und behaupte, daß das Symbol ‚2‘ in Verknüpfung mit dem Symbol ‚Türme‘ verwendet wird, und daß ich zum selben Symbol gelange, wenn ich die Regeln des Zählens anwende auf die Türme der Kathedrale"[29]. Dazu bemerkt Hempel — ganz im Sinne der entsprechenden Ausführungen Blanshards —, daß hier offenkundig ein Vergleich erfolgt zwischen der Aussage im Reiseführer und dem Ergebnis (nicht mit der Handlung) des Zählens der Türme; dieses Ergebnis kann etwa die Form erhalten: „Jetzt sehe ich zwei Türme". Immer handelt es sich aber dabei um eine zweite *Aussage,* mit der die erste verglichen wird. Und da nun beide Aussagen das Wort „zwei" enthalten, gibt es zwischen beiden eine gewisse Kohärenz. Somit zeigt das Beispiel Schlicks, daß die Rede von einem „Vergleich zwischen einer Aussage und den ‚Tatsachen'" nichts anderes ist als eine verkürzte — und dazu mißverständliche — Weise, wie der Vergleich zwischen Aussagen in der Umgangssprache beschrieben wird.

5.4. N. Reschers „kriteriologische" Kohärenztheorie der Wahrheit

5.4.1. Reschers Programm

Es war notwendig, diesen Überblick über die Geschichte und die Hauptgesichtspunkte der KH-TW zu geben, um Reschers großangelegten Versuch einer Neuformulierung und Begründung dieser Theorie einordnen und würdigen zu können. Rescher knüpft nämlich explizit an die beiden skizzierten Richtungen an. Vor dem Hintergrund der Geschichte der KH-TW grenzt er sein Programm und seine These genauestens ab.

[29] Schlick [2] S. 67. Zur ganzen Kontroverse vgl. auch: Scheffler [1] Kap. 5.

Rescher will nicht die Bedeutung oder die Definition, sondern das Kriterium der Wahrheit herausarbeiten. Was die Bedeutung der Wahrheit anbelangt, so schließt er sich der KR-TW an: Wahrheit meint die Übereinstimmung mit den Tatsachen. Rescher legt die Formel vor: „Zu behaupten ‚P ist wahr', heißt behaupten, daß P der Fall ist (‚P ist wahr' dann und nur dann, wenn P, d. h.: /P/ = wahr ≡ P)." [30]

Rescher hebt sein Vorhaben von einer „metaphysischen Lehre von der Natur der Realität" [31] ab. Er verwirft metaphysische Fragestellungen nicht, sondern läßt sie beiseite, unberücksichtigt, „soweit dies möglich ist" [32]. Bradleys These, daß die Konsistenz der Realität die Grundlage für die KH-TW darstellt, wird von Rescher als Prämisse für die Rechtfertigung des Kohärenzkriteriums abgelehnt. Wenn er auch die idealistische These, daß die KH-TW auf einer Kohärenztheorie der Realität aufruht, als für eine Begründung der KH-TW nicht notwendig ansieht, so stellt er sich doch die Frage, was sich aus der Annahme ergeben würde, daß das Wirkliche selbst in sich widersprüchlich wäre. Seine Antwort auf diese Frage und ihre Erläuterung bzw. Begründung stellen in philosophischer Hinsicht eine der interessantesten Thesen des Buches dar. Nach Rescher ist eine solche Annahme schlechterdings „selbstzerstörerisch, sie vernichtet sich einfachhin selbst" [33]. Er interpretiert und begründet dies mit einem Hinweis auf Kant: Konsistenz (oder — wie Rescher auch sagt — „rationale Intelligibilität" [34]) ist keine konstitutive bzw. empirische Eigenschaft der Realität „an sich", sondern ein regulatives Prinzip unseres Begriffsapparats bzw. unseres Verständnisses von Realität. Nun deutet Rescher Kants berühmte Unterscheidung nicht dahingehend, daß

[30] Rescher [1] S. 262. Die Schrägstriche zeigen an, daß die betreffende Proposition („P") unter dem Gesichtspunkt des Wahrheitswertes betrachtet wird.
[31] Ebd. S. 23.
[32] Ebd.
[33] Ebd. S. 235.
[34] Ebd.

es uns nicht möglich wäre, die Eigenschaft der Konsistenz der Realität „an sich" zuzuschreiben, sondern dahingehend, daß die Rede von einer inkohärenten Realität „an sich" sinnlos ist. Ist nun die metaphysische These von einer kohärenten Realität sinnleer, so ist ihre Leugnung ebenfalls sinnleer. In diesem Punkt erblickt Rescher den eigentlichen Bruch zwischen seiner KH-TW und der KH-TW der spekulativ-idealistischen Tradition. Interessanterweise erwähnt er in diesem Zusammenhang nicht die Thesen Neuraths. — Dazu wäre hier sogleich zu bemerken, daß hinsichtlich dieses Fragenkomplexes Rescher weit hinter dem zurückbleibt, was nicht nur die idealistische Tradition, sondern auch der logische Empirismus schon gesehen und gezeigt hatten: dort hat man nach dem Sinn von Realität auf einem Problemniveau gefragt, das Reschers Ausführungen nicht mehr erreichen. Diese beiden Abgrenzungen — gegenüber der Definition der Wahrheit und gegenüber der Frage nach dem Sinn von Realität — kennzeichnen Reschers KH-TW.

5.4.2.   Kriterium bei Rescher

5.4.2.1. Zwei Arten von Kriterien

Reschers Ausgangspunkt ist die allen seinen Überlegungen zugrundeliegende Unterscheidung zwischen Definition (Begriff, Sinn) und Kriterium der Wahrheit und dementsprechend zwischen „definitionalen" und „kriteriologischen" TW. Rescher will ausschließlich eine kriteriologische TW entwickeln. Doch die auf der metatheoretischen Ebene so klar und entschieden behauptete Unterscheidung wird nicht eindeutig durchgehalten. Rescher versteht nämlich die Frage nach dem Kriterium als „die logisch-epistemologische Frage danach, was man rationaler- und berechtigterweise als wahr zu denken oder zu nehmen habe" [35]. Er selbst merkt in diesem Zusammenhang an, daß hier Defini-

---

[35] Ebd. S. 3.

tion und Kriterium „eng aneinanderrücken (draw close to one another)"; hinsichtlich einiger Fragen gibt es sogar „virtuell keine Differenz mehr"[36]. Beispiel Reschers: Was ist ein Stuhl? Und: Was muß rationalerweise als Stuhl gedacht werden?

Rescher führt eine weitere Unterscheidung ein, die der Unterscheidung zwischen Bedeutung und Kriterium der Wahrheit klare Konturen verleihen soll, nämlich die Unterscheidung zwischen (absolut) *garantierendem* ("guaranteeing") und (bloß) *legitimierendem* ("authorizing") Kriterium der Wahrheit. Kriterium als *Garantie* impliziert die logische Notwendigkeit einer absoluten Verknüpfung zwischen Kriterium und Wahrheit. Es gilt also mit logischer Notwendigkeit[37]:

$$K (P) \leftrightarrow W (P).$$

Dieses Kriterium ist „sehr eng verknüpft mit der Frage der Definition [der Wahrheit]; in der Tat kann es aufgefaßt werden als ein bloßer Aspekt der Frage der Definition im weiteren Sinne"[38]:

$$D (P) \leftrightarrow W (P).$$

Hingegen bietet das Kriterium als bloße *rationale Legitimation* nur eine „mutmaßliche Sicherheit"[39], ohne daß dadurch die Möglichkeit einer Nichtentsprechung zwischen Kriterium und Wahrheit gänzlich ausgeschlossen wäre. Zwei Arten von Irrtum (d. h. Nichtentsprechung) sind hier nicht absolut ausgeschlossen. Die Formel $K(P) \leftrightarrow W(P)$ hat zwei Komponenten, nämlich: (1) $W(P) \rightarrow K(P)$ und (2) $K(P) \rightarrow W(P)$. Rescher meint, das vereinzelt vorkommende Nichteintreten dieser Verknüpfungen sei

---

[36] Ebd. S. 4.
[37] Die Formel ist so zu lesen: Die Aussage „P" ist kriteriumskonform dann und nur dann, wenn sie wahr ist.
[38] Rescher [1] S. 4. Die Formel bedeutet: Die Aussage „P" entspricht der Definition von Wahrheit dann und nur dann, wenn sie wahr ist.
[39] Rescher [1] S. 4.

„nicht fatal für das Kriterium als solches"[40]. Kommen aber diese Irrtümer „systematisch" vor, so gilt: Das systematische Vorkommen des Irrtums vom Typ (2) beweist die Unvollständigkeit des Kriteriums, während das systematische Vorkommen des Irrtums vom Typ (1) die Unkorrektheit und damit die Unannehmbarkeit des Kriteriums demonstriert.

Rescher will ausdrücklich eine kriteriologische Theorie im abgeschwächten Sinne — also im Sinne des Kriteriums als bloßer rationaler Legitimation — entwickeln. Blanshard gibt er zu, daß dessen Argumentation absolut korrekt ist, fügt aber hinzu, daß eine der Annahmen (Prämissen), auf die sich das Argument stützt, fragwürdig ist: die Annahme nämlich, man müsse eine absolut sichere („narrensichere": "foolproof") Garantie postulieren; dies sei, so Rescher, „weder notwendig noch erwünscht"[41].

5.4.2.2. Die Reichweite des Kriteriums

Rescher führt eine weitere Einschränkung ein, und zwar hinsichtlich der Reichweite des Kriteriums. Kohärenz soll nach Rescher kein universales, sondern ein partiales Kriterium sein[42]. Zu dieser These kommt er in dem Bemühen, das bekannte Problem des *circulus vitiosus,* das sich für jede Theorie über ein Kriterium der Wahrheit stellt, zu lösen. Wird nämlich das aufgestellte Kriterium herangezogen, so begeht man einen solchen *circulus vitiosus:* indem man versucht, die Gültigkeit des Kriteriums zu begründen, setzt man dessen Gültigkeit voraus. Reschers Lösung dieser Schwierigkeit besteht in der Einschränkung des Wahrheitskriteriums auf die *Tatsachenwahrheiten* ("factual truths"); die logischen Wahrheiten werden von ihm aus dem Anwendungsbereich des Kriteriums herausgenommen.

---

[40] Ebd. S. 18.
[41] Ebd. S. 31. Es handelt sich um Blanshards Prämisse (3) (vgl. oben 5.2. [2]).
[42] Vgl. ebd. S. 45, 57 u. ö.

Um einen *circulus vitiosus* zu vermeiden, müssen nach Rescher die logischen Wahrheiten mit Hilfe eines anderen Kriteriums begründet werden; er deutet an, man müsse dabei auf pragmatische Gesichtspunkte zurückgreifen[43]. Die Tatsachenwahrheiten werden von ihm auch „außerlogische Wahrheiten" genannt[44]. Damit ist das Grundschema angegeben, das allen seinen Ausführungen zugrunde liegt: auf der einen Seite die Logik, auf der anderen der Bereich der Data.

5.4.3. Begriff und methodischer Stellenwert der Data

Für Reschers Theorie ist der Begriff des Datums ein Schlüsselbegriff[45], er bildet den „Angelpunkt (pivotal role)"[46] der ganzen Theorie. Rescher versteht diesen Ausdruck als eine teilweise „technische Neuerung"[47], also in einem speziellen sehr genauen Sinn, der zwar eine gewisse Beziehung zur alltagssprachlichen und traditionellen philosophischen Bedeutung dieses Wortes hat, sich aber auch sehr präzis von ihr unterscheidet.

[1] Zunächst ist ein Datum für Rescher eine Proposition. Er bewegt sich also von vornherein im Bereich des Sprachlichen (ein etwa rein sinnliches Datum ist nach Rescher ein Unding, höchstens eine methodische Abstraktion). Nun kann eine Proposition auf zweifache Weise „gegeben" sein: erstens als eine Wahrheit oder als „effektiv wahre Proposition (actually true)"; zweitens als ein „Wahrheitskandidat (truth-candidate)" oder als ein Wahrheitsanwärter bzw. als eine „potentielle Wahrheit"[48]. Rescher versteht Datum als eine Proposition im zweiten Sinne. Nicht jede Proposition ist in diesem Sinne ein Datum. Eine Pro-

---

[43] Vgl. ebd. S. 45, 47 u. ö.
[44] Vgl. ebd. S. 45.
[45] Vgl. ebd. S. 53.
[46] Ebd. S. 54, 64 u. ö.
[47] Ebd. S. 54.
[48] Ebd. S. 59.

position, die nur irgendwie als wahr gedacht werden kann, die also rein theoretisch gesehen als wahr betrachtet werden könnte, ist kein Datum im Sinne Reschers. Es muß schon eine gewisse Plausibilität, eine auf guten Gründen fußende Aussicht auf Wahrheit vorliegen, um von einer Wahrheitskandidatur, von einem Datum, sprechen zu können. Rescher weist mit Nachdruck darauf hin, daß dies folgende Konsequenz nach sich zieht: die Eigenschaft, ein Datum zu sein, kann nicht als eine isolierte Eigenschaft einer einzelnen Proposition, sondern nur als eine kontextuale Eigenschaft einer Gruppe von Propositionen, einer Data-Familie, aufgefaßt werden.

Welches Kriterium muß aber angewendet werden, um etwas (eine Proposition) als Datum im Sinne Reschers zu bestimmen? Wenn nämlich nicht jede Proposition als Datum angesehen werden kann, dann muß ein Kriterium für die Bestimmung des Datums genannt werden. Nach Rescher kann nicht nur von einem einzigen, monolithischen Kriterium für die Bestimmung des Datum-Charakters einer Proposition gesprochen werden; vielmehr handelt es sich um eine „wesentlich pragmatische Rechtfertigung, nämlich [um die Feststellung,] daß dieses Modell am besten ‚arbeitet‘ in der Problemsituation, mit der man es zu tun hat. Der Schlüsselfaktor ist hier die Erfahrung." [49] Kurz: ein Datum ist eine Proposition, die für die Lösung eines Problems in Betracht kommt; was in Betracht zu ziehen ist, wird auf der pragmatischen Ebene, im Rahmen des jeweiligen empirischen Kontextes, entschieden: der Kontext macht klar, was in Frage kommt und was nicht; es geschieht so etwas wie eine „Darwinsche Selektion" [50]. Einfachstes Beispiel Reschers: historische Berichte aus verschiedenen Quellen über ein Ereignis.

Für eine TW, die das Wahrheitskriterium in der Kohärenz erblickt, bilden die Propositionen als Data den Angelpunkt: es geht dabei um die Bestimmung der Beziehungen zwischen den Propositionen qua Data, nicht im Sinne einer abstrakten Ko-

[49] Ebd. S. 63/64.
[50] Ebd. S. 64.

härenz, einer „bloßen Kohärenz" [51], sondern im Sinne einer Kohärenz „mit" den Data, genauer: einer „Data-bezogenen (data-directed) Kohärenz" [52]. Die Data sind das Material, das geordnet werden muß; das Material als solches gilt noch nicht als wahr, erst die Einordnung in einen systematischen Zusammenhang erhebt es in den Status „feststehender" Wahrheiten. Rescher insistiert auf diesem Gesichtspunkt, weil er dadurch die wesentliche Bezogenheit auf die Erfahrung zu wahren glaubt: die Erfahrung ist es, die uns mit den Data (nicht mit Wahrheiten) ausstattet. Da aber Rescher andererseits annimmt, daß der Sinn von Wahrheit in der Übereinstimmung mit den Tatsachen liegt, besagt sein Begriff des Datums, daß die Data eine Korrespondenz mit Tatsachen einschließen (genauer formuliert: da sich normalerweise einige Data widersprechen, kommt im Normalfall nicht allen, sondern nur einigen Data eine solche Korrespondenz zu). Aber dies ist am Anfang eben noch nicht erwiesen; erst die Anwendung des Kohärenzkriteriums kann eine Entscheidung darüber herbeiführen. Rescher ist in diesem Buch nicht interessiert an der Problematik der Korrespondenz, sondern nur an der „Bestimmung der Wahrheit" [53], die mit Hilfe dessen zu erreichen ist, was er das „kriteriologische Instrumentarium (criterial machinery)" [54] nennt.

[2] Reschers Auffassung impliziert ein Erkenntnismodell, das sich grundlegend vom neuzeitlichen, „fundamentalistischen" Modell der Erkenntnis — und weitgehend auch der Wissenschaftstheorie — unterscheidet. Auf die Radikalität und Tragweite dieser Unterscheidung geht er nur teilweise ein. Rescher betont, daß seine Auffassung vom Datum Protokollsätze, Basissätze, Fundamentalsätze usw. im Sinne einer gesicherten Basis ausschließt (darin stimmt er mit Neuraths These über die Pro-

---

[51] Ebd. S. 65.
[52] Ebd.
[53] Ebd. S. 64.
[54] Ebd. S. 65.

tokollsätze und besonders mit Bradleys Verständnis des Datums ["fact"] überein [55]): ein Datum ist keine fraglose Wahrheit, von der auszugehen wäre oder an der als an einem Maßstab die Wahrheit einer Theorie zu messen wäre [56]. Die Tragweite dieses Bruchs mit einer bis auf Aristoteles zurückgehenden wohlbekannten Tradition wird von Rescher selbst hervorgehoben und verallgemeinert: er nennt sein Erkenntnismodell „Kohärenzepistemologie: Erkenntnis ohne Begründung in der Gewißheit" [57]. Der springende Punkt dabei ist der radikale Unterschied zwischen Datum und (traditionell verstandener) Evidenz:

> „Wir müssen die orthodoxe Auffassung aufgeben, daß ein rationaler Wahrheitsanspruch diskursiven Typs in der Evidenz begründet sein muß, so daß im voraus eine [erste] Wahrheit anzunehmen wäre. Der Kerngedanke unserer Kohärenzanalyse der Wahrheit besteht darin, daß Wahrheitsbestimmungen, eher als auf schon aufgewiesener Evidenz, auf Data, die noch nicht [als wahr] aufgewiesen wurden, aufruhen können." [58]

Mit „Wahrheit" ist hier keine logische, sondern eine Tatsachenwahrheit gemeint. Rescher fügt dem noch hinzu, der Ansatz der Kohärenzepistemologie sei

> „grundsätzlich holistisch in dem Sinne, daß die Annehmbarkeit eines jeden Elements von dessen Fähigkeit abhängt, in ein wohlgeordnetes Ganzes integriert zu werden. Hinsichtlich dieses wesentlich Hegelschen Ansatzes steht die Kohärenzepistemologie in scharfem Gegensatz zum fundamentalistischen Ansatz der Haupttradition der abendländischen Epistemologie." [59]

Wahrheit ist nicht — nach dem bekannten Bild von Descartes — mit einem Baum vergleichbar.

---

[55] Vgl. oben 5.2. und 5.3.
[56] Rescher [1] S. 64.
[57] Ebd. S. 316.
[58] Ebd. S. 58.
[59] Ebd. S. 317.

5.4.4.   Begriff und systematischer Stellenwert der Kohärenz
          (Kohärenz als Instrumentarium)

Das zweite Hauptelement einer KH-TW — neben den Data
als dem ersten Hauptelement — bilden jene „Mechanismen, mit
deren Hilfe Wahrheiten aus den Data gewonnen werden" [60].
Mit diesen Mechanismen ist ein doppeltes Instrumentarium
gemeint: das rein logische Instrumentarium (= Begriff der Kohärenz) und ein Instrumentarium zur Aufstellung von Kriterien
für die Wahl der in Betracht zu ziehenden Data.

5.4.4.1.   Begriff der Kohärenz

5.4.4.1.1. Zum Begriff der Kohärenz im allgemeinen

Letzte Grundlage der KH-TW ist immer die Idee des Systems
gewesen. Daraus ergibt sich unmittelbar, daß für jede KH-TW
unter „Kohärenz" mehr zu verstehen ist — und immer mehr
verstanden wurde — als bloße Konsistenz (Widerspruchsfreiheit). Konsistenz wird nämlich von allen Wahrheitstheorien in
Anspruch genommen. Neben dem Moment der Konsistenz
wurde in der traditionellen KH-TW — unter verschiedenen
Bezeichnungen — durchgehend das Moment des systematischen
Zusammenhangs angenommen. Rescher kritisiert die — zum
großen Teil recht allgemeinen, ja sehr vagen — Formulierungen,
die im Rahmen der idealistischen Tradition der KH-TW zu
finden sind, so z. B. die These: Eine kohärente Erkenntnis ist
jene Erkenntnis, in der jedes Urteil das ganze System impliziert
und vom ganzen System impliziert wird. Reschers Kritik ist ein
positiver Versuch, eine genaue Bestimmung der Kohärenz zu
erarbeiten und auf die logischen Implikationen und Schwierigkeiten des Kohärenzgedankens hinzuweisen. Wesentlich ist für
ihn der Gesichtspunkt, daß „die Idee einer inhaltlichen Ver-

---

[60] Ebd. S. 321.

191

knüpfung deduktiver Art ersetzt wird durch eine kontextuale Verknüpfung" [61]. Rescher entwickelt drei Grundzüge der Kohärenz: Umfassendheit ("comprehensiveness"), Konsistenz und Zusammengefügtheit bzw. Zusammenhängendheit ("cohesiveness", "unity") [62].

5.4.4.1.2. Drei Aspekte der Kohärenz

5.4.4.1.2.1. Umfassendheit ("comprehensiveness")

Rescher geht aus von der Unterscheidung zwischen der externen und der internen Umfassendheit. Erstere meint die Beziehung der Data nach außen: sie ist gegeben, wenn alle relevanten Data berücksichtigt werden; letztere liegt dann vor, wenn der größtmögliche, d. h. der maximale Teil von Propositionen/Data als wahr angenommen wird. Die *U*mfassendheit hat mehrere Aspekte:

(U-1) *Inferenzielle Geschlossenheit:* Die Menge S der wahren Propositionen ist inferenziell geschlossen, wenn sie alle ihre eigenen logischen Konsequenzen enthält:
Wenn $p_1, p_2, \ldots, p_n \ \varepsilon$ S und $p_1, p_2, \ldots, p_n \vdash$ q, dann q ε S.

(U-2) *Logische Eingeschlossenheit:* Die Menge S der wahren Propositionen besitzt das Merkmal der logischen Eingeschlossenheit, wenn sie „jede These der Logik" (jeden logischen Leitsatz) enthält:
Wenn $\vdash$ P, dann P $\varepsilon \ \Gamma$.

(U-3) *Logische Vollständigkeit:* Rescher unterscheidet zwei Formen:

(U-3-1) *unbeschränkte Vollständigkeit:* die Menge S der wahren Propositionen ist unbeschränkt vollständig, wenn sie entweder eine Proposition selbst oder deren kontradiktorisches Gegenteil enthält:
Wenn P $\notin$ S, dann nicht-P ε S.

---

[61] Ebd. S. 175.
[62] Vgl. ebd. S. 169 ff.

Von der von ihm entwickelten KH-TW verlangt Rescher nicht, daß sie die Bedingung (U-3-1) erfüllt; es genügt nach Rescher, wenn folgende schwache Form der Vollständigkeit realisiert ist:

(U-3-2) *beschränkte Vollständigkeit:* Die Menge S der wahren Propositionen ist beschränkt vollständig, wenn (U-3-1) nur unter bestimmten „Standardbedingungen" gilt: In „Standardfällen": wenn P ∉ S, dann nicht-P ε S.

Diese letzte Formel wirft die Frage auf, ob und wie die Prinzipien der Bivalenz und des ausgeschlossenen Dritten noch Berechtigung haben [63].

5.4.4.1.2.2. Konsistenz

Die Menge S der Propositionen ist konsistent, wenn sie keine Proposition zusammen mit deren kontradiktorischem Gegenteil enthält:

Immer wenn P ε Γ, dann nicht-P ∉ Γ; und immer wenn nicht-P ε Γ, dann P ∉ Γ.

5.4.4.1.2.3. Zusammengefügtheit oder Zusammenhängendheit ("cohesiveness", "unity")

Rescher führt die beiden folgenden umgangssprachlich formulierten „Vorschriften (precepts)" [64] an:

(Z-1) Die Wahrheit einer Proposition muß bestimmt werden als Explikation (in terms) ihrer Beziehungen zu anderen Propositionen in deren logisch-epistemischem Kontext; und folglich

(Z-2) die wahren Propositionen bilden eine festgefügte Einheit, eine Menge; jedes ihrer Elemente hängt durch logische Verknüpfung mit anderen Elementen dieser Menge zu-

[63] Vgl. unten 5.4.4.1.3.
[64] Rescher [1] S. 173 ff.

sammen, so daß das Ganze ein umfassend verknüpftes und geeinigtes Gefüge darstellt.

Diese Formulierungen sind, wie Rescher bemerkt, ausgesprochen bildhaft. Im Bemühen, vor allem (Z-2) zu präzisieren, legt Rescher folgende Formulierung vor:

(Z-2') Die Menge Γ der Propositionen besitzt das Merkmal der inferenziellen Verknüpfung, wenn jedes Γ-Element inferenziell abhängig ist von zumindest einigen anderen Elementen:
Wenn $Q \ \varepsilon \ \Gamma$, dann gibt es (andere) Elemente P_1, P_2, ..., $P_n \ \varepsilon \ \Gamma$ (angemessen verschieden von Q), so daß P_1, P_2, ..., $P_n \vdash Q$.

Erläuterung: eine Propositionenmenge Γ besitzt inferenzielle Verknüpfung, wenn sie keine inferenziell unabhängige Proposition enthält, d. h. wenn sie keine Proposition enthält, die von anderen Γ-Elementen nicht ableitbar ist.

Zu dieser Formel bemerkt Rescher, daß sie zwar notwendig ist, aber nicht ausreicht, um die Kohärenz als Zusammengefügtheit zu charakterisieren. Sie ist nämlich in dem Sinne inadäquat, daß sie nur eine — im übrigen sinnvolle, ja notwendige — logische Redundanz artikuliert. Um dies zu zeigen, bringt Rescher folgendes Beispiel [65]:

$$S = \{p \wedge q, q \wedge r, p \wedge r\}$$

Diese Propositionenmenge ist durch *deduktive Verknüpfung* charakterisiert, da jedes Element aus den beiden anderen ableitbar ist. Hier wird nun eine „systematische Verengung (constrictiveness)" geleistet, und zwar aus „wesentlich trivialen logischen Gründen", so daß diese logische Redundanz kein angemessenes Mittel ist, „um die wechselseitige Zusammengefügtheit der Elemente einer kohärenten Menge zu leisten" [66].

Rescher schlägt vor, diese Art von Verknüpfung (also die

---

[65] Ebd.
[66] Ebd. S. 174.

194

deduktive Verknüpfung) zu ersetzen ("replace") durch die Idee einer *kontextualen Verknüpfung*[67]. Rescher erläutert dies folgendermaßen: gegeben sei die Menge

$$S = \{p, q, \neg p \vee \neg q\}.$$

Die Menge ist inkonsistent. Sie ist auf folgende drei „maximal konsistente Untermengen" zu reduzieren:

$S_1 = \{p, q\}$ (axiomatisiert: $p \wedge q$)
$S_2 = \{p, \neg p \vee \neg q\}$ (axiomatisiert: $p \wedge \neg q$)
$S_3 = \{q, \neg p \vee \neg q\}$ (axiomatisiert: $\neg p \wedge q$)

Erst aufgrund eines (der Menge S externen) Kriteriums (= Präferenzkriterium) ist es möglich, eine Entscheidung zugunsten einer dieser maximal konsistenten Untermengen zu treffen. Dazu schreibt Rescher:

„In diesem Beispiel gibt es keine Beziehung zwischen p und q hinsichtlich des Inhalts: diese sind vielmehr ... logisch und inhaltlich vollkommen unabhängig voneinander. Bei der Aufstellung der Data-Familie S aber erhalten sie unmittelbar eine tiefer verwurzelte gegenseitige Relevanz. Zum Beispiel: Ist ¬p als wahr gegeben, so können wir unmittelbar schließen auf q (da, wenn ¬p gegeben ist, man einzig auf S_3 kommt). Ferner: Wenn ein Präferenzkriterium $\mathfrak{P}$ angegeben wird, das S_1 ausschließt, dann gilt: Ist p gegeben, so können wir sofort auf ¬q schließen. Solche Faktoren begründen eine systematische Bezüglichkeit zwischen den Propositionen von S, wenn es auch keine inhaltliche Bezüglichkeit und entsprechend keine deduktive Bezüglichkeit gibt ..."[68]

Die Idee der kontextualen Verknüpfung charakterisiert Rescher folgendermaßen:

„Die als wahr im Kontext der ursprünglichen Menge inkonsistenter Data S klassifizierten Propositionen stehen in einer wechselseitigen Abhängigkeit bezüglich S: hier steht jede Proposition in einer charakteristischen Interdependenzbeziehung zu den anderen Pro-

[67] Vgl ebd. S. 175.
[68] Ebd.

positionen in dem hypothetischen Sinn, daß, wenn der Wahrheitsstatus einiger dieser Propositionen ein anderer wäre (d. h. wenn sie nicht als wahr, sondern als falsch zu klassifizieren wären), ihr eigener Wahrheitsstatus davon betroffen wäre." [69]

5.4.4.1.3. Kohärenz und klassische bzw. nicht-klassische logische Gesetze

Rescher bezeichnet seine eigene KH-TW als orthodoxe nichtklassische TW [70]. Dies bedeutet, daß einige der logischen Gesetze, die für die klassische Theorie der Wahrheit Gültigkeit haben, aus Reschers Theorie ausscheiden. Es handelt sich besonders um den Satz vom ausgeschlossenen Dritten (SAD) und um das Gesetz der Bivalenz (GB). Der SAD hat drei Gestalten: erstens für Wahrheit (SAD-W), zweitens für Falschheit (SAD-F), drittens die vollständige Gestalt (SAD). Die genauen Formeln sind die folgenden:

(SAD-W): $/P/ = W$ oder $/\neg P/ = W$
(= ist eine Proposition und die ihr kontradiktorisch entgegengesetzte gegeben, so muß eine immer wahr sein).

(SAD-F): $/P/ = F$ oder $/\neg P/ = F$
(= ist eine Proposition und die ihr kontradiktorisch entgegengesetzte gegeben, so muß eine immer falsch sein).

(SAD): $(/P/ = W$ und $/\neg P/ = F)$ oder $(/P/ = F$ und $/\neg P/ = W)$
(= ist eine Proposition und die ihr kontradiktorisch entgegengesetzte gegeben, so ist die eine wahr und die andere falsch).

Das Gesetz der Bivalenz (GB) läßt sich so darstellen:

(GB): Entweder $/P/$ ist wahr oder $/P/$ ist falsch
(= eine Proposition muß immer entweder wahr falsch sein).

[69] Ebd.
[70] Vgl. ebd. S. 145 ff. In den folgenden Formeln zeigt der Schrägstrich „/" den Wahrheitswert der betreffenden Proposition an.

5.4.4.2. Das Kriterium für die „alethische" (wahrheiterzeugende) Präferenz (das 𝔓-Kriterium)

Worauf gründet die Präferenzentscheidung? Einigen maximal konsistenten Untermengen von Propositionen/Data wird gegenüber anderen der Vorzug gegeben. Rescher geht von der Einsicht aus, daß die (reine) Logik allein das Problem der Wählbarkeit (Präferenz) von Data nicht lösen kann. Beispiel[71]:

$$S = \{p, p \supset q, \neg q\}.$$

Diese Menge hat drei maximal konsistente Untermengen:

$S_1 = \{p, p \supset q\}$ (axiomatisiert: $p \wedge q$)
$S_2 = \{p, \neg q\}$ (axiomatisiert: $p \wedge \neg q$)
$S_3 = \{p \supset q, \neg q\}$ (axiomatisiert: $\neg p \wedge \neg q$)

Nicht alle Folgerungen aus dieser Menge S können angenommen werden. Die Logik kann nur eines tun: sie stellt uns vor eine Wahl; sie sagt uns aber nicht, welche Wahl und wie die Wahl zu treffen ist. Hier müssen *außerlogische* Überlegungen angestellt werden. Nach Rescher gibt es dafür nicht nur ein einziges Kriterium, sondern eine Reihe von Prozeduren, deren Effizienz sich erst bei ihrer pragmatischen Anwendung zeigen kann. Er beschreibt einige der wichtigsten Methoden. Sie seien hier kurz erwähnt[72]:

Methode I: Propositonale Angelpunkte. Angesichts einer inkonsistenten Menge S von Propositionen wird angenommen, daß wir äußere Gründe haben, um eine bestimmte Folgerung „P" in jedem Fall abzulehnen. Dieser Angelpunkt bildet dann den Maßstab für die Wahl einer der maximal konsistenten Untermengen der Propositionen bzw. Data.

Methode II: Mehrheitsregel. Unter bestimmten Umständen wird es vernünftig sein, jener maximal konsistenten Untermenge den Vorzug

[71] Vgl. ebd. S. 83.
[72] Vgl. ebd. S. 99 ff.

zu geben, die mehr Elemente der Menge S enthält als die anderen Untermengen.

Methode III: Probabilistische Präferenz. Verfügen wir über Informationen über die Wahrscheinlichkeitswerte der verschiedenen maximal konsistenten Untermengen, so können wir sie als Grundlage für die Wahl einer Untermenge heranziehen.

Methode IV: Plausibilität. Verfügen wir über die Plausibilität der einzelnen Propositionen, so können wir eine Entscheidung treffen bezüglich der Präferenz einer maximal konsistenten Untermenge.

Methode V: Pragmatisches Verfahren. Jene maximal konsistente Untermenge der Menge S von Propositionen/Data wird bevorzugt, die eine größere Nützlichkeit aufweist.

5.4.5. Die pragmatische Rechtfertigung des Kohärenzkriteriums (Primat der praktischen Vernunft)

Kann die Kohärenz als Wahrheitskriterium rational gerechtfertigt werden? Wir haben schon gesehen, daß diese Fragestellung die Aporie des *circulus vitiosus* enthält. Doch Rescher resigniert nicht. Im Zuge der von ihm behaupteten „pragmatischen Wende" [73] geht er von folgender Einsicht aus: ein Wahrheitskriterium besagt grundsätzlich ein methodologisches Verfahren; nun hat Methode nur dann einen Sinn, wenn sie wirklich „arbeitet", d. h. erfolgreich ist. Rescher rechtfertigt die Kohärenz als Wahrheitskriterium auf dem empirischen Weg einer aposteriorischen Feststellung eines Erfolgs in der Praxis. Wohlgemerkt, der pragmatische Erfolg ist nicht das Kriterium der Wahrheit (darin unterscheidet sich Rescher von den sog. pragmatischen Theorien), sondern das methodologische Metakriterium der Wahrheit [74]. Er vertritt keinen propositionalen, sondern einen kriteriologischen Pragmatismus. Pragmatik bestimmt Rescher so:

[73] Ebd. S. 239. Vgl. dazu auch Rescher [3]. Eine Gesamtdarstellung des „idealistischen Pragmatismus" von Rescher legt L. Bonjour vor (vgl. Bonjour [1]).

[74] Vgl. ebd. S. 245.

„Der Mensch ist nicht nur ein theoretisches Wesen, das nur auf Begreifen aus ist, sondern ein praktisches Wesen, das in der Welt handelt ... Die Propositionen, die wir annehmen, sind eine Anleitung zum Leben und der Erfolg jeder Annahmeprozedur (einschließlich der kriteriologischen Wahrheitstheorie) kann im Hinblick auf den erzielten Erfolg beurteilt werden." [75]

Die eigentlich pragmatische Frage nach Rescher lautet:

„Führt diese Prozedur zu den Interessen unserer Kontrolle über die Natur? Die pragmatische Bewährung einer kriteriologischen Wahrheitstheorie muß in dieser Perspektive der Ziele des menschlichen Handelns eher als in der der menschlichen Theoriebildung verstanden werden." [76]

In diesem Zusammenhang muß noch kurz auf einige Ausführungen hingewiesen werden, die man bei Rescher im Kontext des Problems der Gewißheit findet. Er wirft der fundamentalistischen Erkenntnistheorie cartesianischer Prägung vor, daß sie im Bemühen, ein *fundamentum inconcussum* ausfindig zu machen, zu einem Primat der ersten Person gelangt und so einem kognitiven Solipsismus das Wort redet. Im Gegensatz dazu ist die KH-TW *sozial* orientiert: in der Perspektive der Kohärenz wird die menschliche Erkenntnis als eine kollektive, interpersonale Struktur und Unternehmung angesehen [77]. Freilich handelt es sich hierbei nur um sporadische Hinweise bei Rescher.

Abschließend ist noch zu betonen, daß und wie Rescher in seiner KH-TW drei klassische TW bzw. deren Prinzipien in eine systematische Einheit gebracht zu haben meint [78]. Hinsichtlich der Bedeutung (= des Sinnes, des Wesens) von Wahrheit gilt für ihn die These der KR-TW: /P/ ist wahr ≡ P (d. h. P ist der Fall). Hinsichtlich der Wahl zwischen alternativen Wahr-

[75] Ebd. S. 259/260.
[76] Ebd. S. 260.
[77] Vgl. ebd. S. 331 ff.
[78] Vgl. ebd. S. 262.

heitskriterien und der Rechtfertigung des gewählten Kriteriums ist seine Position pragmatisch (der bestimmende Gesichtspunkt ist: was leistet das Kriterium?). Schließlich wird als das Ergebnis dieser Wahl, d. h. als das eigentliche Kriterium der Wahrheit, das Prinzip der Kohärenz angenommen und aufgezeigt.

5.4.6. Kritische Bemerkungen

5.4.6.1. Rescher und die traditionelle Kohärenztheorie

Positiv muß hervorgehoben werden, daß Rescher eine kaum hoch genug einzuschätzende Präzisierung und Reformulierung — besonders in logischer Hinsicht — einiger wichtiger Aspekte der traditionellen KH-TW leistet. Dies gilt vor allem für den Begriff der Kohärenz selbst. Doch muß gleichzeitig betont werden, daß diese Reformulierung — jedenfalls bis jetzt — ebenfalls wichtige, ja in gewisser Hinsicht die wichtigsten Aspekte außer acht läßt. Der rein kriteriologische Charakter von Reschers KH-TW ist gekoppelt mit der anderen fundamentalen These, daß das Wesen der Wahrheit nicht in der Kohärenz, sondern in der Korrespondenz liegt. Seine „Konstruktion" [79] einer KH-TW kommt einer Destruktion des eigentlichen Kerns der traditionellen KH-TW gleich.

5.4.6.2. Reschers Inkonsequenz: Kohärenz als Kriterium und als Wesen der Wahrheit

Nun wäre die Preisgabe des Kerns der traditionellen KH-TW zu begrüßen, wenn Rescher dessen Inkonsistenz, Unmöglichkeit oder nur Unangemessenheit nachgewiesen hätte; dem aber ist nicht so, da Rescher den Zentralgedanken der KH-TW nur als ein praktisch nicht erreichbares Ziel hinstellt. Dieser Verzicht auf

---

[79] Vgl. ebd. S. viii.

eine umfassende und damit anspruchsvollere TW wäre immerhin irgendwie zu verschmerzen, wenn die „bescheidenere" Gestalt jener KH-TW, die Rescher anbietet, konsistent wäre. Aber Reschers kriteriologische KH-TW ist nicht konsistent. Dies soll in aller Kürze gezeigt werden.

[1] Rescher entwickelt seine ganze kriteriologische KH-TW auf der Basis der Annahme, daß Blanshards Prämisse (3) weder notwendig noch erwünscht ist. Damit verwickelt er sich in eine grundlegende Inkonsistenz. Rescher scheint die amüsante Warnung Blanshards übersehen zu haben:

> „Kohärenz ist ein hartnäckiger Begriff; sie ähnelt dem wohl-bekannten Kamel: wenn man zuläßt, daß es seine Nase unter den Zeltsaum steckt, wird es bald mit dem Ganzen auf und davon gehen." [80]

Buchstäblich dies geschieht in Reschers kriteriologischer KH-TW. Zwar begeht er — auf den ersten Blick — noch keine Inkonsistenz dadurch, daß er Blanshards Prämisse (3) nicht annimmt; dies könnte nämlich als eine Entscheidung zugunsten einer bescheideneren Zielsetzung interpretiert werden. In Wirklichkeit aber kann Rescher nicht die Konsequenzen vermeiden, die sich aus der Annahme ergeben, daß die Kohärenz als Wahrheits-kriterium auch in abgeschwächter Form — als bloß legitimie-rendes Kriterium — eingeführt wird. Kohärenz als schwaches — bloß legitimierendes — Kriterium schließt nach Rescher die Möglichkeit von zwei Typen von Irrtum nicht aus: gemäß Typ I besteht der Irrtum (= Falsifikation) darin, daß die Aussage wahr ist [W(P)] *und* dem Kriterium (hier: der Kohärenz) *nicht* entspricht [also: nicht K(P)]; gemäß Typ II besteht der Irrtum (die Falsifikation) darin, daß die Aussage dem Kriterium ent-spricht [also: K(P)], aber die Aussage nicht wahr ist [also: nicht W(P)]. M. a. W.: die Möglichkeit der beiden Typen von Irrtum besagt nach Rescher, daß folgende Äquivalenz *nicht* unbedingt gilt:

[80] Blanshard [1/II] S. 267.

W(P) dann und nur dann, wenn K(P).

Nun versichert Rescher, daß

„die mögliche Präsenz dieser beiden Typen von Irrtum nicht fatal
ist für das Kriterium als solches, solange die Irrtümer nur sporadisch
und nicht systematisch vorkommen. Wenn aber die Irrtümer bezüglich einer wohldefinierten Menge von Propositionen systematisch
auftreten, so wäre dies eine ganz andere Sache. Das Ergebnis wäre
nämlich ein asymmetrisches: ein systematischer Irrtum von Typ II
würde nur die *Unvollständigkeit* des Kriteriums beweisen, während
ein systematischer Irrtum von Typ I besagen würde, daß das
Kriterium inkorrekt und gänzlich *unannehmbar* wäre." [81]

[2] Eine Inkonsistenz begeht Rescher nicht, wenn er aus seinem
abgeschwächten Wahrheitskriterium qua Kohärenz die Möglichkeit ableitet, daß Kohärenz ein unvollständiges Kriterium der
Wahrheit wäre. Dies ist (noch) kein Irrtum, denn daraus
ergibt sich nicht die Falschheit von P, sondern nur, daß die
Wahrheit von P nicht vollständig aufgewiesen wird. Nur wenn
Rescher hier eine bestimmte Anwendung des Bivalenzprinzips
akzeptieren würde — was er aber nicht tut, da er das Bivalenzprinzip nicht annimmt —, würde sich aus dem nicht vollständigen Aufweis der Wahrheit ein Irrtum ergeben, d. h. Falschheit. Kurz: Reschers Behauptung über den Irrtum von Typ II
ist nicht inkonsistent, sondern inexakt.

Was aber die sich aus seinem abgeschwächten Wahrheitskriterium qua Kohärenz ergebende Möglichkeit des Irrtums vom
Typ I angeht, so ist seine Behauptung widersprüchlich; denn
Rescher läßt *vereinzelte* nicht-kriterienkonforme wahre Propositionen ausdrücklich zu. Ausgeschlossen werden nur systematisch vorkommende nicht-kriterienkonforme wahre Propositionen. Angewandt auf Reschers eigene kriteriologische Kohärenztheorie, heißt das: vereinzelte nicht-kohärenzkonforme
wahre Propositionen sind möglich; auszuschließen sind nur
systematisch vorkommende nicht-kohärenzkonforme wahre

---

[81] Rescher [1] S. 18.

Propositionen. Aber dies impliziert offenkundig eine Inkonsistenz; denn, wie oben dargelegt, ist Kohärenz definiert u. a. durch Konsistenz. Mithin läßt Rescher vereinzelte inkonsistente wahre Propositionen zu. Nimmt man die anderen Aspekte der Kohärenz im Sinne Reschers hinzu, so besagt dies, daß er vereinzelte inkohärente (in seinem Sinne) wahre Sätze als möglich annimmt. Damit begeht er eine Inkohärenz in jenem Sinne, den er selbst diesem Wort gibt.

[3] Will Rescher nicht die Konsequenz annehmen, daß inkonsistente und inkohärente (im angegebenen Sinne) wahre Sätze zugelassen werden können, so muß er die Möglichkeit des Irrtums vom Typ I ausschließen. Er kann aber diese Möglichkeit nur ausschließen, wenn er eine Trennbarkeit von Wahrheit und Kohärenz-als-Kriterium ausschließt. Wieder aber kann er diese Trennbarkeit nur ausschließen, wenn er eine unbedingte Verbindung (Verknüpfung) von Wahrheit und Kohärenz-als-Kriterium annimmt. Aber diese Annahme impliziert die Preisgabe seiner „schwachen" kriteriologischen KH-TW.
Mit diesen Überlegungen ist noch nicht erwiesen, daß die Kohärenz ein hinreichendes und damit adäquates Kriterium der Wahrheit ist, und noch weniger, daß sie das „Wesen" der Wahrheit ausmacht. Aber die Notwendigkeit dieses Schritts kann jetzt leicht aufgewiesen werden. Geht man mit Rescher davon aus, daß man — um von Wahrheit sprechen zu können — ein Kriterium für Wahrheit aufstellen muß, und vertritt man die These, daß Kohärenz zwar ein notwendiges, aber kein hinreichendes (= adäquates) Kriterium von Wahrheit ist, so entgeht man der Inkonsistenz nur dann, wenn man ein anderes (weiteres, zusätzliches, das erste verstärkendes) Kriterium anzugeben in der Lage ist. Tut man das nicht, so verfügt man *nur* über dieses eine Kriterium, nämlich das Kriterium der Kohärenz. D. h.: das Kriterium der Kohärenz ist dann nicht irgendein schwaches Kriterium, sondern das einzige und damit jene „narrensichere" ("foolproof") Garantie, wie sie von Blanshard — nach Reschers richtiger Interpretation — vertreten wird. Damit hat sich jene

Prämisse als unumgänglich erwiesen, deren Annahme — wie Rescher selbst zugibt — die volle Stichhaltigkeit des von Blanshard geführten Beweises der These von der Gleichsetzung von Kriterium und Wesen der Wahrheit zur Konsequenz hat.

5.4.6.3. Die Tragweite der Konzeption Reschers

Mit dieser Kritik soll nicht der Eindruck erweckt werden, als ob Reschers kriteriologische TW als ganze widersprüchlich und damit zu verwerfen wäre. Im Gegenteil: die außerordentliche Relevanz seiner Konzeption liegt einmal in der genauen Präzisierung einzelner Punkte bzw. Einsichten der traditionellen KH-TW und zum anderen im Entwurf eines großartigen Programms, dessen Ausführung — unter weitreichenden Korrekturen einzelner Aussagen Reschers — noch aussteht. Auf Reschers Werk ist in der Schlußbetrachtung noch zurückzukommen.

6. ZUSAMMENFASSUNG IN SYSTEMATISCHER ABSICHT UND ANDEUTUNG EINER KOHÄRENZIAL-SYSTEMATISCHEN THEORIE DER WAHRHEIT (KH$_S$-TW)

Im vorliegenden Schlußkapitel ist zweierlei zu leisten: *erstens* sollen jene methodischen und sachlich-inhaltlichen Gesichtspunkte zusammengefaßt werden, die sich im Hinblick auf eine systematisch orientierte Erörterung des Wahrheitsproblems als schlechterdings unverzichtbar erwiesen haben (6.1.); *zweitens* sollen die Grundzüge einer kohärenzial-systematischen TW skizziert werden (6.2.).

6.1. Zusammenfassung in systematischer Absicht

[1] Wie sich aus der vorgelegten Darstellung ergibt, enthalten ausnahmslos alle vorgestellten TW *methodische* Fragen, die allerdings von diesen Theorien nicht immer, normalerweise sogar überhaupt nicht thematisiert werden. Man kann alle diese methodischen Probleme mit dem Stichwort „Theoriestatus" anzeigen. Im folgenden sollen die wichtigsten methodischen Gesichtspunkte kurz erwähnt werden.

[i] Als fundamental erweist sich zunächst eine Klärung der Frage, als was das *Explikandum* der TW zu bestimmen ist: Ist es der Sinn (die Bedeutung, das Wesen usf.) oder das Kriterium, sind es die Bedingungen (im engeren Sinne) oder ist es die — in welchem Bereich auch immer angesiedelte — Relevanz der Wahrheit?

[ii] Solange eine TW nicht den *Sinn* (als Explikandum) von Wahrheit geklärt hat, kann sie nicht als TW im eigentlichen Sinne betrachtet werden. Eine rein „kriteriologische", „kondi-

tionale" oder nur die Relevanz von Wahrheit artikulierende TW setzt immer eine definitionale TW voraus und kann daher nur als ein — relativ sekundärer — Teil oder Aspekt einer Gesamttheorie der Wahrheit aufgefaßt werden.

[iii] Die eigentliche, d. h. präzise Bedeutung der Frage(n) nach „Sinn", „Kriterium" und „Bedingung" der Wahrheit müßte geklärt werden. Wonach wird eigentlich bei diesen drei Fragerichtungen gefragt? Es dürfte klar sein, daß Frageformulierungen wie „Was ist Wahrheit?", „Welches ist das Entscheidungskriterium für Wahrheit?" und schließlich „Welches sind die Bedingungen der Wahrheit?", solange sie getrennt voneinander, d. h. rein für sich, aufgeworfen werden, auch drei getrennte und damit isolierte Antworten verlangen. Aber schon komplexere Fragen, wie z. B. „Was heißt es für einen Satz, wahr zu sein?" oder „Woran bemißt sich die Wahrheit von Aussagen, die Sachverhalte wiedergeben?"[1], zeigen, daß sich der Zusammenhang zwischen den — wie auch immer im einzelnen formulierten — Fragen im Hinblick auf Wahrheit von selbst als unabweisbar herausstellt. Daher darf sich keine TW, die diesen Namen verdient, als geradlinige Antwort auf ein standardisiertes und problemlos hingenommenes Frageschema verstehen.

[iv] Die Klärung dieses Sachverhalts setzt allerdings voraus, daß die den verschiedenen Frageweisen zugrundeliegenden Explikationsmittel (bzw. -schemata oder -strukturen) herausgearbeitet werden. Die Unterscheidung zwischen „Sinn" und „Kriterium" beruht offensichtlich auf zwei Grundkategorien (die man „logische Strukturen" nennen könnte). Was den Begriff der „Bedingung" anbelangt, so hat sich gezeigt, daß dieser Begriff in einer sehr vagen, nie genau explizierten Bedeutung verwendet wird. Es sei hier nur kurz angedeutet, daß eine Klärung dieser Fragen nur dann ohne Abstriche erreicht werden kann, wenn ein (bzw. das) System solcher Grundkategorien (d. h. solcher logischen Grundstrukturen) entwickelt wird. So unverständlich und mangelhaft Hegels „Wissenschaft der Lo-

---

[1] Habermas [1] S. 123.

gik" zugegebenermaßen auch sein mag, so dürfte sie doch als der bisher einzige und daher einmalige Versuch anzusehen sein, eine solche hier anvisierte bzw. postulierte „strukturale Logik" zu entfalten[2]. Wenn z. B. Habermas von einer „Logik des Diskurses" spricht, so setzt er eben solche logischen Grundbestimmtheiten als die die jeweiligen Sprachsysteme bzw. Argumentationssprachen artikulierenden logischen Strukturen voraus[3].

[v] Die *Äquivalenzformel* hat sich als das am häufigsten benutzte *technische* Explikationsmittel erwiesen. Andererseits hat sich gezeigt, daß der Sinn von „Äquivalenz" zum einen kaum thematisiert und aufgeklärt wird und zum anderen — betrachtet man die tatsächliche Verwendung der Äquivalenz und versucht man die dabei unterstellte Bedeutung zu explizieren — sich sehr schnell als problematisch erweist. — Es hat sich zwar herausgestellt, daß es möglich ist, im Rahmen des beibehaltenen Explikationsschemas der Äquivalenz im Sinne eines Bikonditionals weitere „Definientia" von Wahrheit anzugeben (besonders E. Tugendhat); es fragt sich aber, ob es bei einem solchen Vorgehen überhaupt möglich ist, eine sich über ihren eigenen Theoriestatus Rechenschaft ablegende *definitionale* TW zu entwickeln. Es ist bezeichnend, daß der Ausdruck „Bedingung" in den meisten TW nichts anderes als (vage) „Bestimmung" bedeutet. Die Angabe der Wahrheitsbedingungen fällt dann mit der Angabe der Bestimmungen als der Definientia von Wahrheit zusammen. Ist dem aber so, dann müßte auch das Explikationsschema entsprechend modifiziert werden. Will man dabei die Äquivalenzformel beibehalten, so wäre sie jedenfalls nicht — soll der Ausdruck „konditional" einen genauen Sinn erhalten — als ein Bikonditional aufzufassen.

[2] Aus der Darstellung und Kritik der verschiedenen TW ergeben sich einige *sachlich-inhaltliche* Problemkomplexe, die sich als unbedingt zu berücksichtigende Kristallisationspunkte

[2] Vgl. dazu Puntel [2] und [7] Kap. 4.
[3] Vgl. oben 4.2.1.

einer zu entwickelnden systematischen TW herausstellen. Insbesondere *vier* Kristallisationspunkte sind anzuführen.

[i] An erster Stelle ist die Problematik des „Verhältnisses" von *Sache* und *Sprache* zu nennen. Es hat sich gezeigt, daß keine TW sich des Sachbezugs entschlagen kann. Es kann nicht bestritten werden, daß mit „Wahrheit" u. a. ein — wie auch immer zu verstehendes — „Sichverhalten der Sache(n)" gemeint ist: mit Wahrheit wird „Offenbarkeit", „Dargestelltheit" — oder wie immer man hier reden will — der Sache(n) artikuliert. Das dürfte der unaufgebbare Kern der KR-TW sein, der allerdings in dieser Theorie gerade nicht einen vertretbaren, geschweige denn adäquaten Ausdruck gefunden hat; denn es handelt sich dabei nicht um eine Korrespondenzbeziehung zwischen „Sprache" und „Welt", zwischen „Aussage" und (nichtsprachlicher) „Tatsache" u. ä. Ein Vergleich — und damit eine Relation — zwischen der sprachlichen und der nichtsprachlichen Dimension ist eine reine Vorstellung, die sich, sobald sie expliziert wird, als gänzlich inadäquat erweist und damit als solche verschwindet. Dies eingesehen zu haben, ist das große Verdienst der SA-TW, aber auch der KH-TW. Allerdings kann nicht gesagt werden, daß die sprachanalytischen Theorien diesen Sachverhalt adäquat erklärt haben; im Gegenteil: daß sich diese Theorien immer wieder gegen den Vorwurf zur Wehr setzen müssen, sie lösten die Sachen in Sprache auf [4], ist ein Indiz dafür, daß dieser Problemkreis in diesen Theorien keine adäquate Explikation findet.

Die im Kapitel 5. zitierten Aussagen O. Neuraths dürften vielleicht als die besten Formulierungen des hier zur Ausführung anstehenden Programms anzusehen sein:

> „Man kann zwar mit einem Teil der Sprache über den anderen sprechen, man kann sich aber nicht über die Sprache als Ganzes sozusagen von einem ‚noch-nicht-sprachlichen' Standpunkt aus äußern ... Man kann auch nicht die Sprache als Ganzes mit den

---

[4] So z. B. Tugendhat [3] S. 17 ff. u. ö. („Standardeinwand" gegen die sprachanalytische Konzeption der Philosophie).

‚Erlebnissen' oder mit der ‚Welt' oder mit einem ‚Gegebenen' konfrontieren … Wir können nicht als Aussagende gewissermaßen eine Position außerhalb des Aussagens einnehmen und nun gleichzeitig Ankläger, Angeklagter und Richter sein."[5]

Dem möglichen Einwand, man könne durchaus sinnvollerweise, ja müsse sogar notwendigerweise von einer Beziehung zwischen „Sprache" und „Welt", „Aussagen" und „Tatsachen" sprechen, läßt sich so begegnen, daß man zwei „Dimensionen" bzw. „Stufen" der *Sprache selbst* unterscheidet. „Sprache selbst" wäre hier als das Ganze von jener „Sprache" als einem Sprachsegment, das sich auf die Welt als ein anderes Sprachsegment bezieht, abzuheben. „Sprache" als Sprachsegment ist eine nur abstrakte, noch zu bestimmende Dimension und „Welt" als (das) andere(s) Sprachsegment ist eine inhalts- bzw. sachdurchsetzte, bestimmte(re) Sprachdimension. In diesem Sinne gibt es eine Beziehung nur zwischen Sprachdimensionen. Man kann diesen Gesamtsachverhalt auch so formulieren: Da Sprache die Dargestelltheit der Welt (= die dargestellte Welt) ist, ist die Analyse der Sprache die Beschreibung der Welt. Bewegt man sich im Rahmen der Sprache, so bewegt man sich im Rahmen der Dargestelltheit der Welt. Freilich müßten solche globalen Formulierungen entwickelt und präzisiert werden. Sie signalisieren aber eine Grundeinsicht und ein Programm, an dem im Rahmen der heutigen Philosophie kein Weg vorbeiführt.

[ii] Aus den meisten TW ergab sich ein zweiter Problemkomplex, der mit dem ersten aufs engste zusammenhängt. Gemeint ist das, was man die mit Wahrheit gegebene bzw. die Wahrheitsfrage allererst erzeugende *innersprachliche Grunddifferenz* nennen könnte. Es handelt sich um die Differenz zwischen dem in der Form einer Behauptung erhobenen Anspruch und dem eingelösten Anspruch in der Form derselben eingelösten Behauptung. Auf abstrakte Weise wird diese Differenz in der semantischen Theorie formuliert, nämlich als die Unterscheidung zwischen „p" (als Anführungsname bzw. deskriptiv-strukturel-

[5] Neurath [1] S. 396/397.

ler Name) und p. Eine viel konkretere Form dieser Differenz liegt vor, wenn sie formalisiert wird als das Verhältnis von daß-p und p. Wenn Tarski von der Äquivalenz zwischen „p" und p als von der Adäquatheitsbedingung für Wahrheit spricht, so stellt dies eine fundamentale Einsicht dar, die von jeder TW anerkannt und entwickelt werden muß. Geht man von „p" (als Anführungsname) aus, so muß man zu p gelangen, soll von Wahrheit überhaupt die Rede sein können; geht man umgekehrt von p (als einer *welt*beschreibenden Aussage) aus, so muß man sozusagen den Umweg über „p" beschreiten, soll ebenfalls von Wahrheit überhaupt die Rede sein können. Dasselbe — auf konkreterer Ebene — ist zu sagen zum Verhältnis von daß-p und p: Wahrheit kommt dann ins Spiel, wenn der Übergang von daß-p (d. h. von der aufgestellten Behauptung daß-p) zu p (d. h. zur eingelösten Behauptung) vollzogen wird.

[iii] Die volle Berücksichtigung des konkreten Sprachvollzugs führt zu einem *dritten* Problemkomplex, der in besonderer Weise von den Intersubjektivitätstheorien herausgearbeitet wurde, nämlich zur Einsicht, daß Wahrheit — auf der Ebene des konkreten Sprachvollzugs — einen *Geltungsanspruch* besagt. Besonders hier wird deutlich, wie sich zumindest einige TW zueinander verhalten. So stehen die SM-TW und die SA$_{FO}$-TW (Tugendhat) einerseits und die IS-TW andererseits — (miß-) verstehen sie sich nicht als „absolute" oder gar „absolutistische" TW — keinesfalls in einem Verhältnis des wechselseitigen Ausschlusses, sondern bilden vielmehr eine Konkretionssequenz. Dabei thematisiert die IS-TW sozusagen jenes Strukturmoment dieser Konkretionssequenz, das man als den pragmatisch-sozialen Sprachvollzug bezeichnen kann. Indem alle anderen Momente in diesem Strukturmoment, nämlich im Sprachvollzug, impliziert sind, kommen sie darin auch zu ihrer eigentlichen konkret-aktualisierten Kohärenz (d. h. zu ihrem Zusammenhang). Damit erweist sich dieses Strukturmoment (Erhebung eines Geltungsanspruches) als schlechthin unabdingbar für eine Wahrheitsdefinition. Dabei dürfte auch klar sein, daß der Brennpunkt des Sprachvollzugs, nämlich der Geltungsanspruch,

dann noch nicht erreicht ist, wenn — wie bei Tugendhat — der Explikationsgang bei den Verwendungs- und Verifikationsregeln einhält.

[iv] Bei allen kritischen Überlegungen über die dargestellten TW hat sich ein weiterer Problemkreis herausgestellt, der mit dem Ausdruck *Kohärenz* angezeigt ist. Zwar kann nicht davon die Rede sein, daß irgendeine Form der dargestellten Kohärenztheorien sich als *die* TW profiliert hätte. Aber die Unabweisbarkeit des möglicherweise als Identität zu begreifenden Zusammenhangs von Wahrheit und Kohärenz kam immer wieder zum Vorschein. In der Tat muß man Kohärenz — insofern mit diesem Begriff mehr gemeint ist als nur Konsistenz — als jenen Begriff charakterisieren, der sich als das letztbestimmende, d. h. die anderen Definientia zusammenordnende und in einen letzten Rahmen einfügende Definiens erwiesen hat. Auf Fragen wie „Was besagt die Äquivalenz zwischen ‚p‘ und p?", „Was meint der Zusammenhang zwischen daß-p und p?", „Was heißt es, daß ein Prädikat auf einen Gegenstand zutrifft, für den ein singulärer Terminus steht?" und besonders „Was bedeutet es, daß ein Geltungsanspruch diskursiv einlösbar ist?" — hat sich durchgehend folgende Antwort als ebenso zutreffend wie unumgänglich erwiesen: eine Äquivalenz aufstellen heißt, daß . . ., das Zutreffen eines Prädikats auf einen Gegenstand bedeutet, daß . . ., die diskursive Einlösbarkeit besagt, daß . . . die entsprechende Aussage in einen (in den) *Kohärenzrahmen eingliederbar* ist.

6.2. Andeutungen einer kohärenzial-systematischen Theorie der Wahrheit (KH$_S$-TW) [6]

Im folgenden sollen die methodischen und die sachlich-inhaltlichen Voraussetzungen einer kohärenzial-systematischen TW

---

[6] Die Ausdrücke „Kohärenz" und „kohärent" werden meist als synonym mit „Konsistenz" und „konsistent" verstanden; da der hier

kurz erwähnt werden (6.2.1.); anschließend wird der Entwurf einer kohärenzial-systematischen Wahrheitsdefinition vorgelegt (6.2.2.).

6.2.1. Methodische und sachlich-inhaltliche Voraussetzungen

[1] Die kritisch-systematische Darstellung der TW in der neueren Philosophie dürfte mit hinreichender Deutlichkeit gezeigt haben, daß eine TW nur dann dem Vorwurf des Einseitigen und Fragmentarischen entgehen kann, wenn sie sich nicht — jedenfalls nicht ausschließlich — von *einem* Aspekt bzw. von *einer* Dimension der Wahrheit leiten läßt. Schon auf den ersten Blick vermitteln die dargestellten TW den Eindruck, als hätten sie es mit sehr heterogenen, ja disparaten „Themen" (d. h. Explikanda) zu tun, und zwar aufgrund sehr heterogener, ja disparater und sich gegenseitig, wenn nicht ausschließender, so doch sich nicht einbeziehender Perspektiven. Dieser Eindruck verstärkt sich, wenn man diese Theorien miteinander vergleicht und nach deren möglichem Zusammenhang fragt.

Soll nicht nur ein weiterer Aspekt bzw. eine weitere Perspektive zu den schon bestehenden hinzugefügt werden, sondern soll vielmehr nach der Berechtigung dieser Aspekte bzw. dieser Perspektiven gefragt werden, so erweist es sich als unabdingbar, den *systematischen* Stellenwert der TW bzw. Wahrheitsdefini-

gemeinte Begriff der Kohärenz (vgl. oben 5.4.4.1.) aber eine Reihe von über bloße Konsistenz (= Widerspruchsfreiheit) hinausgehenden Bestimmungen aufweist, empfiehlt es sich, nicht das Adjektiv „kohärent" zu verwenden, sondern einen neuen Ausdruck zu bilden. Normalerweise böte sich hier der Ausdruck „kohärenziell" an. Dennoch wird hier der Terminus „kohärenzial" bevorzugt, um den spezifischen Charakter des hier anvisierten Begriffs der Kohärenz auch sprachlich hervorzuheben. Im übrigen kann man auf analoge Wortbildungen verweisen, wie z. B.: Existenz-existenziell-existenzial, Struktur-strukturell-struktural usw.

tion anzugeben. Nur auf diese Weise kann auf die Frage geantwortet werden, ob der Wahrheitsbegriff ein syntaktischer, ein semantischer, ein pragmatischer, ein realistischer, ein idealistischer, ein logischer usw. sei. Die Angabe des systematischen Stellenwertes der Wahrheit impliziert allerdings eine systematische Konzeption der Philosophie.

Selbst auf die Gefahr hin, daß die folgenden Hinweise auf den systematischen Stellenwert der Wahrheit nicht ohne weiteres verständlich, möglicherweise sogar mißverständlich sind, sollen sie dennoch kurz erwähnt werden[7]. Geht man davon aus, daß eine systematisch konzipierte Philosophie in *vier* systematische Theorieebenen, nämlich: Systematische Logik (Strukturale und Operationale Logik), Wissenstheorie, Realsystematik und Gesamtsystematik, zu gliedern ist, so leuchtet ein, daß die TW ihren systematischen Ort im Rahmen der Wissenstheorie hat. Geht man ferner davon aus, daß die Wissenstheorie die „natürlichen" und die „methodischen" Strukturen des Wissens herauszuarbeiten hat, so kann und muß die TW als die Thematisierung jener Ebene des Wissens aufgefaßt werden, auf welcher die „natürlichen" und die „methodischen" Strukturen des Wissens zu ihrer *vollständigen* Konkretion gelangen, d. h. sich als Struktur*momente* der *vollständigen* (= voll konkretisierten) (Gesamt-)Struktur des Wissens erweisen. Dabei ist Wahrheit dann der Ausdruck für diese vollständige Struktur des Wissens.

Unter den „*natürlichen*" Strukturen des Wissens sind die noologischen und die semiotischen (= sprachlichen) Strukturen des Wissens zu verstehen. Zu den *noologischen* Strukturen gehören jene Strukturen des Wissens, die in der ganzen Tradition der Philosophie — in der Regel auf sehr disparate Weise — unter verschiedenartigen Bezeichnungen thematisiert wurden. Dazu gehören u. a.: die Erkenntnisvermögen (Sinnlichkeit, Verstand,

---

[7] Der Verf. erlaubt sich, für die nachstehenden Ausführungen auf seine Schrift „Systematische Philosophie. Eine Programmschrift" (Institut für Philosophie der Universität München) hinzuweisen (= Puntel [7]).

Urteilskraft, Vernunft), das Subjekt des Wissens (empirisches, transzendentales, soziales ...), das „Medium" des Wissens (Bewußtsein, Selbstbewußtsein). Der immense Bereich der *Sprachlichkeit* enthält die *semiotischen* Strukturen des Wissens: nach der allgemeinsten Unterscheidung oder Gliederung sind hier syntaktische, semantische und pragmatische Strukturen des Wissens zu unterscheiden. Jede dieser Strukturdimensionen muß natürlich weiter differenziert werden. — Die *methodischen* Strukturen des Wissens sind nichts anderes als die „potenzierte" („stilisierte", „organisierte") Form der „natürlichen" Strukturen des Wissens. Dazu gehören die *elementaren* Gestalten und Verfahren (= Bausteine einer methodisch entwickelten Sprache bis zum Satz) und die *komplexen* Gestalten und Verfahren (d. h. solche, die einen Zusammenhang von Sätzen darstellen, wie Theorie, System usw.). Die konkrete philosophische Wissensgestalt ist nur dann erreicht, wenn alle genannten Strukturen als *Infra*- und *Intra*strukturen des Wissens Berücksichtigung finden. Nun ist die konkrete Gestalt des Wissens das *Wissen als Wahrheit*. Es erhellt, daß eine TW nur dann ihren systematischen Standort und damit ihre systematische Gestalt finden kann, wenn alle Infra- und Intrastrukturen des Wissens als ihre — in systematischer Anordnung gestuften — Definientia begriffen und thematisiert werden.

[2] Die zweite Voraussetzung für die Entwicklung einer systematischen TW ist *inhaltlich-sachlicher* Art. Sie konkretisiert sich als die Aufgabe, die unter 6.1.[2] genannten sachlich-inhaltlichen Kristallisationspunkte systematisch aufeinander zu beziehen. Dabei ergeben sich folgende Zusammenhänge: [i] Der Wahrheitsbegriff ist als das — wie immer näher aufzufassende — Verhältnis zwischen den beiden Polen „Geltungsanspruch" und „Sache" zu bestimmen [8]. Das bedeutet: wird Wahrheit von

---

[8] Vgl. zum folgenden Puntel [3]. Allerdings wird die dort vertretene Auffassung in der vorliegenden Arbeit um einen entscheidenden Schritt modifiziert bzw. präzisiert, insofern jetzt der Zusammenhang

der „Sache" her bestimmt, so erweist sie sich als das sich im Modus eines Geltungsanspruches zeigende Sichverhalten von Sachen; wird Wahrheit hingegen vom anderen Pol her definiert, so meint sie einen das Sichverhalten von Sachen artikulierenden Geltungsanspruch. Wie immer man diesen Zusammenhang der beiden Pole begreift und formuliert, entscheidend ist nur dies: keiner der beiden darf vernachlässigt oder eliminiert werden. [ii] Der Zusammenhang der beiden genannten Pole stellt sich als ein außerordentlich differenzierter Sprachzusammenhang dar. Dabei muß jedes Strukturmoment dieses in sich differenzierten Zusammenhangs berücksichtigt und ausdrücklich thematisiert werden. [iii] Die beiden Pole Sache—Geltungsanspruch und die den Zusammenhang zwischen ihnen bildenden Strukturmomente erhalten ihre eigentliche, d. h. Letztbestimmtheit dadurch, daß sie in einen (in den) *Kohärenzrahmen* eingeordnet werden bzw. sich als in ihn eingeordnet erweisen. Ohne dieses „eigentliche", d. h. letztbestimmende Definiens bleibt Wahrheit unterbestimmt; umgekehrt erweist sich die Definition der Wahrheit im Sinne einer nicht näher bestimmten Kohärenz als rein abstrakte Definition.

6.2.2. Entwurf einer kohärenzial-systematischen Definition der Wahrheit

Unter ausdrücklichem Hinweis darauf, daß eine Definition nur dann verstanden werden kann, wenn die Definientia begriffen werden, sei abschließend der Entwurf einer Definition der Wahrheit vorgelegt:

(1) *Eine Aussage x ist wahr* = df der mit der Aussage x erhobene Geltungsanspruch ist als Eingliederbarkeit dieser Aussage in einen Kohärenzrahmen diskursiv einlösbar.

von Wahrheit und Kohärenz ausdrücklich herausgearbeitet wird: Kohärenz bildet nach der hier angedeuteten Konzeption das eigentliche, d. h. letztbestimmende Definiens von Wahrheit.

(2-1) *Wahrheit* = $_{df}$ die sich im Modus eines diskursiv einlösbaren Geltungsanspruches artikulierende Kohärenz der Sache selbst.

(2-2) *Wahrheit* = $_{df}$ der die Kohärenz der Sache selbst artikulierende diskursiv einlösbare Geltungsanspruch.

ZUR GLIEDERUNGSTECHNIK
UND ZITATIONSWEISE

Das Buch ist gemäß der Dezimalklassifikation gegliedert. Die den einzelnen Abschnitten interne Untergliederung erfolgt mit Hilfe der in *eckigen* Klammern stehenden arabischen Ziffern; die so unterteilten Texte erhalten häufig ihre letzte Untergliederung durch ebenfalls in eckigen Klammern befindliche kleine römische Ziffern. Ansonsten werden eckige Klammern nur verwendet innerhalb von Zitaten, um Erläuterungen und Hinzufügungen des Verfassers dieser Arbeit kenntlich zu machen, und bei den Literaturangaben (vgl. unten). Außerhalb von Zitaten und logischen Ausdrücken werden *runde* Klammern verwendet, um Formeln zu numerieren und um die einzelnen Schritte etwa einer Argumentation zu kennzeichnen.

Zitate werden belegt mit der Angabe des Namens des Autors und einer rechts davon in eckigen Klammern stehenden arabischen Ziffer; diese Ziffer ist aufgeschlüsselt im Literaturverzeichnis.

LITERATURVERZEICHNIS

Die folgende Literaturliste enthält sämtliche im vorliegenden Buch zitierten Arbeiten; diese sind erkennbar an der rechts vom Namen des Autors in eckigen Klammern befindlichen arabischen Ziffer. Außerdem werden einige andere Arbeiten aufgeführt, die entweder konsultiert wurden oder in anderer Hinsicht für die hier behandelte Thematik von Bedeutung sind. Angesichts der beinahe uferlosen Literatur über die Wahrheitsthematik versteht es sich von selbst, daß hier nur einige wenige — unvermeidbar willkürlich ausgewählte — Arbeiten aufgeführt werden können.

Apel, K. O. [1/I—II]: Transformation der Philosophie. 2 Bände (Frankfurt 1973)

— [2]: Zur Idee einer transzendentalen Sprachpragmatik. In: Simon, J. (Hrsg.): Aspekte und Probleme der Sprachphilosophie (Freiburg/München 1974) S. 283—326

— (Hrsg.) [3]: Sprachpragmatik und Philosophie (Frankfurt 1976)

— [4]: Der Denkweg von Charles Sanders Peirce. Eine Einführung in den amerikanischen Pragmatismus (Frankfurt 1975)

Aristoteles [1]: Metaphysica (ed. W. Jaeger, Oxford 1960)

— [2]: Analytica priora et posteriora (ed. W. D. Ross, Oxford 1964)

Armour, L.: The Concept of Truth (Assen 1969)

Armstrong, D. M.: Belief, Truth and Knowledge (Cambridge 1973)

Austin, J. L. [1]: Wahrheit. In: Austin, J. L.: Wort und Bedeutung (München 1975, englische Ausg. 1961 [Erstdruck 1950, wiederabgedruckt in Pitcher [1]])

— [2]: Zur Theorie der Sprechakte (englische Ausg. 1962; deutsche Bearbeitung von E. v. Savigny, Stuttgart 1972)

Ayer, A. J. [1]: Sprache, Wahrheit und Logik (englische Ausg. 1935; deutsche Übers. Stuttgart 1970)

Ballard, E. G.: On Truth: Its Nature, Context and Source. In: Man World 1 (1968) 113—136

Bar-Hillel, Y. [1]: Aspects of Language (Jerusalem—Amsterdam 1970)

— [2]: Primary Truth Bearers. In: Dialectica 27 (1973) 303—312

Beckermann, A. [1]: Die realistischen Voraussetzungen der Konsensustheorie von J. Habermas. In: Zeitschrift für allgemeine Wissenschaftstheorie 3 (1972) 63—80

Berka, K.—Kreiser, L. [1]: Logik-Texte. Kommentierte Auswahl zur Geschichte der modernen Logik (Berlin 1971)

Black, M. [1]: The Semantic Definition of Truth. In: Analysis 8 (1948) 49—63

Blanshard, B. [1/I—II]: The Nature of Thought. 2 Bände (London 1939)

Bollnow, O. F. [1]: Das Doppelgesicht der Wahrheit (Stuttgart 1975)

Bonjour, L. [1]: Rescher's Idealistic Pragmatism. In: The Review of Metaphysics 29 (1976) 702—726

Bradley, F. H. [1]: Appearence and Reality (London 1893)

— [2]: Essays on Truth and Reality (Oxford 1914)

Brand, G. [1]: Husserls Lehre von der Wahrheit. In: Philosophische Rundschau 17 (1970) 57—94

Brentano, Fr.: Wahrheit und Evidenz (Leipzig 1930, Nachdruck Hamburg 1974)

Carnap, R.: Der logische Aufbau der Welt (Berlin 1928; Nachdruck Hamburg 1974)

—: Logische Syntax der Sprache (Wien 1934)

—: Bedeutung und Notwendigkeit (englische Ausg. 1947; deutsche Übers. Wien—N. Y. 1972)

Christian, C. [1]: Inhaltliche und formale Wahrheit. In: Philosophia Naturalis 14 (1973) 173—196

Coreth, E. [1]: Metaphysik. Eine methodisch-systematische Grundlegung (Innsbruck ²1964)

Cummins, R. [1]: Truth and Logical Form. In: Journal of Philosophical Logic 9 (1975) 29—44

Dauer, F. W. [1]: In Defence of the Coherence Theory of Truth. In: The Journal of Philosophy 71 (1974) 791—811

Davidson, D. [1]: Truth and Meaning. In: Synthese 17 (1967) 304—333 (deutsche Übers. in Sukale [1] 104—122 [zit. nach der dt. Übers.])

— [2]: True to the Facts. In: The Journal of Philosophy 66 (1969) 748—764

— [3]: In Defence of Convention T. In: Leblanc, H. (Ed.): Truth, Syntax and Modality (Amsterdam—London 1973) 76—86

— [4]: Radical Interpretation. In: Dialectica 27 (1973) 313—328

— [5]: Belief and the Basis of Meaning. In: Synthese 27 (1974) 309—323

— [6]: Replies to D. Lewis and W. V. Quine. In: Synthese 27 (1974) 345—349

— [7]: Reply to Foster. In: Evans-McDowell [1] 33—41

Dewey, J. [1]: Essays in Experimental Logic (Chicago 1916)

— [2]: Logic: The Theory of Inquiry (N. Y. 1938)

Dietrich, R.-A. [1]: Sprache und Wirklichkeit in Wittgensteins Tractatus (Tübingen 1973)

Dummett, M. [1]: Truth. In: Proceedings of the Aristotelian Society 59 (1959) 141—162 (auch in: Pitcher [1] 93—111)

— [2]: Frege. Philosophy of Language (London 1973)

Edwards, P. [1/1—8]: Encyclopedia of Philosophy. 8 Bände (N. Y. 1967)

Evans, G.—McDowell, J. (Ed.) [1]: Truth and Meaning. Essays in Semantics (Oxford 1976)

Ewing, A. C. [1]: Idealism: a Critical Survey (London 1934)

— [2]: Non-Linguistic Philosophy (London 1968)

Ezorski, G.: Truth in Context. In: The Journal of Philosophy 60 (1963) 113—135

—: The Pragmatic Theory of Truth. In: Edwards [1/6] 427—430

—: The "No-Truth" Theory of Truth. In: Akten des XIV. Internationalen Kongresses für Philosophie. Band III (Wien 1969) 172—176

Fann, K. T. [1]: Die Philosophie Wittgensteins (München 1971)

Field, H. [1]: Tarskis Theorie der Wahrheit. In: Sukale [1] 123 bis 148

Foucault, M. [1]: Über verschiedene Arten Geschichte zu schreiben. In: Reif, A. (Hrsg.): Antworten der Strukturalisten (Hamburg 1973) 157—175

—: Von der Subversion des Wissens (München 1974)

—: Die Ordnung des Diskurses (franz. Ausg. 1972, dt. Übers. München 1974)

Frege, G. [1]: Funktion, Begriff, Bedeutung. Fünf logische Studien. Hrsg. und eingel. von G. Patzig (Göttingen 1962)

—: Kleine Schriften. Hrsg. von I. Angelelli (Darmstadt 1967)

—: Nachgelassene Schriften. 1. Band (Hamburg 1969)

Gadamer, H.-G. [1]: Wahrheit und Methode. Grundzüge einer philosophischen Hermeneutik (Tübingen ⁴1975)

221

Grover, D. L.—Camp, J. L., Jr.—Belnap, N. D., Jr.: A Prosentential Theory of Truth. In: Philosophical Studies 27 (1975) 73—125

Habermas, J. [1]: Vorbereitende Bemerkungen zu einer Theorie der kommunikativen Kompetenz. In: Habermas, J.—Luhmann, N.: Theorie der Gesellschaft oder Sozialtechnologie? — Was leistet die Systemforschung? (Frankfurt 1971) 101—141

— [2]: Wahrheitstheorien. In: Wirklichkeit und Reflexion. W. Schulz zum 60. Geburtstag (Pfullingen 1973) S. 211—265

— [3]: Erkenntnis und Interesse. Mit einem neuen Nachwort (Frankfurt 1973)

Hegel, G. W. F. [1]: Phänomenologie des Geistes. Hrsg. von J. Hoffmeister (Hamburg ⁶1952)

—: Wissenschaft der Logik. Hrsg. von G. Lasson. 2 Bände (unver. Abdruck der 2. Aufl. 1934, Hamburg 1963)

—: Enzypklopädie der philosophischen Wissenschaften im Grundrisse (1830). Hrsg. von F. Nicolin und F. Pöggeler (Hamburg ⁵1959)

Heidegger, M. [1]: Sein und Zeit (Tübingen ¹⁰1963)

— [2]: Vom Wesen der Wahrheit (Frankfurt ³1954)

— [3]: Zur Sache des Denkens (Tübingen 1969)

— [4/1 ff.]: Gesamtausgabe. 57 (vorgesehene) Bände (Frankfurt 1975 ff.)

Hempel, C. G. [1]: On the Logical Positivists' Theory of Truth. In: Analysis 2 (1934/1935) 49—59

— [2]: Some Remarks on 'Facts and Propositions'. In: Analysis 2 (1934/1935) 93—96

Hinst, P. [1]: Logische Propädeutik. Eine Einführung in die deduktive Methode und logische Sprachanalyse (München 1974)

— [2]: Wahrheit und Bedeutung. Vorschläge zu einem fundamentalsemantischen Aufbau von Wissenschaftssprachen (maschinengeschriebene Habilitationsschrift Universität München 1974)

— [3]: Klassische, intuitionistische oder dreiwertige Logik? In: Zeitschrift für philosophische Forschung 31 (1977) 61—78

— [4]: Fundamentalsemantische Grundlegung der Logik und strukturtheoretische Rekonstruktion der Interpretationssemantik. In: Mittelstraß, J.—Riedel, M. (Hrsg.): Vernünftiges Denken. Studien zur praktischen Philosophie und Wissenschaftstheorie. Dem Andenken W. Kamlahs gewidmet (Berlin 1978) 52—70

Höffe, O. [1]: Kritische Überlegungen zur Konsensustheorie der Wahrheit. In: Philosophisches Jahrbuch 83 (1976) 313—332

222

Jager, R.: Truth and Assertion. In: Mind 79 (1970) 161—169

James, W. [1]: Pragmatism (London 1907)

— [2]: The Meaning of Truth (London 1909)

Jaspers, K. [1]: Von der Wahrheit (München 1947)

Joachim, H. H.: The Nature of Truth (Oxford ¹1906, N. Y. ²1969)

Juhos, B. v.: The Truth of Empirical Statements. In: Analysis 4 (1937) 65—70

—: Die rekursive Definition der „Wahrheit". In: Archiv für Philosophie 6 (1956) 42—59

—: Die „intensionale" Wahrheit und die zwei Arten des Aussagengebrauchs. In: Kant-Studien 38 (1967) 173—186

Kamlah, W.: Der moderne Wahrheitsbegriff. In: Einsichten. Festschrift für G. Krüger (Freiburg 1962) 107—130

Kamlah, W.—Lorenzen, P. [1]: Logische Propädeutik. Vorschule des vernünftigen Redens (Mannheim 1967)

Kant, I.: Kritik der reinen Vernunft. Hrsg. von R. Schmidt (Nachdruck Hamburg 1956)

Khatchadourian, H.: The Coherence Theory of Truth. A Critical Evaluation (Beirut 1961)

—: Truth as Appraisal. In: Mind 71 (1962) 387—391

Klaus, G. [1]: Moderne Logik. Abriß der formalen Logik (Berlin ⁷1973)

— [2]: Spezielle Erkenntnistheorie. Prinzipien der wissenschaftlichen Theorienbildung (Berlin 1965)

Kneale, W.: Propositions and Truth in Natural Languages. In: Mind 81 (1972) 225—243

Kraft, V.: Erkenntnislehre (Wien 1960)

Kreiser, L. [1]: Eine Präzision der marxistisch-leninistischen Wahrheitskonzeption. In: Deutsche Zeitschrift für Philosophie 16 (1968), Sonderheft: Probleme und Ergebnisse der marxistisch-leninistischen Erkenntnistheorie, 180—191

Krings, H.—Baumgartner, H. M.—Wild, Ch. (Hrsg.): Handbuch philosophischer Grundbegriffe. 3. Bände (München 1973/1974)

Kripke, S. [1]: Outline of a Theory of Truth. In: The Journal of Philosophy 72 (1975) 690—716

Lauener, H.: Remarques sur la notion sémantique de la vérité. In: Revue de Théologie et de Philosophie (1973) 383—392

Leist, A.: Ein Plädoyer für die Beendigung der Suche nach Wahrheits-

223

kriterien. In: Zeitschrift für allgemeine Wissenschaftstheorie 6 (1975) 217—234

Lorenz, K. [1]: Der dialogische Wahrheitsbegriff. In: Neue Hefte für Philosophie, Heft 2/3: Dialog als Methode (Göttingen 1972) 111—123

— [2]: Elemente der Sprachkritik. Eine Alternative zum Dogmatismus und Skeptizismus in der Analytischen Philosophie (Frankfurt 1970)

Lorenzen, H. P. [1]: Bemerkung über eine Möglichkeit der Definierbarkeit von Wahrheit. In: Zeitschrift für allgemeine Wissenschaftstheorie 2 (1971) 63—65

Lorenzen, P.: Methodisches Denken (Frankfurt 1968)

—: Konstruktive Wissenschaftstheorie (Frankfurt 1974)

—/Schwemmer, O.: Konstruktive Logik, Ethik und Wissenschaftstheorie (Mannheim 1973)

Lotz, J. B.: Das Urteil und das Sein (Pullach/München 1957)

Luhmann, N. [1]: Systemtheoretische Argumentationen. In: Habermas, J.—Luhmann, N.: Theorie der Gesellschaft oder Sozialtechnologie — Was leistet die Systemforschung? (Frankfurt 1971) 291—405

Luther, W. [1]: Wahrheit, Licht und Erkenntnis in der griechischen Philosophie bis Demokrit. Ein Beitrag zur Erforschung des Zusammenhanges von Sprache und philosophischem Denken. In: Archiv für Begriffsgeschichte 10 (1966) 1—240

Maciejewski, F. (Hrsg.): Theorie der Gesellschaft oder Sozialtechnologie. Beiträge zur Habermas-Luhmann-Diskussion. 2 Bände (Frankfurt 1973/1976)

Mackie, J. L. [1]: Truth, Probability and Paradox. Studies in Philosophical Logic (Oxford 1973)

Mans, D. [1]: Intersubjektivitätstheorien der Wahrheit. Eine Studie zur Definition des Prädikates ‚wahre philosophische Aussage' (Philos. Diss. Frankfurt 1974)

Martin, R. M. [1]: Über Tarskis semantische Konzeption der Wahrheit. In: Sinnreich [1] 101—103

— [2]: Truth and its Illicit Surrogates. In: Neue Hefte für Philosophie, Heft 2/3: Dialog als Methode (Göttingen 1972) 95—110

Marx, K.—Engels, F. [1/1—39]: Werke. 39 Bände (Berlin 1957 ff.)

Marx, W.: Heidegger und die Tradition (Stuttgart 1961)

McCall, St. [1]: A Non-classical Theory of Truth with an Application to Intuitionism. In: American Philosophical Quarterly 7 (1970) 83—88

Menne, A. [1]: Was ist Wahrheit? Zur wissenschaftstheoretischen Analyse von Aussage, Gesetz, Theorie und Modell. In: Ratio 16 (1974) 62—68

Möller, J.: Wahrheit als Problem. Traditionen — Theorien — Aporien (München—Freiburg 1971)

Muck, O.: Wahrheit und Verifikation. In: Kohlenberger, H. (Hrsg.): Die Wahrheit des Ganzen (Wien 1976) 35—51

Müller-Schwefe, H. R. (Hrsg.): Was ist Wahrheit? (Göttingen 1975)

Naess, A.: "Truth" as Conceived by Those Who are not Professional Philosophers. In: Skrifter utgit av Det Norske Videnskaps-Akademi i Oslo, II. Hist.-Filos. Klasse 4, 1938

Narski, I. S.: On the Conception of Truth. In: Mind 74 (1965) 530 bis 539

Neurath, O. [1]: Soziologie im Physikalismus. In: Erkenntnis 2 (1931) 393—431

— [2]: Protokollsätze. In: Erkenntnis 3 (1932/1933) 204—214

— [3]: Radikaler Physikalismus und „wirkliche Welt". In: Erkenntnis 4 (1934) 346—362

Pannenberg, W.: Was ist Wahrheit? In: Grundfragen systematischer Theologie (Göttingen 1967) 202—222

Parsons, Ch. [1]: Informal Axiomatization and the Concept of Truth. In: Synthese 27 (1974) 27—47

Patzig, G. [1]: Sprache und Logik (Göttingen 1970)

— [2]: Kritische Bemerkungen zu Husserls Thesen über das Verhältnis von Wahrheit und Evidenz. In: Neue Hefte für Philosophie, Heft 1: Phänomenologie und Sprachanalyse (Göttingen 1971) 12—32

Pawlow, T. [1]: Die Widerspiegelungstheorie. Grundfragen der dialektisch-materialistischen Erkenntnistheorie (Berlin 1973)

Peirce, Ch. S. [1/I—VI]: Collected Papers. Hrsg. von Ch. Hartshorne und P. Weiss. 6 Bände (Cambridge, Mass., 1965—1967)

— [2/I—II]: Schriften. 2 Bände, mit einer Einführung hrsg. von K. O. Apel (Frankfurt 1967/1970)

Pitcher, G. (Hrsg.) [1]: Truth (Englewood Cliffs 1964)

Popper, K. R. [1]: Logik der Forschung (Tübingen ³1969)

— [2]: Conjectures and Refutations. The Growth of Scientific Knowledge (N. Y.—London 1962)

— [3]: Objektive Erkenntnis. Ein evolutionärer Entwurf (Hamburg 1973)

Prior, A. N.: The Correspondence Theory of Truth. In: Edwards [1/2] 223—232

Puntel, L. B. [1]: Analogie und Geschichtlichkeit. I: Philosophie-geschichtlich-kritischer Versuch über das Grundproblem der Metaphysik (Freiburg 1969)

— [2]: Darstellung, Methode und Struktur. Untersuchungen zur Einheit der systematischen Philosophie G. W. F. Hegels (Bonn 1973)

— [3]: Wahrheit. In: Krings-Baumgartner-Wild (Hrsg.): Handbuch philosophischer Grundbegriffe, Band 3 (München 1974) 1649—1668

— [4]: Wissenschaftstheorie und Theologie. In: Zeitschrift für katholische Theologie 98 (1976) 271—292

— [5]: Hegels „Wissenschaft der Logik" — eine systematische Semantik? In: Akten des Stuttgarter Hegel-Kongresses 1975 (im Erscheinen)

— [6]: Idee und Problematik einer Formalen Semantik. In: Zeitschrift für philosophische Forschung, Band 31 (1977), Heft 3, S. 413—427

— [7]: Systematische Philosophie. Eine Programmschrift (vervielfältigtes Typoskript, Institut für Philosophie der Universität München, 1976)

Quine, W. V. [1]: Ontologische Relativität und andere Schriften (Originalausgabe 1969; dt. Übers. Stuttgart 1975)

—: Philosophie der Logik (Originalausg. 1970; dt. Übers. Stuttgart 1973)

Rahner, K. [1]: Geist in Welt. Zur Metaphysik der endlichen Erkenntnis nach Thomas v. A. (München ²1957)

— [2]: Hörer des Wortes. Zur Grundlegung einer Religionsphilosophie (München ²1963)

Ramsey, F. P. [1]: Facts and Propositions. In: Pitcher [1] 16—17

Reeves, A. [1]: On Truth and Meaning. In: Nous 8 (1974) 343—359

Rescher, N. [1]: The Coherence Theory of Truth (Oxford 1973)

— [2]: Conceptual Idealism (Oxford 1973)

— [3]: The Primacy of Practice (Oxford 1973)

— [4]: Essays in philosophical Analysis (Pittsburgh 1969)

Ross, W. D. [1—2]: Aristotle's Metaphysics. A Revised Text with Introduction and Commentary. 2 Bände (Oxford 1924; repr. 1948)

Russell, B. [1]: Philosophie. Die Entwicklung meines Denkens (engl. Originalausg. 1959; dt. Übers. München 1973)

— [2]: Philosophical Essays (London 1910)

— [3]: An Inquiry into Meaning and Truth (N. Y. 1940)

— [4]: Human Knowledge (London 1948)

Sandkühler, H. J. [1]: Praxis und Geschichtsbewußtsein. Studie zur materialistischen Dialektik, Erkenntnistheorie und Hermeneutik (Frankfurt 1973)

— (Hrsg.) [2]: Marxistische Erkenntnistheorie. Texte zu ihrem Forschungsstand in den sozialistischen Ländern (Stuttgart 1973)

Schaff, A.: Theorie der Wahrheit. Versuch einer marxistischen Analyse (Wien ²1971)

Scheffler, I. [1]: Science and Subjectivity (N. Y. 1967)

Scheler, W.: Konsequenzen einer Wahrheitskonzeption. In: Deutsche Zeitschrift für Philosophie 20 (1972) 459—474

Schlick, M. [1]: Über das Fundament der Erkenntnis. In: Erkenntnis 4 (1934) 79—99

— [2]: Facts and Propositions. In: Analysis 2 (1934/1935) 65—70

Schnelle, H. [1]: Sprachphilosophie und Linguistik. Prinzipien der Sprachanalyse a priori und a posteriori (Reinbek 1973)

—: Empirische und transzendentale Sprachgemeinschaften. In: Apel [3] 394—410

Schwarz, Ph. [1]: Marxistische Philosophie. Das Wahrheits- und Praxisproblem in der Gegenwart (Köln—Wien 1976)

Searle, J. R. [1]: Sprechakte. Ein sprachphilosophischer Essay (engl. Originalausg. 1969; dt. Übers. Frankfurt 1971)

Sellars, W. [1]: Science, Perception and Reality (N. Y. 1966)

Simon, J.: Sprache und Raum. Philosophische Untersuchungen zum Verhältnis zwischen Wahrheit und Bestimmtheit von Sätzen (Berlin 1969)

—: Grammatik und Wahrheit. Über das Verhältnis Nietzsches zur spekulativen Satzgrammatik der metaphysischen Tradition. In: Nietzsche-Studien 1 (1972) 1—26

Sinnreich, J. (Hrsg.) [1]: Zur Philosophie der idealen Sprache (München 1972)

Stegmüller, W. [1]: Das Wahrheitsproblem und die Idee der Semantik. Eine Einführung in die Theorien von A. Tarski und R. Carnap (Wien ²1968)

— [2/I—II]: Hauptströmungen der Gegenwartsphilosophie. Band I (Stuttgart ⁴1969), Band II (Stuttgart 1975)

— [3]: Aufsätze zu Kant und Wittgenstein (Darmstadt 1972)

Stenius, E. [1]: Wittgensteins Tractatus. Eine kritische Darstellung seiner Hauptgedanken (engl. Originalausg. 1960; dt. Übers. Frankfurt 1969)

Strasser, St.: Zur Konsensustheorie der Wahrheit. In: Kohlenberger, H. (Hrsg.): Die Wahrheit des Ganzen (Wien 1976) 53—64
Strawson, P. F. [1]: Truth. In: Analysis 9 (1949) 83—97; dt. Übers. in: Bubner, R. (Hrsg.): Sprache und Analysis (Göttingen 1968) 96—116
— [2]: Truth. In: Pitcher [1] 32—53
— [3]: A Problem about Truth. A Reply to Mr. Warnock. In: Pitcher [1] 68—84
— (Ed.) [4]: Philosophical Logic (Oxford 1967)
— [5]: A Reply to Mr. Sellars. In: Pitcher [1] 88—92
— [6]: Truth: a Reconsideration of Austin's Views. In: Philosophical Quarterly 15 (1965) 289—301
— [7]: Bedeutung und Wahrheit. In: Strawson, P. F.: Logik und Linguistik. Aufsätze zur Sprachphilosophie (engl. Originalausg. 1971; dt. Übers. München 1974)
— [8]: Einzelding und logisches Subjekt (Individuals) (engl. Originalausg. 1959; dt. Übers. Stuttgart 1972)
Sukale, M. (Hrsg.) [1]: Moderne Sprachphilosophie (Hamburg 1976)
Tarski, A. [1]: Der Wahrheitsbegriff in den formalisierten Sprachen. Deutsche Originalausgabe in: Studia Philosophica Commentarii Societatis philosophicae Polonorum. Vol. I, Leopoli [Lemberg] 1935. Abgedruckt in Berka-Kreiser [1] 447—559. (Zit. wird nach der Originalausgabe; in runden Klammern wird die entsprechende Seitenzahl bei Berka-Kreiser angegeben.)
— [2]: Die semantische Konzeption der Wahrheit. In: Sinnreich [1] 53—100 (engl. Originalausg. 1944)
— [3]: Grundlegung der wissenschaftlichen Semantik. In: Berka-Kreiser [1] 350—356 (Originalausg. 1936)
— [4]: Der Wahrheitsbegriff in den Sprachen der deduktiven Disziplinen. In: Berka-Kreiser [1] 356—359 (Originalausg. 1932)
Theunissen, M.: Begriff und Realität. Hegels Aufhebung des metaphysischen Wahrheitsbegriffs. In: Denken im Schatten des Nihilismus. Festschrift für W. Weischedel (Darmstadt 1975) 164 bis 195
Thomas v. Aquin [1]: Summa Theologiae (Turin 1952)
— [2]: Summa contra gentiles (Turin 1961)
— [3]: Quaestiones disputatae de veritate (Turin 1964)
Thomson, J. F.: Truth-Bearers and the Trouble about Propositions. In: The Journal of Philosophy 66 (1969) 737—747

Toulmin, St.: Der Gebrauch von Argumenten (engl. Originalausg. 1958; dt. Übers. Frankfurt 1975)

Tugendhat, E. [1]: Tarskis semantische Definition der Wahrheit und ihre Stellung innerhalb der Geschichte des Wahrheitsproblems im logischen Positivismus. In: Philosophische Rundschau 8 (1960) 131—159

— [2]: Der Wahrheitsbegriff bei Husserl und Heidegger (Berlin 1967)

— [3]: Vorlesungen zur Einführung in die sprachanalytische Philosophie (Frankfurt 1976)

Ulmer, K.: Erörterung des Begriffs der Wahrheit. In: Philosophisches Jahrbuch 73 (1965/1966) 226—240

Vasilie, S. T.: Esquisse pour une théorie de la vérité. In: Archives de Philosophie 31 (1968) 586—627

Wagner, K.—Terton, G.—Schwabe, K. H. [1]: Zur marxistisch-leninistischen Wahrheitstheorie (Berlin 1974)

Wahrheitstheorien. Eine Auswahl aus den Diskussionen im 20. Jahrhundert. Herausgegeben und eingeleitet von Gunnar Skirbekk (Frankfurt a. M. 1977)

Waismann, F.: Logik, Sprache, Philosophie (Stuttgart 1976)

Warnock, G. J. [1]: A Problem about Truth. In: Pitcher [1] 54—67

Weingartner, P. [1]: Vier Fragen zum Wahrheitsbegriff. In: Salzburger Jahrbuch für Philosophie 8 (1964) 31—74

— [2]: Kann man von Definitionen sagen, daß sie wahr oder falsch sind? In: Ratio 7 (1965) 55—82

— [3]: Ontologische Fragen zur klassischen Wahrheitsdefinition. In: Weingartner, P. (Hrsg.): Grundfragen der Wissenschaften und ihre Wurzeln in der Metaphysik (Salzburg/München 1967) 37—64

— [4]: Urteile, Propositionen, Sätze. In: Salzburger Jahrbuch für Philosophie 15 (1971) 121—160

— [5/I—II, 1]: Wissenschaftstheorie. I: Einführung in die Hauptprobleme (Stuttgart 1971); II, 1: Grundlagenprobleme der Logik und Mathematik (Stuttgart 1976)

White, A. R. [1]: Truth (London 1971)

White, M. J. [1]: Davidson and Non-Trivial T-Sentences. In: Erkenntnis 10 (1976) 87—97

Williams, C. J. F. [1]: What is Truth? (Cambridge 1976)

Wittgenstein, L. [1/1—6] Schriften. 6 Bände (Frankfurt 1960 ff.)

— [2]: Concordance to Wittgenstein's Philosophische Untersuchungen. Compiled by H. Kaal and A. Mckinnon (Leiden 1975)

VERZEICHNIS DER SYMBOLE
UND ABKÜRZUNGEN

1. Logische und methodologische Symbole

Wie in der Einleitung angemerkt (oben S. 23), werden im vorliegenden Werk die Notationssysteme der jeweils dargestellten Autoren übernommen. Dies führt dazu, daß teilweise sehr verschiedenartige Symbole verwendet werden und daß einige Symbole je nach Kontext eine jeweils andere Bedeutung annehmen. Das nachstehende Verzeichnis enthält jedes einzelne Symbol unter Angabe seiner Bedeutung(en) und ihres jeweils ersten Vorkommnisses (Seitenzahl in runden Klammern).

$\wedge$	für Konjunktion (194)
$\&$	für Konjunktion (79)
$\neg$	für Negation (195)
v	für Adjunktion (nicht-ausschließendes „oder") (195)
$\supset$	für Implikation (79)
$\rightarrow$	für Implikation (185)
$\equiv$	für Äquivalenz (56)
$\leftrightarrow$	für Äquivalenz (133)
$\exists$	für Partikularquantor (79)
$=$	für Identität (56)
$=_{df}$	für „definitionsgemäß identisch mit" (28)
ε	für Elementschaftsbeziehung (192)
$\notin$	für Negation der Elementschaftsbeziehung (192)
$\vdash$	für Ableitbarkeit (192)
$\{\ \}$	für 1) Funktor (28)
	2) Menge mit Elementen (etwa Aussagen) (194)
$,\ '$	für 1) Zitate innerhalb von Zitaten
	2) Ebene des rein sprachlichen Ausdrucks (z. B. 77)
$„\ "$	für 1) Zitate
	2) Hervorhebung der (bzw. einer besonderen) Bedeutung eines sprachlichen Ausdrucks (je nach Kontext) (z. B. 1)
	3) objektsprachliche Aussage (54)

* *	für wahrheitstheoretische Aussage (53)
+ +	für metasprachliche Aussage (54)
a	für Individuenvariable (115)
‚a', b	für Name oder definite Beschreibung (‚a') eines Objekts (b) (77)
Γ	für Menge von Propositionen (192)
c	für Aussagenkonstante (56)
F	für Prädikatvariable (115)
‚F', G	für Prädikatausdruck (‚F') eines Begriffs (G) (77)
m, k, l	für Aussagenkonstanten (56)
p	für Aussagenvariable (28)
P	für Propositionenvariable (183)
/P/	für Wahrheitswert der Propositionenvariable P (183)
q	für Aussagenvariable (85)
Q	für Propositionenvariable (194)
r	für Aussagenvariable (194)
s	für Individuen- oder Aussagenvariable (92)
S	für 1) Aussagenkonstante (79)
	2) Menge von Propositionen (194)
	3) Sprache (113)
t	für Zeitvariable (94)
u	für Sprechervariable (94)
x	für 1) Individuenvariable (58)
	2) Aussagenvariable (48)
X	für Variable mit uneingeschränktem Bereich (122)

2. Abkürzungen

Die Seitenzahlen in runden Klammern verweisen auf das erste Vorkommnis der entsprechenden Abkürzung.

A	= Abbild (33)
$A_1, \ldots, A_r$	= Antecedensbedingungen (154)
B	= „Backing" (154)
C	= „Conclusion" (154)
D	= „Data" (154)
DN	= deduktiv-nomologisch (154)
D(P)	= Die Proposition P entspricht der Definition (von Wahrheit) (185)

E	= Explikandum (Explanandum) (154)
$G_1, \ldots, G_n$	= Gesetzmäßigkeiten (154)
GB	= Gesetz der Bivalenz (196)
IS-TW	= Intersubjektivitätstheorie der Wahrheit (142)
IS_D-TW	= intersubjektive Dialogtheorie der Wahrheit (164)
IS_K-TW	= intersubjektive Konsens(us)theorie der Wahrheit (144)
KH-TW	= Kohärenztheorie der Wahrheit (172)
KH_S-TW	= kohärenzial-systematische Theorie der Wahrheit (205)
K(P)	= Kriterium für die Proposition P (185)
KR-TW	= Korrespondenztheorie der Wahrheit (26)
$L_1, L_2 \ldots$	= fundamentalsemantisch aufgebaute Sprachen (138)
M	= Mensch (33)
MS	= metasprachlich (53)
MMS	= metametasprachlich (52)
O	= Objekt (33)
OS	= objektsprachlich (52)
$\mathfrak{P}$-Kriterium	= Präferenzkriterium (XI)
PS	= performativsprachlich (52)
$R_{1, 2, \ldots, n}$	= Relationen (34)
SAD	= Satz vom ausgeschlossenen Dritten (196)
SAD-F	= Satz vom ausgeschlossenen Dritten für Falschheit (196)
SAD-W	= Satz vom ausgeschlossenen Dritten für Wahrheit (196)
SA-TW	= sprachanalytische Theorie der Wahrheit (70)
SA_E-TW	= sprachanalytisch-„einfache" Theorie der Wahrheit (70)
SA_{FO}-TW	= sprachanalytisch-formalsemantische Theorie der Wahrheit (70)
SA_{FOK}-TW	= sprachanalytisch-formalsemantisch-konditionale Theorie der Wahrheit (91)
SA_{FOV}-TW	= sprachanalytisch-formalsemantisch-verifikationistische Theorie der Wahrheit (91)
SA_{FU}-TW	= sprachanalytisch-fundamentalsemantische Theorie der Wahrheit (70)
SA_P-TW	= sprachanalytisch-performative Theorie der Wahrheit (70)

233

SA$_R$-TW	=	sprachanalytische Redundanztheorie der Wahrheit (70)
SM-TW	=	semantische Theorie der Wahrheit (41)
SV	=	Sachverhalt (28)
TW	=	Theorie der Wahrheit (1)
T	=	Truth, True (49)
Üb	=	Übereinstimmung (28)
(U-1, 2 ...)	=	Aspekte der Umfassendheit (192)
W	=	„Warrant" (154)
W-Konvention	=	Wahrheitskonvention (41)
W-Schema	=	Wahrheitsschema (50)
W(P)	=	Wahrheit der Proposition P (185)
Z	=	(sprachliches) Zeichen (33)
(Z-1, 2 ...)	=	Formeln der Zusammengefügtheit (Zusammenhängendheit) (193)

PERSONENREGISTER

Kursiv gesetzte Ziffern verweisen auf die Seiten, auf denen der Name nicht im Haupttext, sondern in einer (oder mehreren) Fußnote(n) erscheint. Namen, die ausschließlich im Literaturverzeichnis vorkommen, werden nicht aufgeführt.

Apel, K.-O. 11, *12, 142*
Aristoteles *1, 26,* 47, 63, *78,* 100, 190
Austin, J. L. 10, 23 f., 75, *137,* 169
Ayer, A. J. 23 f., 71 f.

Baldwin, J. M. 143
Bar Hillel, Y. *93*
Beckermann, A. *148*
Black, M. 56, 64 f.
Blanshard, B. 25, 173 ff., 182, 186, 201, 203 f.
Bollnow, O. F. 15 ff.
Bonjour, L. *198*
Bosanquet, B. 173
Brand, G. 17
Bradley, F. H. 173 f., 183, 190
Brouwer, L. E. J. 144
Burr, A. 174

Carnap, R. 23 f., 35, 62, 91, 97, 179, 181
Christian, C. *22*
Coreth, E. 29 ff.
Cummins, R. *22*

Dauer, F. W. *181*

Davidson, D. 10, 25, *60,* 63, 91 —97, 99
Descartes, R. 190
Dewey, J. 15 f.
Dietrich, R.-A. 39 f.
Dingler, H. 144
Dummett, M. 104

Engels, F. *32*
Evans-McDowell *96, 104*
Ewing, A. C. 173

Fann, K. T. *38*
Feuerbach, L. 32
Field, H. 62 f.
Foucault, M. 21
Frege, G. 35, *70,* 91, 97

Gadamer, H.-G. 15, 17, 19 f.
Gentzen, G. 144
Green, T. H. 173

Habermas, J. 11, 25, 144—159, 161—163, 166, 169, *206,* 207
Hamilton, A. 175
Hegel, G. W. F. *8, 9,* 162, *163,* 190, 206
Heidegger, M. 3, 15, 17 ff., 24

235

Hempel, C. G. 23 f., *175*, 181 f.
Hinst, P. 10, 65 f., *67*, 129—133, 135 f., *137*, 138—141
Höffe, O. *148*
Husserl, E. 15, 17, 24, 98

Isaac Israeli *26*

James, W. 15 f., 23 f.
Jaspers, K. 15 f.

Kamlah, W. — Lorenzen, P. 24 f., 164 f.
Kant, I. 5, 127, 183
Klaus, G. 33 ff.
Kreiser, L. 34 f.
Kripke, S. *22, 62*

Lorenz, K. 144, 152, 165—169, 171
Lorenzen, H. P. *22*
Lorenzen, P. 35
Lotz, J. B. *29*
Luhmann, N. 15, 20
Luther, W. *26*

Mackie, J. L. 10, 77—81, 86—90
Mans, D. *171*
Martin, R. M. 9, *14,* 62, 64
Marx, K. 32
McCall, St. *22*
Menne, A. 28, *29*

Naess, A. 24
Neurath, O. 25, 127, *128,* 172, 176—181, 184, 189, 208, *209*

Parmenides 98
Parsons, Ch. *22*

Patzig, G. *17,* 40
Pawlow, T. 36
Peirce, Ch. S. 12, 142 f., 166
Platon 37, 167
Popper, K. R. 9, 23 f., 62 f., *64*
Prior, A. N. 80, 82
Puntel, L. B. *26, 129, 138, 164, 207, 213* f.

Quine, W. V. 82, 86

Rahner, K. *29*
Ramsey, F. P. 10, 23 f., 70 f., 73, 79
Reeves, A. *96*
Rescher, N. 12, 24 f., 128, 173 f., 176, 178, 182—204
Ross, W. D. *1*
Royce, J. 173
Russell, B. 23 f., 36 ff., 84, 128

Sandkühler, H. J. 35
Scheffler, J. *182*
Schlick, M. *1* f., 172, *175,* 179—182
Schnelle, H. *60, 93,* 95
Schwabe, K. H. *32* f.
Schwarz, Ph. *36*
Searle, J. R. 104, *137*
Sellars, W. 24, 40
Shwayder, D. S. 169
Skirbekk, G. 23—25
Sokrates 37
Stegmüller, W. *39,* 62, 66, 67
Stenius, E. *39*
Strawson, P. F. *6,* 7, 10, 23 f., 73 ff., *96,* 128

Tarski, A. 8 ff., 13, 23 f., 35, 41—66, 68 f., 73, 91 ff., 95 ff., 99, 106, 130, 135, *139*, 210
Terton, G. *32* f.
Thomas v. Aquin *26*, 30
Toulmin, St. 154
Tugendhat, E. 10, 17, *19*, 23 f., *26*, 27, 65, 68, 91, 96—130, 141, 149, 178, 207, *208*, 210 f.

Wagner, K. *32* f.
Warnock, G. J. 75
Weingartner, P. *3*, 9, *29*, *58*, 62, 64
White, A. R. 72, *76*, *79*
White, M. J. *95* f.
Williams, C. J. F. 7, *8* f., 10, 77, 81—87, 89 f.
Wittgenstein, L. 10, 28, 36—40, 91, 97, 104, *126*, 132, 136, *137*, 177

SACHREGISTER

Abbild 32 f., 37 f.
Abbildtheorie 34, 152
Abbildung 39 f., 81
Abhängigkeit 113
Abrichtung 125 f., 140
Absolute, das 31
adaequatio 18 f., 26, 100
Adäquatheitsbedingung 58, 66
—69, 210
Adäquation 28
ἀλήθεια 1, 18
Alltagssprache 67, 90
Analogie 31
Anerkennung 171
Anführungsfunktion 58
Anführungsname 51—55, 58,
209 f.
Angleichung 28
Annahme 28, 138
Anspruch 140, 150, 170 f., 209
Antecedensbedingungen 154
Antinomie 42, 56 f., 93
Anziehung 138
Äquivalenz(zeichen, ~formel)
101, 103, 141, 159, 163, 201,
207, 210 f.
~, logische 72, 79, 176
~, materiale 79, 81
Argument(ation) 146, 148, 151
—156, 168, 170 f.
Atomaussage 133 f., 178
Ausdruck

~, deiktischer 108 ff., 112
~, sprachlicher 97, 122, 132,
135, 140, 169 f.
Aussage 4, 18, 26, 28 f., 33 f.,
38, 44, 74 f., 100, 130 f.,
145 ff., 158, 165, 167 f.,
177 f., 180 ff., 208 f., 211
~, (meta)metasprachliche 52 f.
~, Name 132
~, objektsprachliche 52 f.
~, performativsprachliche 52 f.
~, Schema 49 f.
~, wahre 28, 48 f., 55, 59, 127,
147, 159, 163 f., 166, 206,
215
Aussagefunktion 45
Äußerung 75, 137, 145 f.
Autorität 174
Axiom 44, 94 f.
Axiomatisierung 21

Basissatz (~aussage) 134, 189
Bedeutung 70, 111 f., 121 ff.,
132, 135—138, 140, 167, 178
~, Theorie der 92, 97 f., 104
Bedeutungsäquivalenz 71, 79
Bedeutungspostulat 134
Bedingung 67 f., 94 f., 97, 105,
153, 158 f., 206 f.
Befolgung 120
Begriff 35, 122
~, physikalistischer 63

∼, semantischer 63
Begriffsapparat 157 f., 183
Begriffsinstrumentarium 145
Begriffssystem 155
Begründbarkeit 136, 168
Begründung 137 f., 190
Begründungssprache 156, 164
Behauptung 4, 69, 71, 77 ff., 83,
   99, 102, 105—111, 114 ff.,
   145—148, 151, 154 f., 209 f.
Behauptungshandlung 107
behavioristisch 104, 140
Bejahung 72, 76, 102 f.
Beobachtungssatz 180
Bestehen 33
Bewußtsein 28, 33, 214
Bezeichnung 42, 63
Bezeichnungsregeln 134
Bezug auf „alle" 117, 129
Bikonditional 67 f., 159, 207
Bild 36—39
Bildtheorie 29, 36—40
Bildungssprache 90
Bivalenzprinzip 193, 196, 202

certitudo 19
Chancengleichheit 156 f.
circulus vitiosus 186 f., 198

Darstellung 14 ff., 19 f., 22 ff.
Dargestelltheit 208
Datum 174, 178, 187—192,
   197 f.
Deduktion 137 f.
Deduktionsregeln 134
definite Beschreibung 84
Definition 29, 42, 67, 134
   Siehe auch Wahrheits-
   definition

Definitionssymbol siehe Identi-
   tätszeichen
Denken 28, 33, 138
Deutscher Idealismus 142
Dialog 11, 170
Diskurs 21, 24, 146 ff., 153,
   156 f., 179, 190
∼, Ebenen 156, 158 f., 162, 166
∼, formale Eigenschaften 153,
   156, 158 f., 162, 166
∼, Logik 151 ff., 164, 207
∼, praktischer 151
∼, theoretischer 151, 156, 162
∼, Universum 179
Diskurstheorie der Wahrheit
   143—164
DN-Erklärungsmodell 154 f.
Dressur 125
Drill 139 f.

Einfachheit 77 f., 89
Einführung 168
Eingliederbarkeit 127 ff., 163,
   177, 211, 215
Einheitswissenschaft 63, 178
Einlösung 140, 157
∼, diskursive 148 f., 152, 158 f.,
   161, 215 f.
Element-Menge-Beziehung 82
Elementarbehauptung 118
Elementarsatz (∼aussage) 39 f.,
   167
Emotion 165
Empfindung 34
Entscheidungskriterium 105
Entsprechung 28, 34, 100
Erfahrung 147, 151 ff., 180,
   188 f.
Erfolgstheorie der Wahrheit 152

Erfüllung 42, 45, 60, 62, 64, 94 f., 105, 120
Erfüllungsbedingung 120
Ergänzungsausdruck 117
Erkennbarkeit 32
Erkenntnis 6, 28, 156, 179 f., 190 f.
∼, fundamentalistisches Modell 189 f., 199
∼, kohärenziales Modell 190 f.
Erkenntnistheorie 27, 35, 47
∼, fundamentalistische 199
Erklärung 54, 113, 122, 135, 169
∼, nicht-verbale 116, 118, 123
∼, verbale 127 f.
Erklärungsapparat 145
Erlanger Schule 104, 130, 164
Erlebnis 177, 209
Erwähnung 52 f., 131 f.
Erzwingbarkeit des Rechts 160
Etwas 84
Evidenz 148, 153, 155, 190
Evidenztheorie der Wahrheit 17, 152
Explikandum 3 ff., 89 f., 135, 154, 169, 205, 212
Explikationsmittel 206 f.

Falsifikation 123
Festlegung 135
Folgerung 138
Formalisierung 21, 23, 28
Forschergemeinschaft 142
Freizügigkeit 156, 159, 162, 166
Fundamentalsatz 180, 189
Fundamentalsemantik 10, 65 f., 130, 132—136, 138 f.
fundamentum inconcussum 199

Fundamentalwissenschaft 136
Funktion(al) 20, 113

Garantie 104 f., 176, 185 f.
Gebrauch 52 f., 137
Gedanke 28, 33, 70, 100, 107
Gegenstand 39, 84, 98, 107, 110, 115, 117 f., 128 f., 147 f., 152, 160, 166 f., 211
∼, abstrakter 119
gegenständliche Komponente 107 —110, 117, 149, 159 f.
Gegenstandsbezug 148
gegenstandstheoretisch 107, 112
Geist 30
Geltung 167 f., 170
Geltungsanspruch 146—149, 151 f., 154, 156—160, 170 f., 210 f., 214 ff.
∼, diskursiver 150, 211, 215 f.
∼, nicht-diskursiver 150
Geltungsproblem 168, 170
genereller Terminus 115
Gesamtsystematik 213
Gesetz 29
Gesetz der Bivalenz 193, 196, 202
Gesetzeshypothese 154 f.
Gewißheit 180, 190, 199
Gewißheitserlebnis 150, 152
Glaube 143
Gültigkeit 170 f.

Handlung 137 f., 146, 150, 152, 168
Handlungsereignis 107
Handlungsschema 167
Handlungstyp 107, 137
Handlungszusammenhang 147 f.
holistisch 190

Homologie 164 f.
Hypothese 181

idealistisch 172 f., 183 f.
Identifizierung 117
Identifizierungsregel 118
Identität 30, 82—85
Identitätszeichen 66 f., 117
Indikativsatz 74 f.
Induktion 155
inferenzielle Geschlossenheit 192
Information 146, 148
Inkohärenz 203
Inkonsistenz 200—203
illokutionärer Akt 130 f., 137—140
Implikation 159
Invarianzanspruch 145
Irrtum 185 f., 201 ff.
Isomorphie(relation) 39, 86
Interpretation 92 f.
Interpretationssemantik 10, 65, 130
Intersubjektiv(ität) 11, 142, 150, 161, 163 f.
Intersubjektivitätstheorie(n) der Wahrheit 7, 10—13, 25, 142—171, 210

Klassenkalkül 61
Klassifizierung 139
kognitives Schema 155, 164
kohärent 211 f.
Kohärenz 21, 23, 25, 127 ff., 138, 141, 155, 163, 173—176, 178 ff., 182, 186, 188 f., 199 f., 210 ff., 215 f.
~, Begriff 191—196, 200 f.
Kohärenzepistemologie 190

kohärenzial 163, 211 f.
kohärenziell 212
Kohärenzrahmen 211, 215
Kohärenztheorie der Wahrheit 12 f., 21, 25, 65, 127 f., 164, 172—204, 208, 211
~, idealistische 12, 163, 172—176, 191
~, kriteriologische 182—204
~, logisch-empiristische 12, 172 f., 175—182
~, sprachpragmatisch-intersubjektive 161—164
Kommunikation 20, 148, 157
kommunikationstheoretisch 143
kommunikative Kompetenz 149
kommunikatives Handeln 147
Konformität 28
Konsens(us) 142, 144, 152 ff., 159, 161 f., 165 ff.
~, begründeter 152, 156—159
~, formale Eigenschaften und Bedingungen 152—157
Konsens(us)theorie der Wahrheit 11, 25, 143—164, 166, 171
konsistent 211
Konsistenz 25, 173, 179, 183 f., 191 ff., 211 f.
Konstatierung 138, 180 f.
Konstitutionstheorie 151
Konstruktion 135, 200
kontradiktorisch 193, 196
Konvention (semantische) 44 f., 93
Korrespondenz(relation, ~gedanke) 26—29, 31, 36, 64, 81, 85 f., 95, 174 ff., 189, 200, 208
Korrespondenztheorie der Wahrheit 8 f., 12 f., 24, 26—40,

Korrespondenztheorie (Forts.)
63, 65, 80 f., 85, 95 f., 99,
101, 120, 147 f., 165, 172 f.,
183, 199, 208
~, „normale" 28 f.
~, ontologisch-metaphysische
29 ff.
Kriterium 8 ff., 32, 122, 153,
158, 162, 174, 184 ff., 188 f.,
191, 199, 206
Kunstwerk 35

Lehr- und Lernsituation 167,
169 ff.
Lichtung 18
Logik 16, 41, 167, 187, 192, 197
~, formale 67, 159
~, intuitionistische 144
~, klassische 196
~, nicht-klassische 196
~, operationale 213
~, strukturale 207, 213
~, systematische 164, 213
logisch-empiristisch 29, 36 ff.,
172 f., 177, 184
logische Eingeschlossenheit 192
logische Form 39 f.
logische Grammatik 131
logische Grundbestimmtheit 207
logische (Grund)Struktur 206 f.
logische Vollständigkeit 192 f.
~, beschränkte 193
~, unbeschränkte 192
logischer Positivismus 106
Lokalisierung 118

Manifestation 162
Manifestationstheorie der Wahrheit 152

Marxismus-Leninismus 33
marxistisch 34
Maß(stab) 4, 163
materialistische Dialektik 29
Mathematik 82
maximal konsistente Untermenge
195, 197 f.
Mehrheitsregel 197
Meinung 28
Menge 192 ff.
„mention" 52
Metamathematik 41, 144
Metaphysik 177 f.
~, dialektisch-materialistische 35
~, klassisch-ontologische 29
metaphysisch 17, 27, 35, 47,
183 f.
Metasprache 43 ff., 51, 54, 61,
65 f., 106, 125, 131 f., 135,
139 ff.
Methode 43 f., 198
~, axiomatische 43, 61, 63
~, formale 93
Modell 29
Modus 119
Monismus 36

Nachprüfbarkeit 150
Name 39 f., 84
~, strukturell-deskriptiver 55 f.,
209
Negation 102, 131
neomarxistisch 143
Norm 35, 150, 155
Notationssystem 23
Nützlichkeit 198

Objekt 28, 33
~, empirisches 181

~, physisches 181
Objektbereich 155
Objektivität 149, 151 f.
Objektsprache 43, 45, 51, 54,
    131 ff., 139
„oder" 123
Offenbarkeit 208
„ontological commitment" 82
ontologisch 27
Ontologie 83
Operationalisierung 134

Paradoxie 42
Performanz 75
performativsprachlich 139 f.
Person 94, 96
Philosophie, neuere 5
~, (sprach)analytische 24, 97 f.,
    122, 178
Physikalismus 63
Plausibilität 198
Prädikat 70, 84, 115—118, 125,
    128 f., 211
Prädikatausdruck 77
Prädikator 164, 167 f.
Präferenz 197 f.
~, alethische 197 f.
~, probabilistische 198
pragmatisch 11, 146, 163, 187 f.,
    197 ff., 210
Pragmatismus 11, 142
~, idealistischer 198
~, kriteriologischer 198
Pragmatizismus 11, 142
Praxis 32, 35, 198
~, dialogisch aufgebaute 167 f.
~, primäre 168
~, sekundäre 168
Proposition 29, 70 ff., 77, 80,

83 f., 87, 107, 130, 139, 143,
    151, 183, 187 f., 192, 202 f.
propositionaler Gehalt 119
Protokollsatz(~aussage) 178,
    180, 189 f., 192—199

quaestio facti 169
quaestio iuris 140, 169 f.
Quantifikation (Quantifizierung)
    82, 89
~, referentielle 82
~, substitutionelle 82 f.
Quantor 82
Quasiprädikatensprache 125 f.

rationale Motivation 153
Raum 110
Realität 174, 183 f.
Realsystematik 213
Rechtsanspruch 149 ff., 159
Rechtstitel 150, 159 f., 162
Rede 154, 168
Redeeinführungssituation 167—
    171
Redesituation 166
Redeverwendungssituation
    167 ff.
redundant 132, 140, 147, 194
Redundanztheorie der Wahrheit
    10, 70—73, 79, 99, 101, 103,
    131, 133, 141, 146
Referenz 84
Regel 29, 127
regulatives Prinzip 143, 183
Rekonstruktion 169
rekursiv 66, 68, 94
Relation 34, 36, 86 f.
Relativierung 96
Repräsentation 34

richtig 116, 125 ff., 177 f.
Richtigkeit 150, 152

Sache 28, 39, 100, 208, 214 ff.
Sachbezug 208
Sachgemäßheit 4, 166
Sachkunde 165
Sachlage 39
Sachverhalt 28, 33, 38 f., 100 f., 107—111, 113, 130, 139, 148, 206
Satz 4, 29, 38 ff., 72, 77 f., 92, 95, 97, 106 ff., 111 f., 114 f., 120, 129 f., 137, 145, 154, 180, 214
~, assertorischer 97, 101 f., 104 f., 107, 109 ff., 119 f., 145
~, Bildtheorie 28
~, elementarer prädikativer 110, 114—119, 122, 125 ff.
~, nicht-assertorischer 119 f.
~, praktischer 120
~, propositionaler 119
~, Sinn 98
~, synthetischer 180
~, theoretischer 120
~, wahrheitsfunktionaler 39, 110, 112 ff., 116, 122—126
Satz vom ausgeschlossenen Dritten 193, 196
Satzform 116
~, assertorische 98, 119
~, prädikative 98, 114
Satzganzes 115, 129
Satztyp 84
Satzzeichen 84
Satzvorkommnis 108, 110 f.
Schlußregel 44

Sein 6, 19, 28 ff., 163
Seinsphilosophie 29
Selbstbegründung 137 f., 144
Selbstbewußtsein 214
Selbstevidenz 174
Selbstreflexion 156
Selbstreflexiv(ität) 136, 139 ff.
Semantik 16, 63, 65, 67, 114, 121, 130
~, formale 10, 65, 91, 96 ff., 118
~, Idee 62
~, wissenschaftliche 42
Semiotik (semiotisch) 11, 33, 41, 142 f.
Setzung 138
Sichdarstellen 19 f.
singulärer Terminus 115, 117 ff., 125, 128 f.
Sinn 153, 158, 160, 206
Sinnlichkeit 214
Situation 116
Solipsismus (kognitiver) 199
sozial 199, 210
Spezifizierung 117
Spezifizierungsregel 118
Spiel 20, 106
Spielregel 104, 106
Spieltheorie (konstruktivistische) 144, 164
Sprache 6, 11, 19 f., 28, 38 f., 44, 95, 130 f., 137, 142, 177 f., 187, 208 f., 214
~, formalisierte 44, 59 f., 93 f., 130, 135
~, ~ endlicher Ordnung 50 f., 61
~, ~ unendlicher Ordnung 61
~, fundamentalsemantisch aufgebaute 133 f.

~, ideale 178
~, Morphologie 43 f.
~, natürliche 10, 57, 59 f., 91—
    96, 110, 165
~, Selbstreflexivität 140 f.
~, semantisch geschlossene 56,
    93
~, Syntax 44
Sprachdifferenz 140, 209
Sprachepisode 137, 145
Sprachpragmatik 11, 161, 164
Sprachsystem 155 f., 164, 207
Sprachwissenschaft 41
Sprachzusammenhang 215
Sprechakt 146, 154
~, kommunikativer 156
~, konstativer 146, 151, 169
~, regulativer 157
~, repräsentativer 157
Sprechereignis 108 ff.
Sprechhandlung 108
Sprechhandlungstyp 109
Sprechsituation 11
~, ideale 152, 156—159, 162,
    166
Strukturalismus 21
Strukturidentität 40
Strukturtheorie 138
Subjekt 28, 70, 214
~, erkennendes 156
Subjektausdruck 77 f.
Substanz 163
Substituierbarkeit 117
Surrogat 14
Symbolisierung 23
Synonymität 81
System 6 f., 29, 128, 173, 177 f.,
    191, 214
systematisch 6 f., 10, 14, 22,

24 f., 118 ff., 145, 156 f., 170,
    186, 189, 191, 199, 202, 205,
    211 ff.
Systematisierung 90
Systemtheorie 20

Tatsache 28, 36, 38 ff., 64, 80 f.,
    86, 95 f., 100 f., 147 f., 160,
    166, 174 f., 179, 182 f., 189,
    208 f.
Tatsachenurteil 174
Tatsachenwahrheit 174 f., 186 f.,
    190
Tautologie 114
Theoretizität 2
Theorie 1 ff., 16, 19, 29, 32, 34,
    135, 190, 214
Theoriebegriff 2
Theoriebildung 199
Theoriecharakter 7
Theorieebene 213
Theoriestatus 4, 22, 135 f.,
    138 f., 157 ff., 205, 207
T-Konvention 49
Tradition 165
transzendentalidealistisch 142 f.
transzendentalpragmatisch 11,
    142

Übereinkunft 28
Übereinstimmung 18, 27 f., 30,
    33, 35, 39 f., 64, 100 f., 120,
    143, 152, 164, 174 f., 179,
    181, 183, 189
Übereinstimmungsbedingung 120
Übereinstimmungstheorie der
    Wahrheit 27, 38, 101
Überzeugung 28, 142 f.
Umfassendheit 173, 192

Umgangssprache 48, 60
~, Universalismus 57
Universalisierung 155
Universum 179
Unmittelbarkeit 163
Unverborgenheit 18 f.
Urteil 4, 18, 28 f., 175, 191
~, historisches 175
Urteilskraft 214
Urwahrheit 31
„use" 52

Verifikation 99, 105, 123 f., 175,
  178
Verifikationsfeld 129
Verifikationsregel 68, 91, 106,
  110—118, 122, 124 ff., 211
Verifikator 83, 87
Verifizierbarkeit 24, 105
Verifizierung 164
Verknüpfung, deduktive 192,
  194 f.
~, inferenzielle 194
~, kontextuale 192, 195
Vermittlung 163
Verneinung 72, 102 f.
Vernunft 165, 214
Vernünftigkeit 150, 165 ff.
Verstand 214
Verständlichkeit 150, 152, 169
Verstehen 19 f., 97, 105, 125
Verwendung 52, 99, 105, 113,
  131, 137 f., 140, 167 f., 170
Verwendungsregel 68, 91, 107,
  109, 111 f., 114, 118, 126 f.,
  132, 135, 169, 211
Verwendungssituation 105, 108
Verwendungsweise 106, 113,
  115 f., 118, 123, 127

vorsprachlich 177
Vorstellung 35, 98

Wahl 197 f.
Wahrhaftigkeit 150, 152, 157
Wahrheit
~, außerlogische 187
~, Bedeutung 3, 183, 185, 199,
  205 f.
~, Bedingung 1, 3 f., 53, 67 f.,
  91, 93, 99, 104 ff., 108,
  110 ff., 114, 123, 205 ff.
~, Begriff 1, 3 f., 184
~, ~, Angemessenheit 46
~, ~, aristotelischer 46
~, ~, formale Korrektheit 46
~, ~, idealistischer 213
~, ~, Konstruktion 46
~, ~, natürlicher 19
~, ~, pragmatischer 166, 213
~, ~, realistischer 213
~, ~, Richtigkeit 46
~, ~, semantischer 213
~, ~, syntaktischer 213
~, ~, traditioneller 48
~, ~, umgangssprachlicher 48
~, Definition 28, 35 f., 45 f.,
  49 f., 61, 64, 66, 68, 82, 99,
  115, 121, 125, 127, 134, 143,
  158, 161, 176, 183 ff., 210,
  212, 215 f.
~, ~, adäquate 68
~, ~, allgemeine 50, 65
~, ~, programmatische 68
~, ~, rekursive 50 f., 68, 95,
  118
~, ~, strukturelle 59
~, griechische 16
~, hebräische 16

~, Kriterium 1, 3 ff., 88 f., 94, 121, 153, 161, 166, 173—176, 180, 183—186, 188, 200, 202 —206
~, ~, garantierendes 185 f.
~, ~, Inkorrektheit 202
~, ~, legitimierendes 185 f., 201
~, ~, Unvollständigkeit 202
~, logische 30, 35, 174, 186 f., 190
~, Manifestation 163
~, mathematische 174
~, ontische 30
~, ontologische 30
~, Relevanz 1, 3 ff., 205
~, Sinn 3, 153, 170, 175, 184, 199, 205 f.
~, Teildefinition 48 ff., 94
~, unendliche 30 f.
~, ursprüngliches Phänomen 18
~, Wesen 3, 162 f., 174 ff., 199, 203 ff.
Wahrheitsfunktion 82, 86
~, primitive 82
Wahrheitskandidat 187 f.
Wahrheitskonvention (semantische) 34, 41, 45 f., 48—60, 65 f., 92
Wahrheitswert 115, 183
Wahrheitswertprädikator 130—134, 138—141
Wahrheitsschema 50 f.
Wahrheitstheorie 1 ff.
~, definitionale (definitionstheoretische) 5, 99, 121, 150, 158, 184, 206 f.
~, dialogische 11, 144, 152, 164 —171

~, „einfache" („simple") 9 f., 70, 80—91
~, existenzielle 5, 15 ff.
~, Explikandum 3 ff., 89 f., 169, 205, 212
~, formalsemantische 70, 91—129, 210
~, formalsemantisch-konditionale 91—96
~, formalsemantisch-verifikationistische 91, 97—129, 141
~, fundamentalsemantische 70, 129—141
~, funktionale 5
~, klassisch-aristotelische 64
~, kohärenzial-systematische 205—216
~, konditionale 5, 17, 158, 205 f.
~, kriteriologische (kriterientheoretische) 5, 99, 121, 150, 158, 184, 186, 199 ff., 205
~, metaphysische 151
~, normalsprachliche siehe „einfache"
~, orthodoxe nicht-klassische 196
~, performative 7, 10, 70, 73—76, 91
~, phänomenologisch-hermeneutische 15, 17, 19, 24
~, positivistische 151
~, pragmatische 12, 15 f., 65, 165, 173, 198
~, semantische 8 ff., 13, 41—69, 73, 99, 165, 209 f.
~, sprachanalytische 7, 10, 13, 70—141, 208
~, sprachpragmatische 11

Wahrheitstheorie (Forts.)
~, systematische 208
~, systemtheoretische 15
~, transzendentale 151
~, voluntaristische 152
~, wissenschaftstheoretische 21 f.
    Siehe auch Abbildtheorie,
    Bildtheorie, Diskurstheorie,
    Erfolgstheorie, Evidenztheo-
    rie, Intersubjektivitätstheo-
    rie(n), Kohärenztheorie,
    Konsens(us)theorie, Korre-
    spondenztheorie, Redundanz-
    theorie, Spieltheorie, Sy-
    stemtheorie, Widerspiege-
    lungstheorie
Wahrheitsträger 77, 145
Wahrnehmung 35
Wahrnehmungssituation 117
Wahrscheinlichkeit 198
„warranted assertibility" 153
Welt 28, 32, 38 f., 80, 95, 147,
    166, 168, 177, 208 f.
Widerspiegelungstheorie der
    Wahrheit 29, 31—36
Wirklichkeit (Wirkliches) 28, 31,
    38, 100, 120, 138, 147, 179,
    180, 183
Wissen 30 f., 170, 213
~, Gestalt

~, ~, elementare 214
~, ~, komplexe 214
~, ~, systematische 214
~, Infra- und Intrastrukturen
    214
~, Medium 214
~, methodische Strukturen 214
~, „natürliche" Strukturen
    213 f.
~, noologische Strukturen 213 f.
~, semiotische Strukturen 213 f.
~, Subjekt 214
~, Vermögen 213 f.

Wissenschaft 177—180
Wissenschaftlichkeit 2 f.
Wissenschaftslogik 172
Wissenschaftssprache 90, 135 f.
Wissenschaftstheorie 41, 189

Zeichen 44, 74
~, sprachliches 33, 97 f., 131 f.
Zeichensystem 23
Zeichentyp 107
Zeichenvorkommnis 107
Zeit 94, 96, 110
Zirkel 66, 115 ff., 126 f.
Zirkularität 114
Zusammengefügtheit 192—196
Zusammenhängendheit 192—196

DIE PHILOSOPHIE

Einführungen in Gegenstand, Methoden und Ergebnisse ihrer Disziplinen

Noack, H.: Allgemeine Einführung in die Philosophie. Probleme ihrer gegenwärtigen Selbstauslegung. 141 S. Nr. 4860-1

Freundlich, R.: Einführung in die Semantik. Die semantische Struktur der natürlichen Sprache. VII, 72 S., 1 Kt. Nr. 4867-9

Geyer, C. F.: Einführung in die Philosophie der Antike. IX, 220 S. Nr. 5978-6

Heintel, E.: Einführung in die Sprachphilosophie. 239 S. Nr. 4852-0

Holz, H.: Einführung in die Transzendentalphilosophie. VIII, 108 S. Nr. 6298-1

Kaulbach, F.: Einführung in die Metaphysik. 244 S. Nr. 4853-9

Mann, U.: Einführung in die Religionsphilosophie. 145 S. Nr. 4605-6

Schaeffler, R.: Einführung in die Geschichtsphilosophie. XI, 245 S. Nr. 5591-8

Schrey, H.-H.: Einführung in die Ethik. 178 S. Nr. 4864-4

Ströker, E.: Einführung in die Wissenschaftstheorie. V, 145 S. Nr. 5204-8

Stork, H.: Einführung in die Philosophie der Technik. VI, 189 S. Nr. 6301-5

Zimmermann, F.: Einführung in die Existenzphilosophie. VII, 135 S. Nr. 7257-X

Die Reihe wird fortgesetzt

WISSENSCHAFTLICHE BUCHGESELLSCHAFT
Postfach 11 11 29   D-6100 Darmstadt 11